1233

*Papst Gregor IX. initiiert zur weiteren Verfolgung der Ketzer in Südfrankreich ie **Inquisition**.*

1261

*Das **Lateinische Kaiserreich** wird aufgelöst, nachdem Michael VIII. Palaiologos die Truppen Balduins II. vernichtend geschlagen hat.*

um 1250

*Tariacuris, dem Fürsten von **Tzintzuntzán**, gelingt die Einigung der drei taraskischen Stämme unter seiner Hoheit.*

um 1250

*Xolotl eint die Chichimekenstämme und gründet die Stadt **Tenayuca** im Hochtal von Mexiko.*

1250

ab 1250

*Mit Aibek besteigt der erste **Mameluckensultan** den Thron in Kairo.*

1260

*Die **Mamelucken** schlagen bei Nazareth die Mongolen zurück, und Baibars I. reißt die Macht an sich.*

1250

*Dschelal Ad Din Rumi gründet in Anatolien den mystischen Orden der **Tanzenden Derwische**.*

1258

*Die Mongolen erobern unter Hülegü Bagdad. Als **Ilkhane** herrschen sie nun in der ehemaligen Kalifenresidenz.*

1260

*Der Mongole **Kublai Khan** ernennt sich selbst zum Großkhan.*

um 1250

Die Polynesier bauen auf den Gesellschaftsinseln die wichtige Kultstätte Taputapuatea.

Europa

1270

Der **Sankt-Gotthard-Pass** wird eröffnet. Er ist der wichtigste Handelsweg über die Alpen.

1278

In der Schlacht auf dem Marchfeld verliert der **Przemyslidenkönig Ottokar II.** Leben und Reich.

Amerika

1270

Afrika

Asien

1275

Marco Polo erreicht den Hof Kublai Khans in Khanbalik bei Peking.

128

Zum Mal die Kamikaze – die gött Winde – den Japanern, d Invasion der Mongolen zu verhindern.

Ozeanien

1176

n der **Schlacht bei Legnano** rringen die oberitalienischen tädte einen wichtigen Sieg gen Friedrich I. Barbarossa im mpf um ihre Unabhängigkeit.

1190

Friedrich I. Barbarossa stirbt. Seine Nachfolger können nur schwer an die Erfolge des großen Staufer-kaisers anknüpfen.

1204

Die Kreuzfahrer plündern unter Anführung Venedigs Konstantinopel und gründen in Kleinasien kurzlebige **Kreuzfahrerstaaten**.

1
e
E

m 1170

m Chancay- und Chillón-l in Peru bilden einige dte und Dörfer einen en politischen Verbund. esem gewinnt Chancay berhand.

1200

Die verfeindeten **Tarasken** gründen drei Städte am Pátzcuarosee im Westen Mexikos. Der Stamm hängt einem Feuerkult an.

1200

1180

Groß-Simbabwe, die Hauptstadt des Shona-Reiches ist auf dem Weg zu einer bedeutenden Handelsstadt.

um 1200

Der äthiopische König **Lalibela** lässt in der nach ihm benannten Stadt elf Kirchen aus den Felsen schlagen.

1189

Das größte gesamteuropäische rerheer bricht unter Friedrich I. Barba-lipp II. August und Richard I. Löwen-**Dritten Kreuzzug** auf, um Saladin die stätten zu entreißen.

1206

Aibak gründet mit dem **Sultanat von Delhi** das erste muslimische Reich in Indien.

1206

Auf einem Kuralt wählen die mongol Stammesoberhäupte Dschingis Khan zu Anführer.

um 1200

Die Dynastie der **Tu'i Tonga** erreicht den Höhepunkt ihrer Macht.

1314

Robert I. Bruce besiegt mit seinen schottischen Truppen in der **Schlacht von Bannockburn** den englischen König Eduard II.

1331

Der Serbe **Stephan Dušan** tritt seinen Siegeszug auf dem Balkan an.

1339

Im **Laupenkrieg** besiegen die Berner mithilfe der Waldstätten die habsburgischen Freiburger und ihre Verbündeten.

um 1330

Blütezeit der **Ica-Chincha** Kultur, einer hoch entwickelten Handels- und Kunsthandwerksgesellschaft.

1310

um 1312

Selbst in Europa weiß man von dem legendär reichen **Mali-König Kankan Musa** und seiner Pilgerfahrt nach Mekka.

um 1332

Der äthiopische Kaiser **Amda Seyon** schlägt muslimische Invasoren vernichtend. Äthiopien bleibt christlich.

1320

Die **Tughluq-Dynastie** übernimmt im Sultanat von Delhi die Macht.

1326

Kurz nach seinem Tod erobern die Truppen Sultan Osmans I. die byzantinische Festung von Bursa. Der Grundstein des Osmanischen Reiches ist somit gelegt.

1214

dem Sieg in der
acht von Bouvines
ɟt Philipp II. Au-
die Macht der
ösischen Krone im
en Land und in
ı.

1215

Die englischen Barone ringen mit der **Magna Charta** dem englischen König Johann Ohneland wesentliche Rechte ab.

1218

Simon von Montfort fällt im Kampf gegen die **Katharer** bei der Belagerung von Toulouse.

1220

Friedrich II. wird Kaiser des Heiligen Römischen Reiches.

1229

Der Vertrag von Meaux zwischen Ludwig IX. und Raimund VII. von Toulouse beendet die **Katharerkriege**.

1220

um 1231

Dunama Dibbalemi wird Herrscher von **Kanem**, das er zu einem mächtigen Nomadenreich ausbaut.

1235

Sundjata aus dem Keita-Clan besiegt den mächtigen Soso-Herrscher Sumanguru und gründet das **Reich Mali.**

i
schen

hrem

um 1224

Die **Mongolen** unterwerfen nach fünfjährigem grausamem Krieg das Reich Chwarismschahs.

1238

Russland und Ungarn brechen unter dem Ansturm der **„Goldenen Horde"** zusammen. Batu regiert sein Reich von der Wolgastadt Sarai aus.

1249

Ludwig IX. gelingt mit der Eroberung Damiettes der letzte große Sieg der christlichen Kreuzfahrer.

um 1240

König Talatama unterwirft **Samoa** und verlegt wegen der Kriege die tongaische Hauptstadt von Heketa an der Küste nach Mu'a ins Inselinnere.

um 1291

Die Schweizer Kantone Uri, Schwyz und Nidwalden schließen ein Bündnis zur Wahrung ihrer Freiheitsrechte – den **Bundesbrief**.

1300

Die Kathedrale von **Reims** wird fertig gestellt.

1309

Die **Marienburg** wird Sitz der Hochmeister des Deutschen Ritterordens.

um 1300

Die **Chancay-Kultur** in Peru verliert ihre Eigenständigkeit.

nach 1300

Der **Chichimekenfürst Quinatzin** verlegt seine Hauptstadt nach Texcoco und fordert die Azteken auf, sich im Gebiet der Chichimeken niederzulassen.

1290

1300

Das Sultanat von **Kilwa** ist als Handelsumschlagplatz für Gold und Elfenbein für den Mittleren und Fernen Osten auf dem Höhepunkt seiner Blüte.

um 1300

Das sagenumwobene Groß-Simbabwe steigt dank seines lukrativen Gold- und Elfenbeinhandels zur wichtigsten Macht in Südafrika auf.

1
zweiten
helfen
ichen
e

1291

Die letzte christliche Bastion in Kleinasien, **Akkon**, muss sich den islamischen Truppen unter dem **Mamelucken-sultan Baibars** geschlagen geben.

1296

Ala-ud-din Khalji dehnt die Herrschaft des Sultanats von Delhi über weite Teile Zentralindiens aus und kann Einfälle der Mongolen stoppen.

um 1300

Nach gewaltsamen Machtkämpfen entsteht auf den **Gesellschaftsinseln** ein geheimer Männerbund zu Ehren des Kriegsgottes Oro.

DAS ZEITALTER DER KÖNIGE UND KHANE

1154 – 1339

Reader's Digest

DEUTSCHLAND · SCHWEIZ · ÖSTERREICH

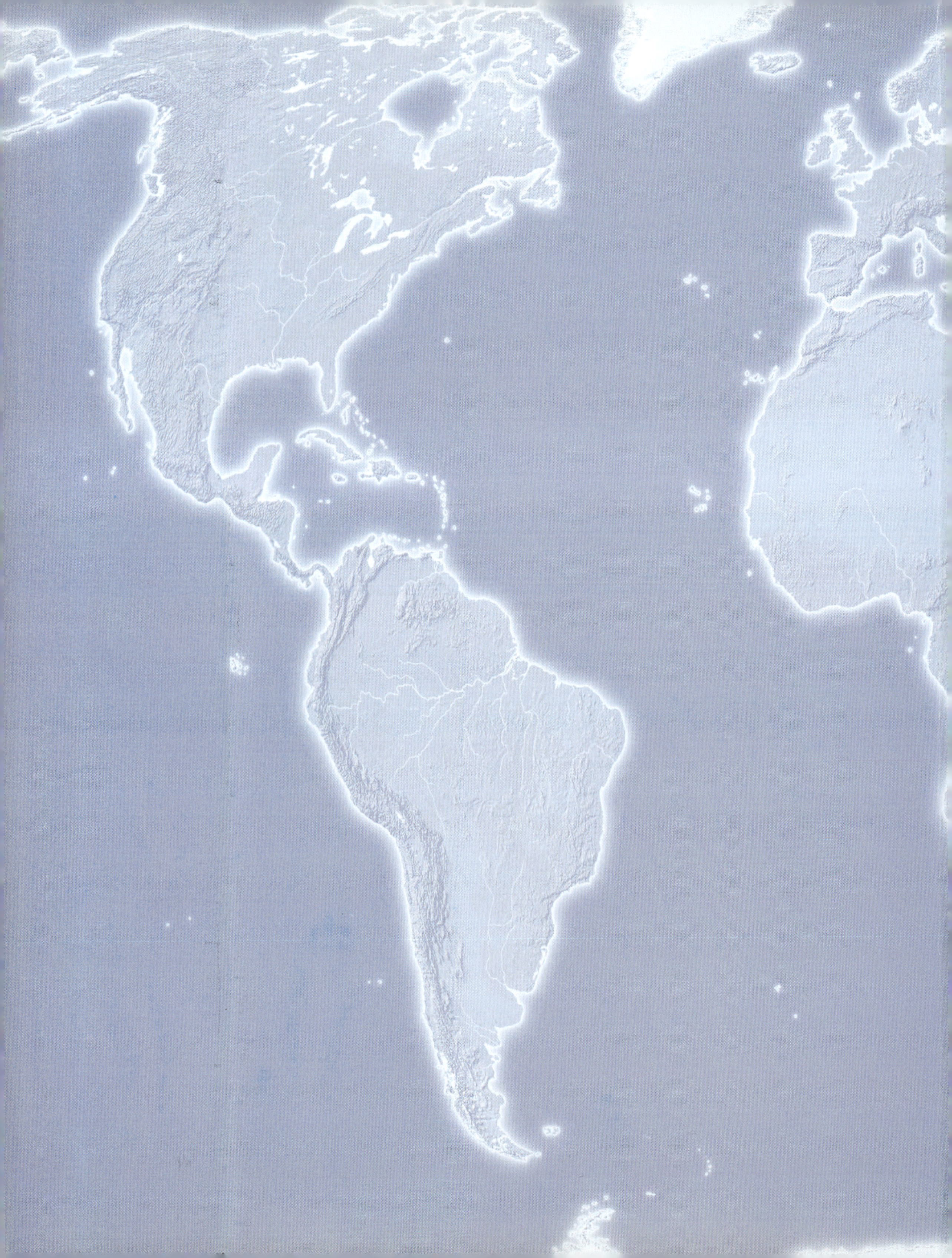

4 Europa

70 Asien

118 *Im Blickpunkt: Auf den Spuren der grossen Handelsstrassen*

128 Afrika

160 Amerika

178 Ozeanien

EUROPA

1 Die Staufer – Glanzzeit der deutschen Kaiser (1154–1254)
Seite 6

2 Macht und Versagen der Plantagenets (1154–1199)
Seite 15

3 Aufstieg der italienischen Stadtstaaten (1167–um 1339)
Seite 20

4 Wem gehört der Balkan – Bulgaren gegen Serben (12. Jh.–14. Jh.)
Seite 26

5 Aufstieg und Fall der Przemysliden (1198–1306)
Seite 30

6 Das Kaiserreich der Kreuzfahrer am Bosporus (1204–1261)
Seite 34

7 Kreuzzug gegen die Albigenser (1208–1244)
Seite 38

8 Frankreichs Aufstieg zur Weltmacht (1214–1328)
Seite 43

9 England – Macht für die Barone (1215–1327)
Seite 49

10 Der Staat des Deutschen Ordens (1226–1339)
Seite 57

11 Deutschland – Zankapfel lokaler Fürstendynastien (1257–1338)
Seite 62

12 Die erste Eidgenossenschaft (1291–1315)
Seite 66

Die Staufer – Glanzzeit der deutschen Kaiser

Die Staufer führten das hochmittelalterliche Kaisertum zum glanzvollen Höhepunkt. Sie träumten von einem universalen Reich, das neben Deutschland auch Italien umfassen sollte.

Charakterkopf
Die um 1160 gefertigte vergoldete Bronzebüste trägt die Züge Kaiser Friedrichs I. Barbarossa und diente als Reliquiar. Der Kaiser machte sie seinem Taufpaten, Graf Otto von Cappenberg, zum Geschenk.

Mit Heeresmacht zog der römisch-deutsche König Friedrich I. im Oktober 1154 über den Brenner, um sich die Kaiserkrone in Rom zu holen. Der kräftig gebaute Mann aus einfacher schwäbischer Adelsfamilie gab schon äußerlich das Paradebild eines ritterlichen Herrschers ab. „Sein Körper ist schön gebaut. Seine Augen sind scharf und durchdringend, die Nase ist schön, der Bart rötlich, die Lippen sind fein und nicht durch breite Mundwinkel erweitert, sein ganzes Gesicht ist fröhlich und heiter", schrieb der Chronist Rahewin über den neuen Hoffnungsträger des Reiches. Die Italiener verpassten dem König aus dem Norden den spöttischen Spitznamen *barba rossa* – Rotbart.

Ein alter Zwist wird beigelegt

Seine Reise in den Süden konnte der ehemalige Herzog von Schwaben nur antreten, weil es ihm gelungen war, einen Ausgleich mit seinem vor Ehrgeiz strotzenden Vetter Heinrich dem Löwen zu finden und ihn zur Teilnahme am Italienfeldzug zu bewegen. Denn seit dem Aussterben der Salier 1125 tobte ein blutiger Konflikt zwischen den beiden mächtigen Adelsfamilien der Staufer und Welfen um die Macht im Reich. Bei seiner Wahl zum König 1152 war der etwa 30-jährige Friedrich dem fürstlichen Wahlgremium als idealer Kom-

Krönungszeremonie
Wie schon zuvor sein Großvater Friedrich I. Barbarossa zog auch Friedrich II. nach Rom, um aus den Händen des Papstes die Kaiserkrone zu empfangen. Das Verhältnis beider Kaiser zur Kurie war allerdings keineswegs ungetrübt.

promisskandidat erschienen, der das Desaster des Bürgerkriegs beenden konnte. Er war ein Staufer von echtem Schrot und Korn, über seine Mutter Judith aber auch ein halber Welfe und damit der „Eckstein, der die auseinander fallenden Wände wieder verbinden konnte“ – so formulierte es der Zeitgenosse Bischof Otto von Freising. Mit viel diplomatischem Fingerspitzengefühl gelang es dem frisch gebackenen König in der Folgezeit tatsächlich, dem Reich die nötige Atempause zu verschaffen.

Die Welfen verfügten einmal mit den Herzogtümern Bayern und Sachsen über die größere Machtbasis im Reich, hatten aber unter Friedrich Barbarossas Onkel, König Konrad III., das bayerische Herzogtum verloren. Friedrich I. versprach nun kurz vor seinem Romzug dem welfischen Vetter, Bayern zurückzugeben und den inzwischen im süddeutschen Alpenreich regierenden Babenberger Heinrich Jasomirgott mit einem neu zu schaffenden Herzogtum Österreich zu entschädigen. 1156 verwirklichte er diesen

meisterhaften politischen Schachzug und machte den Erwerb der Kaiserkrone erst möglich.

Der Burgfriede zwischen den verfeindeten Adelshäusern währte nicht allzu lange. Zur dramatischen Wende kam es 1178, als Heinrich der Löwe durch sein selbstherrliches Regiment die Sympathien der Untertanen verlor. Er zog Lehen ein, beschlagnahmte Güter, zwang die Slawenfürsten in Mecklenburg und Pommern zur Taufe und residierte in seiner Pfalz Dankwarderode im heutigen Braunschweig mit königgleichem Prunk. Seine Wirtschafts- und Handelspolitik, darunter die Gründung des bedeutenden Handelsplatzes Lübeck und des Markt- und Zollfleckens München am Isarübergang, hatte seine Kassen gut gefüllt.

Ein Gegner weniger

Aufgrund der Klagen hochrangiger Adliger musste Friedrich Barbarossa nun einen Prozess gegen Heinrich den Löwen einleiten, der im Eklat endete: Der Welfe wurde geächtet und verlor alle Lehen. Er durfte nur seinen Hausbesitz um Braunschweig und Lüneburg behalten und zog sich ins Exil nach England zurück. Der Sturz Heinrichs des Löwen bedeutete zwar einen persönlichen Triumph für Friedrich Barbarossa, aber nur einen halben Erfolg für das Reich. Denn das „Fell" des Löwen teilten die großen Vasallen unter sich auf, während das Königtum selbst leer ausging. Außerdem blieb der Konflikt zwischen Staufern und Welfen trotz der Bemühungen Barbarossas nur aufgeschoben, und beide Parteien bemühten sich um internationale Bündnispartner. Heinrich der Löwe leitete durch seine Ehe mit einer englischen Königstochter ein enges Bündnis mit dem Inselreich ein. Die staufische Partei hielt sich dagegen an Frankreich. Barbarossa selbst war mit der reichen Burgunderin Beatrix verheiratet, die ihm die Freigrafschaft Burgund als Erbe einbrachte.

Kaiserkrönung mit Hindernissen

Um die Schwäche der königlichen Autorität im Reich auszugleichen, setzte der Schwabe auf Italien. Der Zugriff auf Zoll-, Münz- und Marktrechte der reichen oberitalienischen Städte sollte die stets klammen königlichen Kassen füllen. Doch die Italienpolitik machte dem Rotbart genauso schwer zu schaffen wie die aufmüpfigen Welfen in Deutschland. Schon die erste Begegnung zwischen König und Papst 1155 endete im Streit. Barbarossa weigerte sich, die von seinen Vorgängern dem Papst bezeugten Ehrendienste zu leisten, da er sie als Minderung seiner Autorität empfand. Der beleidigte Papst willigte erst nach langen Verhandlungen in die Kaiserkrönung am 18. Juni 1155 in Rom ein. Die Römer, von der Idee eines deutschen Kaisers überhaupt nicht begeistert, stürmten aus Protest das Krönungsmahl. 800 Menschen fanden in dem Gemetzel den Tod.

Noch weitere fünfmal zog Friedrich Barbarossa über die Alpen. Die lombardischen Städte wollten sich nämlich nicht kampflos schröpfen lassen. Sie schlossen sich unter der Führung Mailands zu einem Bund zusammen und forderten den Kaiser mit Waffengewalt heraus. Wohlwollende Unterstützung fanden sie bei den Päpsten, die den Machtzuwachs des Staufers mit Sorge sahen. Bei dem mit äußerster Erbitterung geführten Kampf

Machtpose
Das Siegelbild stellt den thronenden Herrscher in Imperatorpose dar. Neben der Krone trägt Friedrich II. hier Zepter und Reichsapfel.

bannte der Papst den Kaiser zeitweise, dieser unterstützte einen Gegenpapst, und erst im Jahr 1183 kam es zu einem Kompromiss. Der Kaiser wahrte mehr schlecht als recht seinen Einfluss in Italien, musste aber den Lombardischen Städtebund anerkennen und gegen eine Ablösesumme viele seiner Rechte den Kommunen überlassen.

ALLE DEUTSCHEN NEHMEN AM AUFSCHWUNG TEIL

Die Stauferzeit zeichneten weniger politische Erfolge aus als vielmehr das hohe zivilisatorische Niveau. Die Ritterkultur stand in voller Blüte, man frönte dem Liebesspiel der höfischen Minne, übte sich in festlichen Turnieren und lud Sänger zum fröhlichen Wettbewerb. Die Literatur erlebte mit Walther von der Vogelweide und Wolfram von Eschenbach einen Höhepunkt. Überhaupt verbesserten sich die Lebensbedingungen der Menschen in dieser Zeit. Das günstige Klima, die Ausdehnung der landwirtschaftlichen Flächen durch Rodung und die Verbreitung der Dreifelderwirtschaft schufen eine deutlich bessere Ernährungslage für die Bevölkerung. Handel und Städte blühten auf.

Die neue Lebensfreude brach sich in frohen Festen Bahn. An Pfingsten 1184 gab der Kaiser anlässlich der Erhebung seiner beiden Söhne Heinrich und Friedrich in den Ritterstand ein grandioses Hoffest. Gut 200 000 Menschen strömten aus dem ganzen Reich nach Mainz. Die Söhne des Kaisers leisteten ihren Rittereid in prunkvollen Gewändern und bewiesen ihr militärisches Geschick in Reiterspielen. Bei der anschließenden Festtafel wurden die erlesensten Leckerbissen und vorzüglicher Wein gereicht, während das

Reisekaiser
Die Buchmalerei zeigt Kaiser Friedrich I. Barbarossa inmitten seines Gefolges. Die mitgeführten Fahnen tragen den Reichsadler.

Schwere Last
Das Freudenstädter Lesepult ist eines der wenigen erhaltenen Kirchengeräte der schwäbischen Romanik und beeindruckt durch seine Farbigkeit. Das 120 cm hohe, aus Weidenholz geschnitzte Kunstwerk zeigt die vier Evangelisten. Ihre Symbolfiguren Adler, Löwe, Stier und Engel erscheinen auf dem Sockelring, der auf den Schultern der Evangelisten ruht.

gemeine Volk sich an den Feuerschluckern und Drahtseilkünstlern, den Tanzbären und Hahnenkämpfen erfreute.

Tödliches Bad im Fluss

Der Ausverkauf des Reiches im Innern ging indes langsam, aber unaufhaltsam voran. Kaiser Barbarossa war 1189 ganz im Sinne des ritterlichen Tugendideals zum Dritten Kreuzzug aufgebrochen und am 10. Juni 1190 bei einem Bad im Fluss Saleph verstorben. Er hinterließ seinem Sohn und Nachfolger Heinrich VI. ein Reich auf tönernen Füßen.

Die Ehe des 19-jährigen Jünglings mit der 11 Jahre älteren Konstanze von Sizilien eröffnete dem Staufer zwar den Zugriff auf Unteritalien, brachte aber auch zahlreiche Konflikte mit sich. So war Heinrich der Löwe aus dem englischen Exil zurückgekehrt, um seine alte Machtposition in Sachsen zurückzuerobern. Heinrich VI. wäre zweifellos hart gegen ihn vorgegangen, doch 1189 starb König Wilhelm II. von Sizilien, und Heinrich VI. musste in aller Eile mit dem rebellischen Welfen Frieden schließen, um das Erbreich seiner Frau zu erstreiten. Dort hatte eine stauferfeindliche Partei den Grafen Tankred von Lecce, einen Halbbruder Wilhelms II., zum Gegenkönig erhoben.

Als die Nachricht vom Tod Barbarossas eintraf, verband Heinrich VI. seinen Zug nach Apulien 1191 mit der Kaiserkrönung. Er scheiterte aber bei der Eroberung des Inselreichs und, nach Deutschland zurückkehrt, fand er das Land in hellem Aufruhr. In Sachsen und am Niederrhein tobte der Aufstand gegen den glücklosen Staufersproß, und an der Spitze der Opposition standen wieder einmal die Welfen. In dieser Situation kam dem bedrängten Kaiser unerwartet das Glück zu Hilfe. Der englische König Richard I. Löwenherz fiel bei der Rückkehr vom Kreuzzug seinem Erzfeind Leopold V. von Österreich in die Hände, und der lieferte ihn an Heinrich VI. aus. Dieser Coup löste unter den Zeitgenossen höchste Empörung aus, da die Kreuzfahrer unter dem Schutz des Gottesfriedens standen.

Unerhörte Summe

Dem Kaiser hingegen verhalf er aus seiner misslichen Lage. Er hielt mit Richard Löwenherz ein Trumpfass in den Händen, war jener doch sowohl mit Heinrich dem Löwen als auch mit Tankred von Lecce verschwägert. Für die Freilassung der Geisel forderte Heinrich VI. ein Lösegeld von sagenhaften 150 000 Silbermark – umgerechnet 34 t reinsten Silbers! Nur unter größten Mühen konnte England diese Summe aufbringen. Mit der Freilassung Richard Löwenherz' 1194 konnte Heinrich VI. gleich mehrere Erfolge verbuchen: Die Welfenpartei hatte ihren wichtigsten außenpolitischen Verbündeten verloren, das englisch-sizilianische Bündnis war aufgelöst, und Richard Löwenherz nahm zur größten Freude des Kaisers sein Land von ihm zu Lehen.

Mit der englischen Finanzspritze konnte Heinrich VI. endlich Sizilien erobern und sich im Dom zu Palermo zum König krönen lassen. Nur einen Tag später gebar die 40-jährige Konstanze den lang ersehnten Sohn, den späteren Friedrich II. Mit dem Tod Heinrichs des Löwen 1195 stand Heinrich VI. auf dem Höhepunkt seiner Macht. Er regierte über Deutschland, Sizilien, Oberitalien und Burgund, ihm huldigten England, Polen, Böhmen, Mähren, sogar Armenien, Zypern und die ehemals normannischen Eroberungen Tunis und Tripolis. Glänzende Aussichten eröffnete zudem die Ehe des Bru-

HINTERGRUND

Die Gefangennahme von Richard Löwenherz

König Richard Löwenherz hatte sich auf dem Kreuzzug viele Feinde gemacht, u.a. Leopold V. von Österreich, und reiste vorsichtshalber inkognito als „Kaufmann Hugo" durch Süddeutschland.

Vor Wien rastete er mit seinen Begleitern. Ein Diener beging den Fehler, Lebensmittel auf dem Markt mit einer byzantinischen Münze zu bezahlen, die unter der Bevölkerung höchste Aufmerksamkeit erregte. Als er an einem eisigen Wintertag auch noch die Wappenhandschuhe des Königs trug, verriet er seinen Herrn vollends. Richard Löwenherz fiel in die Hände Herzog Leopolds von Österreich und wurde über ein Jahr lang auf diversen Stauferburgen inhaftiert.

ders Philipp von Schwaben mit einer byzantinischen Prinzessin. Ein geplanter Kreuzzug sollte die Expansionspläne im östlichen Mittelmeerraum ergänzen.

Nur ein letztes Puzzleteil fehlte, um den Traum vom Universalreich zu verwirklichen: die Begründung einer Erbmonarchie. 1196 unterbreitete Heinrich VI. den Fürsten einen Erbreichsplan, der Deutschland mit Sizilien dauerhaft vereinigt hätte und die Erblichkeit des Königstitels nach sizilianischem Vorbild vorsah. Trotz weit reichender Zugeständnisse ließen die Fürsten den Kaiser abblitzen. Sie waren nur bereit, Heinrichs VI. Sohn zum König zu wählen. Auch der Papst opponierte gegen diese Pläne, weil er eine Umklammerung des Kirchenstaats durch die Staufer fürchtete. Die Sache lag auf Eis, als Heinrich VI. völlig überraschend mit knapp 32 Jahren in Palermo an Malaria starb.

Eine kluge Frau

Der frühe Tod des Kaisers stürzte das Reich in eine äußerst schwere Krise. Der gewählte, allerdings noch nicht gekrönte Friedrich II. war erst

Dreikönigsschrein
Unter Friedrich I. Barbarossa wurden die hochverehrten Gebeine der Heiligen Drei Könige aus Mailand entführt und nach Köln gebracht, wo für sie einer der bedeutendsten Reliquienschreine des Mittelalters geschaffen wurde. Das Reliquiar (links und im Hintergrund) ist in der Form einer dreischiffigen Basilika ausgeführt und zeigt an den Längsseiten eindrucksvolle Apostel- und Prophetenfiguren.

Rechtssicherheit
Unter den Stauferkaisern begannen sich die Rechtsverhältnisse im Reich zu konsolidieren. Der *Sachsenspiegel*, das bedeutendste deutschsprachige Rechtsbuch des Hochmittelalters, hielt das um 1220 geltende sächsische Gewohnheitsrecht fest. Die Miniaturen zeigen einen tafelnden Ritter und die Königskrönung.

2 Jahre alt und lebte in Sizilien. Seine Mutter Konstanze sicherte ihm die Herrschaft in ihrem Königreich, indem sie es vom Papst zu Lehen nahm, im Namen ihres Sohnes auf die römisch-deutsche Königswürde verzichtete und kurz vor ihrem eigenen Tod Papst Innozenz III. zu Friedrichs Vormund bestellte.

Nördlich der Alpen dagegen tobte währenddessen der Bürgerkrieg. Mit Philipp von Schwaben, dem Bruder Heinrichs VI., und Otto IV. Graf von Poitou, einem Sohn Heinrichs des Löwen, standen sich erneut Staufer und Welfen gegenüber. Nach der Ermordung Philipps setzte sich dann mit päpstlicher und englischer Unterstützung Otto IV. durch. Als Innozenz III. jedoch bemerkte, dass er in Otto IV. keinen Erfüllungsgehilfen seiner Politik fand, ließ er sein Mündel Friedrich von einigen ihm gewogenen Reichsfürsten erneut zum König wählen. Der inzwischen 17-jährige Staufer ging das Risiko ein und nahm die Wahl an.

Der neue König gewinnt sofort alle Sympathien

Ohne Geld und beinahe ohne Gefolgschaft traf das „Kind aus Apulien“ im Reich ein und eroberte die Herzen der Bewohner im Sturm: Friedrich II. war charmant, jung und temperamentvoll. Die militärische Machtprobe entschied sich in Frankreich, wo Otto IV. und seine englischen Verbündeten im Jahr 1214 bei Bouvines gegen die französisch-staufische Partei eine Niederlage erlitten. Im darauf folgenden Jahr wurde Friedrich II. in Aachen gekrönt.

Mächtige Stauferburg
Die Staufer hinterließen viele Burgenbauten in Europa. Die größte Pfalzanlage entstand in Wimpfen über dem Neckar in strategisch wertvoller Lage.

Der Jungsporn war eine außerordentliche Persönlichkeit, vielseitig interessiert und Fremdem gegenüber aufgeschlossen. *Stupor mundi,* das „Staunen der Welt“, nannten ihn die Zeitgenossen. Nur zweimal während seiner bis 1250 dauernden Regierungszeit weilte er für ein knappes Jahrzehnt in Deutschland. Als Machtbasis betrachtete er sein unteritalienisches Königreich und regierte es so zentralistisch, wie es ihm im Reich niemals möglich gewesen wäre. Friedrich II. schuf hier einen erstaunlich modernen Beamtenstaat, in dem die Rechte des Feudaladels stark eingeschränkt waren. Auf einem Hoftag in Capua zog er schon zu Beginn seiner Herrschaft der Krone entfremdete Güter, Zoll- und Steuerregalien ein. Die Verwaltung seines Reiches legte er in die Hände juristisch gebildeter Fachleute und gründete zu ihrer Ausbildung 1224 die Universität von Neapel. Schließlich krönte Friedrich II. sein Reformwerk mit den Konstitutionen von Melfi. Diese umfangreiche Kodifikation des Staats- und Verwaltungsrechts legte dem Herrscher eine unerhörte Machtfülle in die Hände.

Bemerkenswert und den Zeitgenossen unheimlich war die Begeisterung des Staufers für den Islam. Er ließ arabische Werke ins Lateinische übersetzen und disputierte mit Gelehrten aus dem islamischen Kulturkreis. Er vertraute sein Leben einer sarazenischen Leibwache an und erfreute sich auf rauschenden Festen am Auftritt orientalischer Tänzerinnen. Seine vier rechtmäßigen Ehegattinnen ließ Friedrich II., von Eunuchen bewacht, in Abgeschiedenheit leben.

Erneuter Zwist mit der Kurie

Doch dieser skandalöse Lebensstil stieß in der Römischen Kurie auf harsche Vorbehalte, zumal die neuerliche Gefahr einer Vereinigung der staufischen Besitzungen in Nord und Süd den Päpsten ein Dorn im Auge war. Vor der Kaiserkrönung, 1220, hatte Friedrich II. in Verhandlungen mit dem Papst zusichern müssen, die Kronen Siziliens und Deutschlands voneinander zu trennen. Doch nach dem Tod von Innozenz III. brach er sein Versprechen und ließ seinen kleinen Sohn Heinrich VII. zum römisch-deutschen König wählen. Um den Sohn überhaupt als Thronkandidaten durchzusetzen, gestand Friedrich II. den geistlichen Reichsfürsten in einem Vertrag viele königliche Rechte zu.

Die Lage zwischen Kurie und Kaiserhof war so gespannt, dass sie jederzeit eskalieren konnte. Als der Stauferkaiser den zugesicherten Fünften Kreuzzug immer wieder verschob und ihn zuletzt wegen einer Seuche im Heer abbrechen musste, verhängte der verärgerte Papst den Bann über ihn. Als Geächteter zog Friedrich II. daraufhin ins Heilige Land. Doch selbst seine diplomatischen Erfolge – ein zehnjähriger Waffenstillstand und die Rückgabe christlicher Pilgerorte in Jerusalem und anderen Städten – konnten ihn nicht vor der Rache des Papstes schützen, der während seiner Abwesenheit

HINTERGRUND

Die hohe Kunst der Falkenjagd

Der wissenschaftlich interessierte Kaiser Friedrich II. betrieb jahrzehntelang eigene Forschungsarbeit im Bereich der Vogelkunde. Seine Ergebnisse hielt er nach 30-jähriger Beobachtungszeit am Ende seines Lebens in seinem Buch *De arte venandi cum avibus* fest.

Im ersten Teil beschrieb er einzelne Vogelarten und ihre Lebensgewohnheiten wie Brutpflege, Nahrungssuche, Flugstil und Zugverhalten, im zweiten Teil die Technik der Falkenjagd. Friedrich kam dabei zu überraschenden Ergebnissen. Er erkannte u.a., dass der Kuckuck seine Eier in fremde Nester legt. Selbst Straußeneier ließ er sich aus Afrika schicken, um zu prüfen, ob die Eier im heißen Sand ausgebrütet werden konnten.

Für den zweiten Teil seiner Arbeit, die Schilderung der verschiedenen Arten von Jagdfalken und ihrer Abrichtung, ließ sich der Herrscher Raubvögel aus der ganzen Welt, von Island bis Indien, kommen. Die zahlreichen detailgetreuen Vogelbilder stammen vermutlich ebenfalls aus Friedrichs Feder.

Kaiserlicher Bestseller
Diese Buchmalerei entstammt dem Falkenbuch Friedrichs II. Sie zeigt den Kaiser mit einem seiner geliebten Jagdfalken.

Geflügeltes Kunstwerk
Welch hohen Stand der Bronzeguss zur Stauferzeit erreichte, beweist dieses wunderschöne Wassergefäß in der Form eines Fabelwesens.

einen Aufstand in Sizilien anzettelte und den Kaiser erst im Jahr 1230 vom Bann löste.

Angesichts derartiger außenpolitischer Probleme konnte es nicht wundern, dass die königliche Autorität im Reich weiter untergraben wurde. In Deutschland versuchte der inzwischen volljährige Heinrich VII., die selbstherrlichen Reichsfürsten im Zaum zu halten, indem er die Städte und den niederen Dienstadel begünstigte. Der Kaiser aber stellte sich rückhaltlos auf die Seite der Fürsten, deren Unterstützung er für seine Italienpolitik unbedingt brauchte. So bestätigte Friedrich den weltlichen Herren die gleichen Rechte, die er bereits bei der Königswahl seines Sohnes den geistlichen Würdenträgern zugebilligt hatte. Faktisch wurden sie damit zu unabhängigen Territorialherren. Auch privat endete der Ausgleich mit den Fürsten für den Kaiser im Fiasko. Der gedemütigte Sohn verbündete sich mit den Erzfeinden Friedrichs II., den lombardischen Städten, sodass ihn der Vater wegen Hochverrats zu lebenslanger Haft verurteilen musste. Sein Bruder Konrad IV. folgte ihm als römisch-deutscher König nach.

Keine Ruhe im Süden

Hatte der Kaiser gehofft, mit der Neuordnung der Verhältnisse im Reich den Rücken für seine Italienpolitik frei zu haben, sah er sich getäuscht. 1237 flammte der Zwist mit dem Papsttum erneut auf. Gegen die Erneuerung alter Reichsrechte in Oberitalien gingen die mächtigen Städte der Lombardei im Bund mit dem Papsttum auf die Barrikaden. Voller Wut und Ingrimm bannte Papst Gregor IX. den Staufer zum zweiten Mal. Begleitet wurde der Machtkampf von einer üblen Propagandaschlacht. „Es steigt aus dem Meer die Bestie voller Namen der Lästerung, die mit der Tatze des Bären und dem Maul des Löwen, an den übrigen Gliedern wie ein Leopard gestaltet, ihren Mund zu Lästerungen des göttlichen Namens öffnet und nicht aufhört, auf Gottes Zelt und die Heiligen in den Himmeln die gleichen Speere zu schleudern", hieß es in einem wütenden päpstlichen Pamphlet. Friedrich II. hielt dagegen und bezeichnete den Papst als „Pharisäer, gesalbt mit dem Öl der Bosheit". 1245 eskalierte der Streit mit der Absetzung des Kaisers und der Wahl von Gegenkönigen. „Habt kein Mitleid mit dem Ruchlosen!", rief Kardinal Rainer von Viterbo Friedrichs II. Untertanen auf, „vernichtet Namen und Leib, Samen und Spross dieses Babyloniers!" Mitten in diesem schrecklichen Ringen verstarb Friedrich II. überraschend 1250 in Apulien. Er hinterließ ein auseinander brechendes Reich.

Tragisches Ende der Staufer

Seinem Sohn und Nachfolger Konrad IV. gelang es nach dieser Zuspitzung der Lage nicht, das Heft des Handelns zu übernehmen. Er eilte nach Süditalien, um im Bund mit seinem Halbbruder Manfred, dem Statthalter von Sizilien, die Krone des süditalienischen Reiches für sich zu sichern. Doch kurz vor dem Ziel wurde Konrad IV. Opfer der „Geißel des Südens", der Malaria. Der 26-Jährige starb 1254 als letzter König aus dem Hause Hohenstaufen. Sein Sohn Konradin setzte 13 Jahre später nochmals alles auf eine Karte, um das Erbe seiner Väter zurückzuerobern. Die Päpste hatten in der Zwischenzeit entnervt von dem Gezänk mit den Staufern das Königreich Sizilien Karl von Anjou, dem Bruder des französischen Königs, zu Lehen gegeben. Der kriegstüchtige Franzose schlug den 15-Jährigen militärisch und ließ ihn als Verräter auf dem Marktplatz von Neapel enthaupten. Der Kaiserglanz der Staufer endete auf dem Schafott.

Macht und Versagen der Plantagenets

Ein Fluch schien über der Familie der Plantagenets zu liegen. Nach vielversprechenden Anfängen führten die ständigen Familienstreitigkeiten eines der größten und machtvollsten Königreiche seiner Zeit zum Untergang der Dynastie.

Die geheimnisvolle südfranzösische Schönheit Eleonore von Aquitanien hatte allen Grund, genussvoll in sich hineinzulächeln. Jetzt war sie zum zweiten Mal in ihrem Leben Königin. Nach der französischen Krone hatte man ihr nun die englische aufgesetzt. Die wenigen Gäste in der heruntergekommenen Abtei von Westminster, wo die Krönung Heinrichs II. Plantagenet und seiner Frau Eleonore zum Herrscherpaar von England an diesem 19. Dezember 1154 ohne Glanz und ziemlich überhastet stattfand, schrieben ihr zufriedenes Antlitz wohl dem Glück des Augenblicks zu.

Doch Eleonore lächelte so versonnen, weil sie sich ausmalte, wie diese Krönung den Tratsch an den Fürsten- und Königshöfen Europas nähren würde. Denn nun war der

Der König reist
Die angevinischen Könige hatten keinen Herrschersitz, von dem aus sie regierten, sondern waren mit dem gesamten Hofstaat ständig auf Reisen. Das Fresko zeigt Heinrich II., der, gefolgt von seiner Frau Eleonore und dem Sohn Richard Löwenherz, einen Zug anführt.

Gescheiterter Versuch
Um die Konflikte seiner Kirchenpolitik abzumildern, ernannte Heinrich II. Becket zunächst zum Lordkanzler und Berater, später zum Erzbischof von Canterbury. Doch die unterschiedlichen Meinungen hinsichtlich der Rechte der Kirche ließen sich so nicht aus der Welt räumen.

Wie die Väter, so die Söhne
Aus den Verbündeten Richard Löwenherz und Philipp II. August (Hintergrund) wurden durch den Verrat des französischen Königs erbitterte Feinde. Schon Ludwig VII. und Heinrich II. waren sich nicht grün.

Skandal komplett, der 2 Jahre zuvor mit der Hochzeit des ungleichen Paares begonnen hatte. Damals hatte die schöne Eleonore, eine bereits 30-jährige Frau, zweifache Mutter und gerade einmal 2 Monate vom französischen König Ludwig VII. geschieden, dem 10 Jahre jüngeren englischen Thronerben die Hand gereicht. Hatte da eine reife, erfahrene Dame einen Jüngling umgarnt und ihm den Verstand geraubt?

Unglückliche Ehe

Vor allem über die Umstände ihrer Scheidung hatte man sich das Maul zerrissen. Mit 15 hatte man Eleonore gegen ihren Willen mit Ludwig VII. verheiratet. Er galt als größter Langweiler des Kontinents und fühlte sich unter Klerikern wohl, hatte aber keinerlei Sinn für Geselligkeit, für Dichtkunst oder für höfisches Leben, all die Dinge, die Eleonore so liebte. „Ich habe einen Mönch geheiratet, keinen Mann", pflegte sie zu sagen, wenn man sie auf diese Ehe ansprach. Ludwig VII. selbst hatte schließlich die Scheidung gefordert, weil ihm Eleonore nur zwei Töchter geboren hatte.

Was die weltlichen und geistlichen Herrscher, Diplomaten und Hofschranzen Europas jetzt am meisten in Aufregung versetzen würde, war die enorme Verschiebung der Machtverhältnisse. Da Eleonore bei der Scheidung ihre angestammten Güter in Südwestfrankreich zurückerhalten hatte und Heinrich II. seinerseits über die Normandie, die Bretagne sowie die französischen Grafschaften Anjou, Touraine und Maine regierte, erstreckte sich die Herrschaft des Paares nach der Krönung in London von der schottischen Grenze bis zu den Pyrenäen. Das Angevinische Reich, so benannt nach Heinrichs Stammhaus Anjou, war geboren und Heinrich II. der erste Plantagenet auf dem Thron. Das Wappen eines früheren Herzogs von Anjou wies einen Ginsterzweig, *plante genêt*, als Emblem auf, von dem sich seither für alle Anjous der Beiname Plantagenet ableitete.

Zwei starke Persönlichkeiten

Der große Macht- und Einflussbereich des englischen Königspaars auf französischem Boden provozierte geradezu Konflikte zwischen Heinrich II. und Ludwig VII. Immerhin verfügte Heinrich II. über einen größeren Landbesitz in Frankreich als der französische König selbst. Vielleicht fühlte sich Ludwig VII. auch doppelt betrogen, als Eleonore dem englischen König zwischen 1153 und 1167 gleich acht Nachkommen gebar, darunter die fünf Söhne Wilhelm, Heinrich, Richard, Gottfried und Johann.

Heinrich II. und Eleonore, beide intelligent, willensstark und machtbewusst, bauten zielstrebig und unerschrocken ihre Herrschaft aus. Sie errichteten einen gut funktionierenden Staatsapparat und begannen mit Eroberungen in Irland, Nordwales und Schottland. Die Modernisierung des Rechtssystems beschnitt die Macht der Kirchengerichte. Dagegen sowie gegen andere Versuche des Königs, Kontrolle über Geistliche auszuüben, setzte sich die Kirche zur Wehr und allen voran der Erzbischof von Canterbury, Thomas Becket. Vor allem die Konstitutionen von Clarendon, nach der Geistliche, die eines Verbrechens angeklagt waren, von einem königlichen Gericht abgeurteilt werden sollten, wollte Becket nicht hinnehmen. Der Konflikt zog sich über Jahrzehnte hin und gipfelte in der Ermordung Beckets. Die nun im Land ausbrechende Empörung zwang Heinrich II., die Konstitutionen von Clarendon zurückzunehmen und Becket als Märtyrer anzuerkennen. Wenige Jahre nach seinem Tode wurde Becket heilig gesprochen.

Aquitanien das Erbe der Mutter gehen, an Gottfried die Bretagne. Für Johann, den Jüngsten, blieben nur kleine Randgebiete, die Grafschaft Mortain, Savoyen sowie die kurz zuvor eroberten Teile Irlands. Wegen dieser dürftigen Ausstattung gaben die Zeitgenossen ihm den Beinamen Johann Ohneland.

Allerdings hatte Heinrich II. nur die Titel an seine Söhne verteilt, während die eigentliche Macht in seinen Händen verblieb. 1172 lehnten sich die Söhne gegen diese Bevormundung auf. Angestachelt durch ihre Mutter Eleonore, versuchten sie, die ihnen zugedachten Territorien sofort in Besitz zu nehmen. Eleonore knüpfte zugunsten ihrer halbwüchsigen Söhne, die zwischen 5 und 17 Jahre alt waren, Bündnisse mit französischen Fürsten und mit Wilhelm I., dem

Rebellische Söhne

Inzwischen erschütterte ein ganz anderer Konflikt die Herrschaft Heinrichs II. Die eigene Familie rebellierte gegen ihn. In den ersten 15 Jahren ihrer Ehe hatten sich Heinrich und Eleonore die Pflichten der Herrschaft geteilt. Sie war seine engste Vertraute und klügste Ratgeberin. Doch dann ließ er sich den Kopf von einer Mätresse verdrehen. Seine Liebschaft mit Rosamund Clifford wollte ihm Eleonore, rasend vor Eifersucht, gekränkt und gedemütigt, nicht verzeihen, und so existierte die Ehe seit 1165 nur noch auf dem Papier.

Nicht weniger gespannt entwickelte sich Heinrichs II. Verhältnis zu seinen Söhnen. Er hatte zwar frühzeitig sein Reich unter ihnen aufgeteilt: Nach dem frühen Tod des Erstgeborenen, Wilhelm, sollte der zweite Sohn, Heinrich der Jüngere, das englisch-normannische Reich sowie Anjou, das Stammland, erhalten. An Richard Löwenherz sollte mit

Der Meuchelmord
„Wer erlöst mich von diesem störenden Priester?" soll Heinrich II. mehrfach gesagt haben. 1170 nahmen ihn vier seiner Ritter beim Wort und ermordeten den Erzbischof vor dem Altar der Kathedrale von Canterbury. Seine letzten Worte waren: „Ich bin bereit, für meinen Herrn zu sterben."

ALLTAGSLEBEN

AM HOFE DER ELEONORE VON AQUITANIEN

Eleonore schätzte die Künste, den Minnesang, Dichter und Gaukler. Das höfische Leben wurde von ihr gefördert, gewann Glanz und Stil. Sie war eine große Mäzenin von Kunst und Literatur. Viele Stunden konnte sie auch beim Schachspiel verbringen.

Ein normannischer Dichter widmete Eleonore die erste französische Version der berühmten keltischen Artussage, die er poetisch ausmalte, bis daraus eine epische Romanversion wurde.

Die zeremoniellen Ritterturniere jener Zeit verstärkten die Verklärung der Ritterlichkeit. Die frühen Turniere erwuchsen aus dem Bedürfnis, den Umgang mit der unhandlichen Lanze in Scheinkämpfen zu trainieren.

Anfangs mündeten diese Kämpfe in ein wildes Durcheinander. Da es kaum Regeln gab, kam es immer wieder zu Verletzungen und Todesfällen. Je beliebter diese Turniere jedoch wurden, desto mehr wandelten sie sich zu einem besonderen Schauspiel, das einem ausgefeilten Verhaltenskodex unterlag.

Auch Heinrich II. war ein Freund der Gelehrsamkeit. Er beherrschte fließend mehrere Sprachen und pflegte bei jeder Gelegenheit mit Hofschreibern und Gelehrten zu diskutieren. In seiner Freizeit ging er gerne auf die Jagd, besonders auf die Beizjagd mit Falken. Seine Lieblingsfalken durften sogar mit an die königliche Tafel, wo sie von Heinrich gerne mit Leckerbissen verwöhnt wurden.

Weibliche Poeten
Kunst und Kultur hielten Einzug am Hofe Eleonores von Aquitanien. Selbst adlige Damen wie Marie de France durften sich in der Dichtkunst üben.

König von Schottland. Sogar von ihrem Exmann Ludwig VII. erhoffte sie sich Hilfe. Der Aufstand brach jedoch zusammen, als der schottische König 1174 in Gefangenschaft geriet. Heinrich II. verzieh seinen Söhnen rasch, aber Eleonore, in der er die Rädelsführerin erkannte, ließ er in Haft setzen und hielt sie in den Folgejahren wie eine Gefangene. Nach seinem Tod 1189 mischte Eleonore dann erneut maßgeblich in der Politik mit. Sie überlebte ihren Gatten um etliche Jahre und bis auf Johann auch alle zehn Kinder. 1204 starb sie mit 82 Jahren in dem von ihr gestifteten Kloster Fontevrault in Frankreich.

Lange währte der Friede im Vater-Sohn-Zwist nicht, und bei einem Feldzug zwischen den Kontrahenten starb der Thronerbe Heinrich der Jüngere. Nutznießer des tragischen Ereignisses war Richard Löwenherz. Den Liebling der Mutter zeichneten Mut und Kampfeslust aus, er trat machtbewusst und charismatisch auf. Schon zu Lebzeiten rankten sich um ihn zahlreiche Legenden, galt er doch als Inbegriff des weisen, ritterlichen, guten Königs. Er machte keinen Hehl aus seinem Herrschaftsanspruch und beabsichtigte nicht, die Macht mit Gottfried oder Johann zu teilen. Als Gottfried bei einem Reitunfall vom eigenen Pferd zu Tode getrampelt wurde, blieben als Erben Heinrichs II. nur Richard Löwenherz und Johann Ohneland.

Fürs Auge
In dem mit kostbaren Emaillen versehenen Balfour Ziborium bewahrte man die geweihten Hostien für das Abendmahl auf.

UNRÜHMLICHES ENDE

Nach den jahrelangen Kämpfen konnte es eine friedliche Machtübergabe nicht mehr geben. Richard Löwenherz verbündete sich mit dem neuen französischen König Philipp II. August. Der hatte die Gunst der Stunde erkannt und schürte den Familienzwist. Er verbrüderte sich mit Richard Löwenherz gegen dessen Vater, griff Heinrichs II. Besitzungen in Frankreich an und eroberte ohne große Gegenwehr Anjou, Maine und die Touraine. Heinrich II., mit 66 Jahren ein alter und kranker Mann, war zur Gegenwehr nicht mehr fähig und gab sich geschlagen. Im Abkommen von Azay-le-Rideau erkannte er Richard Löwenherz als alleinigen Erben an. Zwei Tage später, am 7. Juli 1189, starb er.

Zwei Monate später inszenierte Richard I. Löwenherz in Westminster seine Krönung zum König von England mit großem Pomp und in Anwesenheit zahlreicher Würdenträger als eine Glanzstunde der in voller Blüte stehenden höfischen Kultur des Mittelalters. Er belebte und überhöhte das Rittertum, indem er tapfere Männer um sich scharte und auf Burgen und Schlössern Turniere und Kampfspiele veranstaltete.

Verrat unter Freunden im Heiligen Land

Unverzüglich bereitete Richard I. zudem die Erfüllung des gemeinsam mit Philipp II. August von Frankreich abgelegten Kreuzzugsgelübdes vor und begann noch im Jahr seiner Krönung den erfolglosen Dritten Kreuzzug zur Befreiung Jerusalems von den Truppen Sultan Saladins. Auf dem Weg ins Heilige Land zerstritt er sich mit Philipp II. August, der daraufhin den Kreuzzug abbrach, nach Frankreich zurückkehrte und sich dort mit dem im Land gebliebenen Johann Ohneland gegen Richard I. verbündete. Begünstigt wurde dieser Pakt durch Intrigen im englischen Adel. Als Richard Löwenherz davon erfuhr, machte er sich auf den Heimweg und geriet in die Gefangenschaft des deutschen Kaisers Heinrich VI. Eleonore und Johann Ohneland gelang es, das immense Lösegeld aufzubringen, doch die Zahlungen führten England an den Rand des Staatsbankrotts und die notwendigen Steuererhöhungen zu Unruhen in der Bevölkerung, die später im Robin-Hood-Mythos mit all seinen Legenden und Balladen widerklangen.

Der Jüngste wird König

Zurück in England, übernahm Richard I. ohne Blutvergießen von Johann Ohneland die Herrschaft und wandte sich sofort gegen den verräterischen Philipp II. August. Er eroberte den größten Teil der von Frankreich annektierten Gebiete zurück. Doch bei einem Gefecht mit dem aufständischen Adel in Aquitanien wurde Richard I. 1199 von einem Armbrustbolzen getroffen und starb wenige Tage später mit 41 Jahren am Wundfieber. Das Angevinische Reich fiel endgültig an seinen Bruder Johann Ohneland.

Familienbande
Das Priorat von Acre lag auf dem Besitz der Grafen von Warenne, die mit dem englischen Königshaus eng verbunden waren. So war Isabella von Warenne zunächst mit einem Sohn König Stephans verheiratet, dann mit einem Halbbruder Heinrichs II.

Aufstieg der italienischen Stadtstaaten

Die großen Handelsmetropolen Norditaliens lösten sich von der kaiserlichen Oberherrschaft und entwickelten sich zu mächtigen selbständigen Stadtstaaten. Venedig kontrollierte zeitweise den gesamten östlichen Mittelmeerraum.

Müde wischte sich Kaiser Friedrich I. Barbarossa den Schweiß von der Stirn. Die Ereignisse der letzten Wochen in diesem Unglücksjahr 1167 hatten ihn völlig erschöpft. Mit knapper Not war er in Italien einem Attentat entgangen, musste, als Knecht verkleidet, bei Nacht und Nebel in seine deutsche Heimat fliehen.

Mailand, Mantua, Verona und andere oberitalienische Städte hatten sich nämlich mit päpstlicher Unterstützung zum Lombardischen Bund zusammengeschlossen, um fortan gemeinsam gegen die verhasste kaiserliche Autorität zu kämpfen. Die aufblühenden Städte Oberitaliens scherten sich schon seit geraumer Zeit kaum noch um ihre gesetzlichen Pflichten. Sie steckten die dem Kaiser zustehenden Steuereinnahmen einfach in die eigene Tasche.

Großes Vorbild für die nach Unabhängigkeit strebenden Städte war Venedig. Der Aufstieg der Lagunenstadt begann im 9. Jh. mit einer spektakulären Begebenheit. Damals nämlich wollten die Venezianer ihren wenig populären Schutzpatron, den heiligen Theodor von Euchaita, loswerden und beschlossen, ihn durch eine ungleich charismatischere Figur zu ersetzen. Die Wahl fiel auf keinen Geringeren als den Evangelisten Markus, der einst höchstpersönlich das mittlerweile zu Venedig gehörende Bistum Aquileia gegründet haben soll. Zuletzt freilich hatte Markus als Bischof in der ägyptischen Hafenstadt Alexandria gewirkt, und dort hatte ihn auch der Märtyrertod ereilt, sodass sich seine sterblichen Überreste im Land der Muselmanen befanden. Also schickten die Venezianer einen Trupp unerschrockener Landsleute über das

Orientalisches Flair
Im mittelalterlichen Venedig arbeiteten zahlreiche byzantinische Künstler und Architekten. Ihr großartigstes Werk war die orientalisch anmutende Markuskirche. Nach der Eroberung Konstantinopels verkleideten die Venezianer ihre Basilika innen und außen mit Marmorplatten und dekorierten sie mit weiteren Beutestücken.

ZEITZEUGEN

Dantes Vision

Aus dem Wunsch heraus, in Frieden und Sicherheit zu leben, verfasste Dante die Schrift *De monarchia.* Er forderte die Wiederherstellung der kaiserlichen Gewalt wie zu Zeiten der staufischen Kaiser.

Sein Ideal sah einen umfassenden, stabilen Weltstaat mit einheitlicher Rechtsprechung vor, gewissermaßen das Pendant zur himmlischen Ordnung. Die Souveränität des Kaisers betrachtete er als ein von Gott gegebenes Naturgesetz, auf die der Papst bzw. die Kirche keinen Einfluss hätte.

Zu Dantes Lebzeiten war die Schrift kaum bekannt. 1329 aber wurde sie auf päpstlichen Befehl öffentlich verbrannt und im 16. Jh. auf den Index verbotener Bücher gesetzt. Erst 1897 hat Papst Leo XIII. das Werk aus dem Index gestrichen.

Kritischer Zeitgenosse
Berühmt wurde der italienische Dichter Dante Alighieri mit der *Göttlichen Komödie,* einer Vision des mittelalterlichen Weltbilds.

Mittelmeer, um die Reliquien des Heiligen „zurück" in die Lagunenstadt zu holen. Zu Ehren ihres neuen Schutzheiligen errichteten sie den Vorgängerbau jener heute weltberühmten Markusbasilika. Als das hölzerne Gotteshaus rund 150 Jahre später einem verheerenden Feuer zum Opfer fiel, verbrannten scheinbar auch die Gebeine des heiligen Markus. Unversehrt hingegen blieb der Campanile, der 95 m hohe Glockenturm der Markuskirche. Das heutige Wahrzeichen von Venedig errichteten die Einwohner zwischen dem 9. und dem 12. Jh.

Ein Wunder geschieht

Einige Jahrzehnte nach dem Brand entdeckte man durch einen wundersamen „Zufall" die Reliquien unversehrt in einem Pfeiler der neu errichteten Markuskirche wieder. Mit diesem offensichtlich geschickt inszenierten Coup begann der kometenhafte Aufstieg des Schutzpatrons von Venedig. Das Attribut des heiligen Markus, der geflügelte Löwe, wurde zum Wappentier der Stadt und allgegenwärtigen Hoheitszeichen der Markusrepublik. Noch heute steht auf der Piazzetta vor dem Dogenpalast die 1180 errichtete Granitsäule mit dem geflügelten Markuslöwen. Gleich daneben stellten die Venezianer, vielleicht aus schlechtem Gewissen, den inzwischen längst vergessenen Stadtpatron Theodor auf.

Im Herzen der Lagunenstadt residierte auch der Doge von Venedig. Der Name leitet sich von *dux* – Führer – ab und bezeichnete ursprünglich das Amt des oströmischen Statthalters. Später verfügte der Doge als höchster weltlicher Würdenträger der Stadtrepublik über beinahe unumschränkte Machtbefugnisse. Im 12. Jh. entstand der erste Dogenpalast aus Stein. Als er zu klein wurde, rissen ihn die Venezianer wieder ab und begannen im 14. Jh. mit dem Bau des Dogenpalasts in seiner heutigen Gestalt.

Der Aufstieg Venedigs schien unaufhaltsam. Der Stadt gelang es nach und nach, die Kontrolle durch den Kaiser von Konstantinopel abzuschütteln, ohne ihre Handelsprivilegien einzubüßen. Seit der Unterwerfung Istriens und Dalmatiens überwachte Venedig die wichtigsten Handelswege im östlichen Mittelmeer und sicherte sich für Jahrhunderte die Vorherrschaft in dieser Region. Nachdem die Kreuzfahrer Jerusalem eingenommen hatten, umfasste das Handelsgebiet der Venezianer auch das Heilige Land.

Aber die Position der „Serenissima" als Herrin der Adria war nicht unantastbar, vor allem in Pisa und Genua erwuchsen Venedig mächtige Rivalinnen. Der Handel mit dem Orient warf damals die lukrativsten Gewinne ab, und so bemühten sich alle italienischen Kaufleute, in Konstantinopel Fuß zu fassen. Zwischen den einzelnen Städten wurde ein gnadenloser Konkurrenzkampf ausgetragen, der vorübergehend auch Venedig in die Knie zwingen sollte.

Blutiger Konkurrenzkampf

Lange Zeit konnten sich die Venezianer am Bosporus an vorderster Front behaupten, weil sie formell immer noch dem oströmischen Byzanz angehörten. Doch 1171 räumte Konstantinopel auch Pisa und Genua Handelsvertretungen ein. Das führte zu heftigen Auseinandersetzungen, die in einem Überfall auf die genuesische Kolonie in der Reichshauptstadt gipfelten. In einer beispiellosen Racheaktion wurden daraufhin sämtliche in Konstantinopel ansässigen Venezianer verhaftet und eingekerkert. Die Zukunft der Wirtschaftsmacht Venedig stand auf dem Spiel.

Der Notstand hatte zunächst tief greifende innenpolitische Konsequenzen. Die venezianischen Großkaufleute befürchteten nicht ohne Grund den Zusammenbruch ihres Handelsimperiums und beschlossen deshalb, der Volksversammlung das politische Bestimmungsrecht zu entziehen und stattdessen ein auserwähltes Gremium ins Leben zu rufen, das besser geeignet sein würde, Venedigs – und ihre eigenen – Angelegenheiten zu regeln. Fortan oblag die allgemeine Regierungstätigkeit dem Großen Rat mit zunächst 480, in späterer Zeit 900 Mitgliedern. Die Volksversammlung hingegen sollte nur noch zu Kriegserklärungen und Friedensschlüssen zusammentreten. Damit stand de facto eine Handelsoligarchie an der Spitze der Stadt, die die Gesetze verabschiedete und auch den Dogen wählte.

Geschäftstüchtiges Alter

1192 entschied sich der Große Rat für den Dogen Enrico Dandolo. Er schien kaum in der Lage, das Ruder wirklich herumreißen zu können, da er bei Regierungsantritt bereits 84 Jahre alt und fast blind war. Doch gerade ihm sollte es gelingen, „La Serenissima" auf den Höhepunkt ihrer Macht zu führen. Wenige Jahre später nämlich rief Papst Innozenz III. zum Kreuzzug auf, da Jerusalem wieder in die Hände der Muslime gefallen war. Venedig witterte seine Chance und erklärte sich – gegen entsprechende Bezahlung – umgehend bereit, den Truppentransport übers Mittelmeer zu organisieren.

Als die Kreuzfahrer zu Beginn des 13. Jh. in der Lagunenstadt eintrafen, erlebten die Organisatoren jedoch eine unangenehme Überraschung: Das Ritterheer war viel kleiner als erwartet und konnte die Kosten, die Venedig nun in Rechnung stellte, beim besten Willen nicht aufbringen. Jetzt schlug die große Stunde des Enrico Dandolo. Geschickt stellte der Doge sicher, dass der ursprüngliche Vertrag zu Venedigs Vorteil abgeändert wurde, sodass auch die Stadt unter seiner persönlichen Leitung am heiligen Krieg teilnehmen durfte. Den Kreuzfahrern blieb keine andere Wahl, als den Knebelvertrag zu akzeptieren.

Statt nach Jerusalem ging es zunächst nach Zara in Dalmatien, das kurz zuvor versucht hatte, sich dem Einfluss Venedigs zu entziehen und nun im Handumdrehen wieder unterworfen wurde. Als nächstes Ziel stand die „Befreiung" Konstantinopels auf dem Plan. Schon seit Jahren sannen die Venezianer auf Rache für die 1171 erlittene Schmach, nun boten Thronstreitigkeiten den willkommenen Anlass zum Eingreifen. Der regierende Kaiser Alexios III. Angelos hatte unlängst seinen Bruder gestürzt und sich damit dessen gleichnamigen Sohn zum erbitterten Feind gemacht.

Der junge Mann schlug sich sogleich auf die Seite der Kreuzritter und versprach, sämtliche Forderungen zu erfüllen, sobald er den Thron innehätte. Tatsächlich setzten die sieg-

Konkurrenz belebt das Geschäft
Selbst wenn die Handelsmetropolen Oberitaliens in ständigem Konkurrenzkampf miteinander standen, so erwarben doch zahlreiche Kaufleute unermessliche Reichtümer.

ALLTAGSLEBEN

Karneval in Venedig

Die Ursprünge des berühmten Karneval von Venedig liegen in altrömischen Maskenfesten. Der mittelalterliche Karneval wird erstmals 1094 erwähnt. Damals hüllten sich junge Männer in Felle, schmückten sich mit Zweigen, zogen singend und spielend durch die Stadt und vertilgten dann ein üppiges Mahl.

Schon bald erhielt der Karneval eher politischen Charakter und diente vor allem dazu, sich mit der Maske der kontrollierenden Gewalt des Staates kurzzeitig zu entziehen. Mehrmals versuchte der Große Rat das Tragen von Masken zu verbieten, angeblich um Betrug und Verbrechen zu verhindern, doch ohne Erfolg.

Fremde Künstler
Die Kirche San Zeno Maggiore in Verona gilt als schönster romanischer Bau Oberitaliens. Die Bronzereliefs aus dem 11. Jh. mit Motiven der Schöpfungsgeschichte wurden vermutlich von einem deutschen Künstler geschaffen.

reichen Eroberer Alexios IV. Angelos die byzantinische Krone auf, ohne dass dieser sein Versprechen einhielt, die Kosten des Kreuzzugs zu übernehmen. Er entging ihrer Rache nur, weil die eigenen Landsleute Alexios IV. ermordeten. Als auch sein Nachfolger die Zahlung verweigerte, wurde Konstantinopel für die kaiserlichen Lügen bitter bestraft.

Gemeinsam fielen Venezianer und Kreuzritter über die prächtige Stadt her, drangen in Häuser, Kirchen und Läden ein und nahmen mit, was ihnen gefiel. Ganze Viertel steckten sie in Brand, sodass auch die Bibliotheken der Stadt mit ihren kostbaren alten Handschriften dem Feuer zum Opfer fielen. Nicht nur die Venezianer nahmen die geraubten Schätze mit nach Hause, darunter auch die altgriechische Quadriga mit den vier Bronzepferden, die seither das Hauptportal der Markuskirche ziert.

KUNSTRAUB OHNEGLEICHEN

Der gemeinsame Sieg des Kreuzfahrerheers und der Venezianer war die Geburtsstunde des so genannten Lateinischen Kaiserreichs, das vom Peleponnes bis zum Bosporus reichte und ein halbes Jahrhundert lang existieren sollte. Venedig selbst hatte sich drei Achtel des gesamten byzantinischen Landbesitzes unter den Nagel gerissen, u. a. die Inseln Rhodos und Kreta sowie die griechische Halbinsel Euböa. Hinzu kamen Handelsmonopole, die Kontrolle der Meerengen und zahlreiche Stützpunkte zur Sicherung der Seefahrt. „La Serenissima" stieg endgültig zur Herrin des östlichen Mittelmeers auf. Die Kreuzfahrer aber verloren im Siegestaumel ihr ursprüngliches Ziel, Jerusalem zu befreien, völlig aus den Augen und kehrten mit reicher Beute direkt in ihre Heimat zurück.

Bleibender Erfolg in Konstantinopel war Venedig – im 13. Jh. die reichste Stadt Europas – freilich nicht beschieden. Seine übermächtige Position im östlichen Mittelmeer belastete zunehmend das ohnehin schon gespannte Verhältnis zu Genua.

Die Rivalin musste sich freilich gedulden, erst 1261 war es so weit. Der von den Genuesen unterstützte Byzantiner und spätere Kaiser Michael III. Palaiologos konnte Konstantinopel zurückerobern und dem Lateinischen Kaiserreich den Todesstoß versetzen. Während die Venezianer die Hauptstadt wieder verlassen mussten, ließen sich nunmehr ihre Konkurrenten am Bosporus nieder und konnten ihre Stellung sowohl im östlichen Mittelmeer als auch im Schwarzen Meer ausbauen. Doch auch wenn dem politischen Erfolg Genuas ein wirtschaftlicher folgte, so konnte es letztlich nicht mit Venedig gleichziehen. Der Grund lag in den unterschiedlichen politischen Strukturen beider Städte. In der Lagunenstadt zog der exklusive Kreis des Großen Rates weitgehend an einem Strang und bemühte sich durchaus erfolgreich, eine Politik zum Wohle Venedigs zu betreiben. Hoffnungslos zerstritten, trugen die herrschenden Adelsfamilien Genuas nicht selten blutige Fehden untereinander aus.

OPFER FÜR DIE FREIHEIT

In Mailand hatte Mitte des 13. Jh. zunächst das Adelsgeschlecht der Torriani, seit 1277 dann das der berühmten Visconti die Macht übernommen und Mailand neben Venedig zur zweiten Großmacht in Oberitalien gemacht. Den langen Weg zur Macht und zur Unabhängigkeit vom staufischen Königshaus hatte die lombardische Metropole allerdings viele Opfer gekostet.

Vor der Gründung des Lombardischen Bundes war Kaiser Friedrich I. Barbarossa mit seinem Heer mehrfach über die Alpen gezogen, um die lombardischen Städte unter seine Kontrolle zu zwingen. 1162 hatte Mailand für seine Selbständigkeitsbestrebungen einen hohen Preis zahlen müssen, denn die kaiserlichen Truppen hatten es nahezu dem Erdboden gleichgemacht. Doch das auf Abschreckung zielende Exempel zeigte genau die gegenteilige Wirkung. Die Mailänder bauten ihre zerstörte Stadt unverdrossen wieder auf, um klarzustellen, dass sie keineswegs mehr gewillt waren, sich der kaiserlichen Herrschaft weiterhin zu unterwerfen. Noch im Gründungsjahr 1167 schafften es die verbündeten lombardischen Städte, den als Knecht verkleideten Barbarossa mit Schimpf und Schande aus Norditalien zu vertreiben, und wenige Jahre später gelang 1176 mit dem Sieg in der Schlacht bei Legnano ein weiterer Triumph. Im Frieden von Konstanz 1183 musste der Kaiser de facto die Autonomie der oberitalienischen Städte bestätigen. Die für die Zukunft vereinbarten, äußerst bescheidenen Abgabensummen sollten ihren wachsenden Reichtum kaum schmälern.

Mailand am Ziel

Mailand entwickelte sich im 13. Jh. zur angesehensten und wirtschaftlich stärksten Stadt der gesamten Poebene. Als Verkehrsknotenpunkt großer Handelsstraßen kam ihr ohnehin eine maßgebliche Bedeutung zu, die noch weiter anwuchs, als um 1270 mit dem Sankt-Gotthard-Pass die wichtigste Alpenverbindung mit den deutschen Gebieten eröffnet wurde. Zahllose Kaufleute und Gewerbetreibende trugen entscheidend zum Reichtum der Stadt bei. Die Mailänder Textilverarbeitung genoss einen ebenso hervorragenden Ruf wie die berühmte Waffenschmiede. Allerdings verloren Mitte des 13. Jh. die gewählten Kollegialorgane der Republik ihre Macht an die so genannte Signoria. Von nun an lag die Herrschaft der Stadt ausschließlich in den Händen alteingesessener Adelsfamilien.

Bis zum Beginn des 14. Jh. erfreuten sich die oberitalienischen Städte eines beachtlichen Reichtums und einer zufriedenen, ständig wachsenden Bevölkerung, der es an Nahrung nicht mangelte. So hatte ein Besucher Venedigs bewundernd festgestellt, die Menschen dort würden weder pflügen noch säen und könnten dennoch überall Wein und Korn kaufen. Das änderte sich jetzt. Mehrere verregnete Sommer führten zu Missernten, und auch in besseren Jahren gab der ausgelaugte Ackerboden nicht mehr viel her. Obwohl Venedig und Genua Nahrungsmittel auf dem Seeweg importierten, konnte das die Hungersnot kaum mildern. Doch es kam noch schlimmer, denn um die Mitte des 14. Jh. hielt die Pest Einzug in Oberitalien und raffte allein in Venedig drei Viertel der Bewohner dahin.

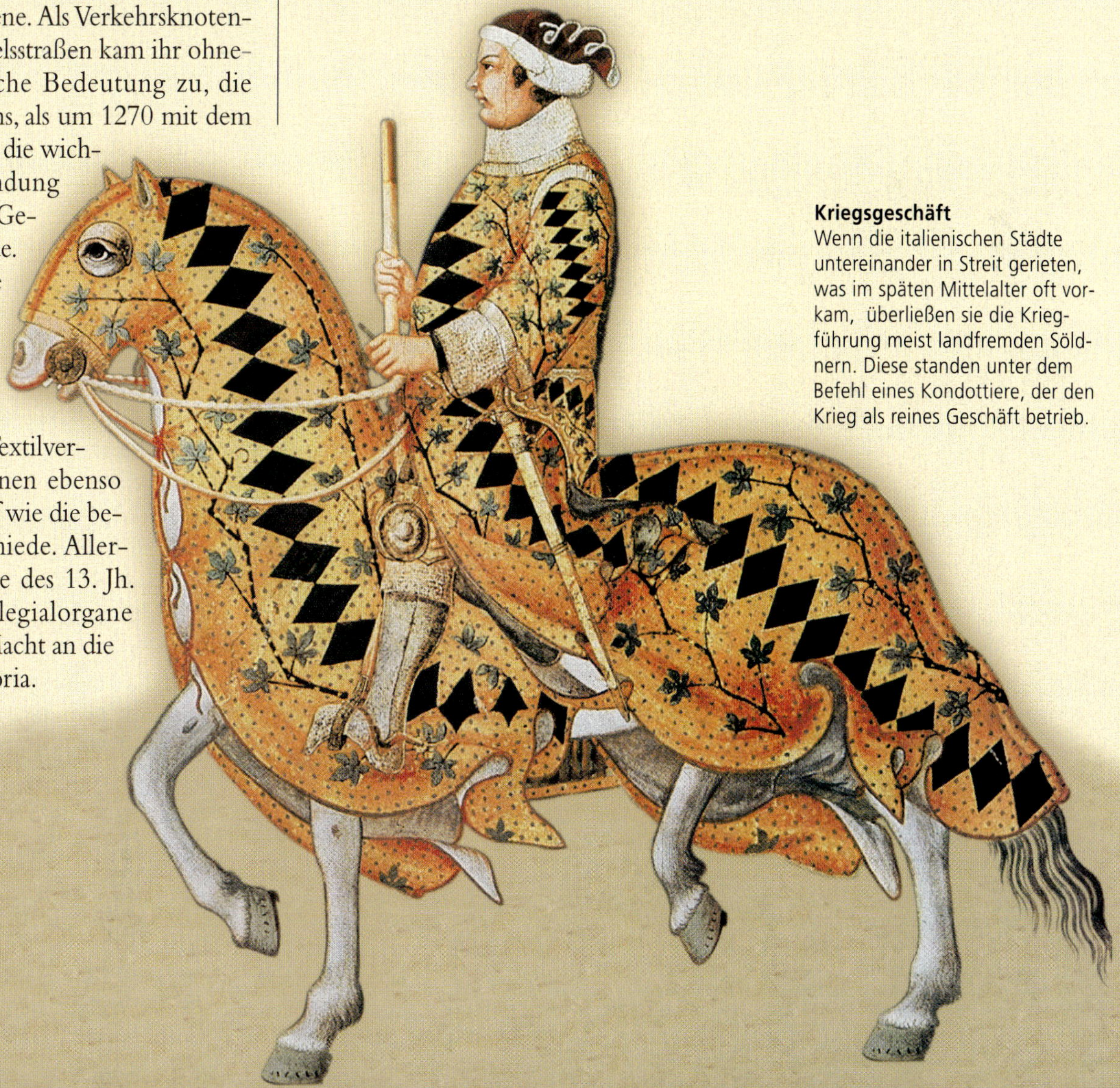

Kriegsgeschäft
Wenn die italienischen Städte untereinander in Streit gerieten, was im späten Mittelalter oft vorkam, überließen sie die Kriegführung meist landfremden Söldnern. Diese standen unter dem Befehl eines Kondottiere, der den Krieg als reines Geschäft betrieb.

Wem gehört der Balkan – Bulgaren gegen Serben

Die Bulgaren schüttelten die byzantinische Herrschaft ab, die Serben ahmten Byzanz nach. Doch sowohl das bulgarische als auch das serbische Großreich blieben eine Episode, und am Ende siegten die Türken.

„Das soll unsere Hauptstadt werden, was meinst du, Brüderchen?" Aus schmalen Augenschlitzen blinzelte Peter Asen ins Sonnenlicht und zeigte mit einer ausladenden Geste auf den unter ihnen liegenden Felssporn, an den sich in waghalsigem Durcheinander Häuser und Hütten klammerten. Iwan Asen, der Bruder, strich sich über den wilden Schnurrbart und nickte stumm. Er kostete den Triumph aus. Erst vor wenigen Wochen hatten sie die byzantinischen Unterdrücker verjagt und waren in die nordbulgarische Stadt Tirnowo eingezogen.

Man schrieb das Jahr 1186, als die stolzen Brüder Iwan und Peter Asen vom ruhmreichen Stamm der Bojaren den ganzen Norden Bulgariens einten und der fast 200-jährigen Knechtschaft durch das Byzantinische Reich ein Ende setzten. Und Tirnowo war ein guter Platz, um daraus eine Hauptstadt zu machen. Die Schlucht des Jantra-Flusses schützte die Stadt auf dem Hügelkamm, nach Süden bildete das Balkan-Gebirge eine natürliche Barriere. Iwan drehte sich zum Bruder um und grinste über das sonnengebräunte Gesicht: „Ja, das soll unsere Hauptstadt sein, aber das ist erst der Anfang!"

Kaum hatten Iwan und Peter Asen Nordostbulgarien vom byzantinischen Joch befreit, wandten sie sich nach Thrakien. Kaiser Isaak II. Angelos, beunruhigt vom Erfolg der Rebellion, versuchte persönlich, die Aufständischen mit seinem Heer zurückzudrängen. Es gelang ihm nicht. Im Jahr 1187 musste er die Unabhängigkeit der nordbulgarischen Provinzen anerkennen, das zweite bulgarische Reich war geboren.

Sieg über die Unbesiegbaren

In seiner Hauptstadt Tirnowo residierte Iwan Asen nach der Unabhängigkeit 9 Jahre lang als Zar von Bulgarien, für ein Jahr folgte ihm dann sein Bruder Peter. Dem jüngsten Bruder Kalojan gelang es schließlich um die Jahrhundertwende, dem Kaiserreich Byzanz auch die Städte an der bulgarischen Schwarzmeerküste und einen großen Teil Makedoniens abzujagen. Er war nicht nur ein erfolgreicher Feldherr, als geschickter Diplomat baute er freundschaftliche Beziehungen zur römischen Kirche auf, um die internationale Stellung Bulgariens abzusichern und gleichzeitig Byzanz zu isolieren. Ein Gesandter des Papstes Innozenz III. verlieh Kalojan im Jahr 1204 den Titel „König von Bulgarien" und erkannte dem Bischof von Tirnowo, dem Oberhaupt der bulgarischen Kirche, gleichzeitig die Würde eines Primas zu.

Ansprüche auf das bulgarische Territorium erhoben aber auch

Machtzentrale
Die einstige Hauptstadt des bulgarischen Reiches, Tirnowo, liegt auf drei Hügeln oberhalb des Flusses Jantra.

Ring des Reichsgründers
Frömmigkeit und Machtpolitik – aber auch Prunk, Glanz und feudale Sitten prägten die Herrschaft von Stephan I. Nemanja in Serbien. Seine Dynastie sollte den bulgarischen Zaren den Todesstoß versetzen.

die Kreuzritter, die auf dem Balkan das Lateinische Kaiserreich geschaffen hatten. Weithin fürchtete man sie wegen ihrer legendären Kriegskunst und ihrer militärischen Potenz. Trotzdem wagte Kalojan den Waffengang; er fügte dem Kreuzritterheer 1205 bei Adrianopel eine vernichtende Niederlage zu und brachte Kaiser Balduin I., den Herrscher des Lateinischen Kaiserreichs, als Gefangenen nach Tirnowo. Triumphierend notierte der Chronist Choniates: „Die auserlesenste Truppe … war gefallen.“ Es war der Sieg über die vermeintlich Unbesiegbaren.

EIN REICH – DREI MEERE

Zar Kalojan fiel 2 Jahre später einer Verschwörung zum Opfer, doch seine Nachfolger konnten das bulgarische Reich in den folgenden 2 Jahrzehnten konsolidieren und den inneren Frieden bewahren. Erst der aus Theassalien eindringende Despot von Epirus, Theodoros Angelos, bereitete dem ein Ende. 1230 gelang es Iwan Asen II., dem Sohn Iwan Asens I., zunächst Theodoros zu vertreiben und im Verlauf der nächsten 11 Jahre sein Herrschaftsgebiet erheblich zu erweitern. Ganz Makedonien und Albanien, das Gebiet zwischen Gallipoli und dem Olymp sowie ein großer Teil Thrakiens zählten danach zum bulgarischen Reich. Es grenzte nun an drei Meere, das Schwarze, das Ägäische und das Adriatische, und stand auf der Höhe seiner Macht und Bedeutung.

Wirtschaft und Kultur erlebten eine Blüte, Innen- und Außenhandel nahmen zu, und es entstanden rege Beziehungen zu Genua, Venedig und Dubrovnik. Unter Iwan Asen II. wurden in Bulgarien die ersten Kupfer-, Silber- und Goldmünzen geprägt. In Tirnowo kreuzten sich die wichtigen Handelswege von der Adria mit jenen aus Wladimir und Nowgorod, aus Persien und Arabien – die Kapitale war zur Weltstadt geworden.

Nach dem Tod Iwan Asens II. entflammten unter den Bojaren ab 1241 lang anhaltende, heftige Kämpfe um die Nachfolge. Binnen 15 Jahren wechselte der Zar viermal. Einer der Thronanwärter, Jakov Svetoslav, sagte sich von der Zentralgewalt los und erklärte sich zum unabhängigen Herrscher über Nordwestbulgarien. Gleichzeitig gelang es Byzanz, Gebiete in Thrakien und Makedonien zurückzuerobern, und im Norden des Landes verwüsteten Tataren weite Landstriche. Von den Plagen dieser Kriege und den dafür erzwungenen Abgaben und Frondiensten getrieben, rebellierten die Bauern im größten bulgarischen Bauernaufstand des Mittelalters, eroberten Tirnowo und erhoben 1278 den Schweinehirten Ivailo zum neuen Zaren. Er

Familienglück
Die Miniatur zeigt Zar Iwan Alexander mit Gemahlin Theodora und den Söhnen Iwan Schisman und Iwan Asen. Unter Iwan Alexander ging die Vormacht Bulgariens auf dem Balkan endgültig verloren.

heiratete sogar die Witwe seines Vorgängers, konnte sich aber dennoch keine 3 Jahre an der Macht halten.

Derart mit sich selbst beschäftigt, entging den zerstrittenen Bojaren völlig, dass einer ihrer Nachbarn im Westen zum ernst zu nehmenden Rivalen aufstieg. Kaum im Amt, eroberte der neue Serbenkönig Stephan IV. Dušan 1331 große Teile Albaniens, nahm den Titel eines „Königs von Albanien" an und richtete dann seine Aufmerksamkeit auf das wackelige Bulgarien. Durch die inneren Wirren geschwächt, konnten die einst stolzen Bojaren dem entschiedenen Angriff der Serben nichts entgegensetzen. Ohne großen Aufwand fügte Stephan IV. Dušan dem bulgarischen Zaren Iwan Alexander noch im gleichen Jahr eine bittere Niederlage zu.

Der Mächtigste
Stephan IV. Dušan, Kaiser von Serbien, zählt zu den imponierendsten Persönlichkeiten des Mittelalters auf dem Balkan.

Und plötzlich gab es neue Herren auf dem Balkan. Wie hatte es dazu kommen können? Einige der slawischen Stämme, die sich im Gefolge der Awaren in weiten Teilen Südosteuropas niedergelassen hatten, gründeten im 11. Jh. an der Adriaküste kleinere und größere Staatsgebilde und erlangten nach und nach einen gewissen Grad an Selbständigkeit gegenüber den mächtigen Reichen von Byzanz, Ungarn oder Venedig.

Ein neues Reich entsteht

In einem dieser Kleinstaaten riss der Serbe Stephan I. Nemanja 1151 im Kampf gegen seine Brüder die Herrschaft an sich. Als Großžupan war er formal noch ein Vasall des Kaisers von Konstantinopel. Tatsächlich aber lenkte er für die nächsten 20 Jahre die Geschicke des Landes kraft eigener Autorität und begründete so das serbische Reich und die Dynastie der Nemanjiden, die das Serbentum zu höchster kultureller Blüte führte. Der orthodoxe Christ kämpfte erbittert gegen die christliche Sekte der Bogomilen, die die Welt als Teufelsschöpfung betrachtete, und leitete den Prozess ein, der Serbien zum festen Bestandteil der orthodoxen Kirche werden ließ. Er beendete sein irdisches Leben als Mönch auf dem Berg Athos.

Die Nachfolger führten seine Politik außergewöhnlich erfolgreich fort. Sein Sohn Stephan war in erster Ehe mit einer Tochter des byzantinischen Kaisers verheiratet, in zweiter Ehe mit einer Enkelin des Dogen von Venedig. Der Bruder Rastko Nemanja nahm unter dem Namen Sava das Mönchsgewand, bekämpfte als Abt von Studenica die Ketzerei, ließ Kirchen und Klöster bauen und trotzte schließlich dem Kaiser Theodoros I. Laskaris für die serbische Kirche die volle Selbständigkeit ab. Er selbst stieg zum Erzbischof der serbisch-orthodoxen Kirche auf und prägte das kirchliche und kulturelle Leben des Landes und das Selbstbewusstsein der Serben so tief, dass er bis heute als heiliger Sava verehrt wird.

Der serbische Minderwertigkeitskomplex

Uroš I., ein Enkel Stephan Nemanjas, dehnte die Herrschaft Serbiens Mitte des 13. Jh. über weite Teile Makedoniens aus. Die reichen Bodenschätze des Landes führten zu einer ökonomischen Blüte. Seine Söhne und Enkel stritten zwar mehrfach um die Herrschaft, doch die Machtkämpfe gingen vorüber, ohne das junge Reich zu schwächen. Allerdings betrachteten die Zeitgenossen Serbien weiter als Barbarenstaat. Eine Schwester des byzantinischen Kaisers Andronikos II. weigerte sich, den „unzivilisierten" Serbenkönig Milutin zu heiraten, obwohl Milutin sich bemühte, byzantinische Hofsitten einzuführen. Er gestaltete auch die Verwaltung nach byzantinischem Vorbild um, übernahm das Steuersystem aus Byzanz und entwickelte Serbien zum mittelalterlichen Feudalstaat.

Minderwertigkeitsgefühle gegenüber Byzanz, wie sie seine Vorgänger und zuletzt

Milutin gepflegt hatten, kannte Stephan IV. Dušan nicht, als er 1331 seinen Siegeszug über den Balkan antrat. Er steckte seine Ziele weiter und wollte Kaiser werden. Da eine Kaiserkrönung ohne einen Patriarchen undenkbar war und die serbische Kirche nur einen Erzbischof zum Oberhaupt hatte, berief Dušan in Skopje eine Synode ein, an der auch der bulgarische Patriarch von Tirnowo teilnahm. Diese Synode beschloss, den serbischen Erzbischof zum Patriarchen zu erheben. Damit konnte Dušan Mitte des 14. Jh. zum Kaiser der Serben und Griechen, der Bulgaren und Albaner gekrönt werden.

UNAUFHALTSAMER NIEDERGANG

Stephan Dušan starb nur wenig später mit 46 Jahren und hatte keinerlei Vorsorge für seine Nachfolge getroffen. So kam es zu Thronstreitigkeiten, die es mehreren Vasallen in den Randgebieten des serbischen Reiches ermöglichten, sich der serbischen Oberhoheit zu entziehen. Der Zerfall des jungen Kaiserreichs folgte auf dem Fuß, denn schon Uroš V., ein Sohn Stephan Dušans, konnte nicht mehr verhindern, dass das Reich in eine Unzahl kleiner Fürstentümer zerfiel.

Wesentlichen Anteil am Untergang hatte aber ein äußerer Gegner. Die Osmanen, die Mitte des 14. Jh. bereits in Gallipoli einen festen Brückenkopf in Europa errichtet und zum Ausgangspunkt weiterer Eroberungen gemacht hatten, standen wenig später vor Konstantinopel, wandten sich von dort weiter nach Westen, eroberten alsbald Adrianopel, Plovdiv, Makedonien und Thrakien. Der byzantinische Kaiser, der bulgarische Zar und bald auch der serbische Kaiser waren auf dem Wege, zu Vasallen des Sultans zu werden.

Ahnentafel
Der Stammbaum der Nemanjiden befindet sich in der Klosterkirche Gracanica bei Priština.

Klostermauern
Religion war stets eine treibende Kraft im Tauziehen um den Balkan. Rila gehörte zu den vielen Klostergründungen, mit denen die Serben ihr Reich befestigten.

Aufstieg und Fall der Przemysliden

Geschickte Diplomatie und Hochzeitspolitik führten im 13. Jh. zu einem rasanten Aufstieg der böhmischen Könige.

Berühmter Ahnherr
Ottokar I. legte die Grundsteine für den Aufstieg der Przemysliden. Sein Grabmal schuf der berühmte Bildhauer Parler.

Ottokarkreuz
Das mit kostbaren Edelsteinen besetzte goldene Ottokarkreuz gab König Ottokar II. von Böhmen in Auftrag. Später schenkte er es wahrscheinlich dem Agneskloster, einer Stiftung seiner geliebten Tante, der heiligen Agnes von Böhmen.

Als der erste Böhmenkönig Ottokar I. Przemysl im Jahr 1230 starb, waren wichtige strategische Voraussetzungen für die Zukunft des Landes geschaffen: Sein Sohn Wenzel hatte im Rahmen einer prächtigen Hochzeit auf Burg Eger die Staufertochter Kunigunde von Schwaben geehelicht, und im Deutschen Reich durften die Przemysliden als Teil des neuen Kurfürstenkollegs den deutschen König wählen.

Die Böhmenchronik des Cosmas von Prag berichtet über den langwierigen Aufstieg der böhmischen Burgherren. Politisch verfolgte besonders die Prager Hauptlinie der Przemysliden ein hartnäckiges Ziel. Sie wollte Mähren, die böhmischen Herzogtümer und den tschechischen Teil Schlesiens unter ihre alleinige Herrschaft bringen. Machtrangeleien und hinterhältige Mordanschläge nutzte man als rechte Mittel, um ungeliebte Gegner auszuschalten. Daneben verbanden sich die Przemysliden durch eine geschickte Heiratspolitik mit den führenden Adelshäusern Osteuropas und unterhielten freundschaftliche Beziehungen zu den Nachbarn Polen, Ungarn und zum Deutschen Reich.

Im 12. Jh. sollte sich dies endlich auszahlen, denn die Hauptlinie der Przemysliden stieg in den Kreis der wichtigsten Bündnispartner der Deutschen auf und landete kurze Zeit später ihren größten Coup: Herzog Ottokar Przemysl, wie er sich selbst nannte, erhielt 1198 vom deutschen König Philipp von Schwaben den Titel König von Böhmen. Als 1212 König Friedrich II. dies in der Sizilianischen Goldenen Bulle bestätigte, erlebte Böhmen eine historische Wende. Denn der böhmische Herrscher erhielt den erblichen Königstitel, und das Königreich Böhmen nahm von nun an einen wichtigen Rang im Reich ein.

Wirtschaftliche Blüte durch Technologietransfer

König Wenzel I. regierte von 1230 bis 1253 und führte die Pläne des Vaters fort. In erster Linie lag ihm die Ansiedlung von Deutschen am Herzen, denn die Handwerker des Nachbarlands galten als fleißig und erfindungsreich. Mit ihrer Hilfe sollten die böhmischen Bauern endlich aufgerüttelt werden und Landwirtschaft und Bergbau neue Impulse erhalten. Auch Städte- und Klostergründungen in Böhmen konnten bisher im osteuropäischen Vergleich nicht standhalten.

Tatsächlich führten die einwandernden Kaufleute, Handwerker, Bergleute, Priester, Mönche und Bauern in Böhmen eine goldene Zeit herbei. Bald sprossen überall im Land industrielle Siedlungsgebiete, neue Städte und Klöster aus dem Boden. Silberbergwerke wie Iglau und Kuttenberg wurden von den Deutschen betrieben. Der Monarch setzte Landesverwaltungen ein und schuf mit dem reorganisierten Rechtssystem eines der modernsten in Mitteleuropa.

Ihren Höhepunkt erreichte die deutsche Zuwanderung unter Wenzels Sohn Ottokar II., der so manches von seinem Vater in die Wege geleitete Werk vollendete. Das persönliche Verhältnis zwischen Wenzel I. und

Ottokar II. gestaltete sich hingegen eher schwierig. Der aufmüpfige Ottokar sympathisierte mit dem böhmischen Adel und verschwor sich gegen den Vater. Erst als sich seine Tante Agnes, die Schwester Wenzels I., in den Konflikt einschaltete, konnte in letzter Minute ein Bürgerkrieg verhindert werden. Die später heilig gesprochene Agnes von Böhmen war eine der gläubigsten Adelsfrauen Böhmens, die überall im Land Frieden stiftete. Ihre politische Weitsicht zeigte sich, als sie früh den Untergang der Przemysliden prophezeite. Der Legende nach soll Agnes in einer Vision gesehen haben, dass Ottokar II. seinem Land und dem Volk kein Glück bringen würde. In der Tat sollte der aufbrausende Ottokar II. eine Situation heraufbeschwören, die seinem Sohn Wenzel II. fast die Krone gekostet hätte.

Trotz aller Erfolge während seiner Regierungszeit konnte Wenzel I. den einzigen Tiefpunkt seiner Herrschaft nie verwinden. Es gelang ihm nämlich nicht, sein Land vor der Mongolenhorde zu schützen, die 1241 unter der Führung Batu Khans in Mähren einfiel. Wie ein Wirbelwind aus Blut und Grausamkeiten fegte sie über das Land und richtete unermessliche Schäden und Verluste unter der Bevölkerung an.

FEHLENDER ERBE

Wie sein Vater arrangierte Wenzel I. 1253 kurz vor seinem Tod eine raffinierte Hochzeit: Er vermählte seinen Sohn Ottokar II. mit der fast 30 Jahre älteren Margarete von Österreich. Die Przemysliden gelangten in den Besitz Österreichs und konnten sogar auf die österreichische Krone hoffen. Nur eines konnte die 50-jährige Margarete nicht: ihrem Mann einen Erben schenken. Kurzerhand versuchte Ottokar II. über den Papst den unehelichen Sohn, den er mit einer Zofe Margaretes gezeugt hatte, als rechtmäßigen

Glanzvoller Herrscher
Wenzel II. förderte die europäische Hofkunst in Prag und Krakau. Selbst ein Minnesänger, versammelte er an seinem Hof die wichtigsten Politiker, Dichter und Künstler seiner Zeit.

Nachfolger einzusetzen. Der Papst lehnte ab, und Margarete reichte die Scheidung ein. Nun heiratete Ottokar II. Kunigunde von Machow, eine Enkelin des Königs von Ungarn, und streckte damit die Hand nach der ungarischen Stephanskrone aus.

GROSSMACHTGELÜSTE

Der große Machtzuwachs erlaubte Ottokar II. eine Großmachtpolitik, denn Böhmen wuchs für kurze Zeit zu einem riesigen Reich in Mitteleuropa heran. Der böhmische Monarch herrschte über Österreich, die Steiermark, das Egerland, Kärnten und die Krain, sein Land reichte von der Adria bis zur Ostsee. Man konnte die Grenzen des künftigen Habsburgerreichs bereits erahnen.

Wegen seines Reichtums und seiner Heeresmacht auch der „Eiserne und der Goldene König“ genannt, galt Ottokar II. als glanzvollster König der Przemyslidendynastie. Die Christianisierung des Landes förderte er durch zahlreiche Klostergründungen, daneben unterstützte er den Deutschen Orden in zwei Kreuzzügen gegen das heidnische Preußen. Als Dank erhielt die 1255 gegründete Stadt Königsberg seinen Namen. In Prag und Wien unterhielt Ottokar II. zwei prunkvolle Höfe. Beide Städte entwickelten sich zu Anziehungspunkten für Künstler und Handwerker aus ganz Europa. Besonders in Prag, dem Zentrum höfischer Dichtung, versammelten sich vor allem deutsche Dichter und Minnesänger.

Politisch begann Ottokar II. den Bogen allerdings zu überspannen. Den alten Adelsgeschlechtern und den deutschen Reichsfürsten war der Emporkömmling seit geraumer Zeit ein Dorn im Auge. In dieser Situation beging der böhmische König einen folgenschweren Fehler: In grenzenloser Selbstüberschätzung weigerte er sich nach der verlorenen Wahl zum deutschen König, dem Sieger Rudolf I. von Habsburg zu huldigen. Daraufhin verhängte Rudolf I. 1274 die Reichsacht über Ottokar II. und schloss ihn aus der Gemeinschaft der Kurfürsten aus. Ottokar II. verlor nicht nur sein Ansehen, sondern musste auch noch Österreich, die Steiermark und Kärnten abtreten.

Den letzten vergeblichen Versuch, diese Gebiete zurückzugewinnen, bezahlte er mit seinem Leben. In einer der größten Ritterschlachten Europas wurde sein Heer von Ru-

Residenzstadt Krakau
Das Fürstentum Kleinpolen mit der Hauptstadt Krakau stand im 13. Jh. für kurze Zeit unter der Herrschaft der Przemysliden. Aus dieser Zeit stammt die Stadtmauer der späteren Residenz der polnischen Monarchen.

dolf I. und dessen Verbündeten besiegt. Am 26. August 1278 standen sich auf dem Marchfeld bei Dürnkrut in Niederösterreich insgesamt etwa 30 000 schwer gepanzerte Ritter gegenüber. Zunächst schien die Armee Ottokars II. einem Sieg entgegenzusehen. Doch nun bediente sich Rudolf I. einer List, obwohl es im Mittelalter als unehrenhaft und unchristlich galt, den Gegner in einen Hinterhalt zu führen. In den umliegenden Weinbergen hatte der Habsburger 60 Ritter versteckt. Als die wenigen überlebenden und zudem unter den schweren Panzern völlig erschöpften Krieger nach 3 Stunden von den frischen Truppen angegriffen wurden, waren sie chancenlos. Unter den 12 000 getöteten böhmischen Rittern befand sich auch König Ottokar II.

Ängstlicher Herrscher

Die Niederlage traf den böhmischen Nationalgeist empfindlich. Ottokars Sohn Wenzel II. war beim Tod des Vaters auf dem Marchfeld gerade 7 Jahre alt. Er stand unter der Vormundschaft seines Onkels Markgraf Otto IV. von Brandenburg, und so blieb Böhmen einige Jahre ohne König. Der Adel nutzte das Machtvakuum, um die königlichen Gebiete zu besetzen und zu plündern und im ganzen Land zu wüten. Währenddessen hielt man Wenzel II. in Brandenburg wie einen Gefangenen. Angeblich litt er in dieser Zeit an Hunger und Kälte und führte ein gläubiges, fast mönchhaftes Leben. Er habe, so hieß es, Angst vor miauenden Katzen gehabt und sich bei Blitz und Donner im hintersten Zimmerwinkel versteckt.

Als Böhmen in anarchische Verhältnisse zu fallen drohte, kaufte der böhmische Hochadel Wenzel II. frei. Man verheiratete ihn 1285 mit Guta, einer Tochter Rudolfs I. von Habsburg. Da an eine neuerliche Expansion im Süden und Westen nicht zu denken war, wandte sich Wenzel II. Polen zu. Im Jahr 1290 erbte er das Fürstentum Krakau, 1291 eroberte er Oberschlesien und wurde kurz darauf zum Fürsten von Polen gewählt. Im Jahr 1300 setzte man dem böhmischen König Wenzel II. in Gnesen dann die Krone Polens aufs Haupt. Als förderlich erwies sich dabei, dass er nach dem Tod seiner Frau Guta, die bei der Geburt einer Tochter gestorben war, die polnische Prinzessin Richeza heiratete. Sie gebar ihm im Jahr 1289 den sehnlichst erwünschten Thronfolger. Er erhielt den Namen Wenzel III.

Doch nun überschlugen sich die Ereignisse: Mit nur 12 Jahren wurde Wenzel III. auf Betreiben des Vaters zum König von Ungarn gekrönt. Damit gelangten Polen, Böhmen und Ungarn in den Besitz der Przemyslidendynastie und sie selbst auf den Höhepunkt ihrer Macht – wenn auch nur für sehr kurze Zeit.

Denn bereits kurz nachdem König Wenzel II. 1305 an Tuberkulose starb, sollte sein Lebenswerk in Trümmern liegen. König Wenzel III. musste laut Vertrag die ungarische Stephanskrone an den Habsburger Albrecht I. abgeben und wurde bei den Vorbereitungen zu einem Feldzug am 4. August 1306 in Olmütz von einem thüringischen Ritter ermordet. Mit ihm erlosch die Przemyslidendynastie im Mannesstamm, unter der Böhmen eine ruhmreiche und glanzvolle Zeit erlebt hatte.

Fromme Adlige
Als die Mongolen 1241 in Böhmen und Schlesien einfielen, starben der Mann und der Sohn der heiligen Hedwig. Die aus dem bayerischen Andechs stammende Hedwig wird aufgrund ihrer karitativen Tätigkeit und als Schutzpatronin vieler schlesischer Städte wie Breslau und Krakau verehrt.

HINTERGRUND

Libussa – sagenhafte Gründerin Prags

Der böhmischen Sage zufolge war Libussa die weise Tochter des greisen Tschech, auch Bohemius genannt. Im heiratsfähigen Alter wurde sie dem Pflüger Przemysl an die Hand gegeben. Sie gelten als Gründungspaar der Przemyslidendynastie und seiner Haupt- und Residenzstadt Prag.

Libussa prophezeite angeblich den Ruhm der 1000-jährigen Stadtgeschichte. Sie hatte mit ihrer Burg Vysehrad den Grundstein der böhmischen Metropole gelegt. Heute sind die beiden ersten Przemysliden ein Symbol des böhmischen Patriotismus und des bäuerlichen Lebens der tschechischen Landgesellschaft.

Das Kaiserreich der Kreuzfahrer am Bosporus

Venezianer und Kreuzritter eroberten das Byzantinische Reich. Um seine Nachfolge führten die Lateiner und die Griechen ein halbes Jahrhundert lang erbitterte Kämpfe.

Wehe den Besiegten!
Die Eroberung Konstantinopels (Bild rechts) erfolgte von der Seeseite her. Hier waren die Befestigungen nicht so stark wie an der Landseite.

Die Beute des Siegers
Wie die Quadriga dienten zahlreiche aus Konstantinopel geraubte Kunstwerke anschließend der Verschönerung Venedigs.

Im Jahr 1204 brach über Konstantinopel eine unvorstellbare Katastrophe herein. Jahrhunderte hatte die Stadt fremden Heeren getrotzt, doch nun erstürmten westeuropäische Kreuzritter die Mauern der Metropole. Die Verteidigung brach rasch zusammen, die Stadt ging in Flammen auf, und eine rasende Meute blut- und beutegieriger Krieger drang durch die Straßen. In einem furchtbaren mehrtägigen Morden und Plündern erschlugen die Sieger zahllose Menschen und rafften gewaltige Reichtümer zusammen.

Den Anfang dieser Tragödie markierte ein Aufruf Papst Innozenz' III. zum Kreuzzug im Jahr 1199. Zu den wichtigsten Anführern zählten nordfranzösische Adlige wie Graf Theobald von der Champagne und Graf Balduin von Flandern und Hennegau. Später stieß aus Norditalien Bonifaz von Montferrat hinzu. Man kam überein, sich in Venedig zu versammeln und von dort aus mit Schiffen ins Heilige Land zu reisen. Insgeheim hatten die Führer des Kreuzzugs gemeinsam mit Venedig Ägypten als Angriffsziel ausgewählt, das ihnen als eine leichte Beute erschien.

Ein Kreuzzug wird umgeleitet

Als sich in der Lagunenstadt nur ein Drittel der erwarteten 30 000 Teilnehmer einfand, konnte man den mit Venedig ausgehandelten Preis für die Überfahrt nicht bezahlen. Als Ausgleich für die damit entstandenen Unkosten stellte Venedig bestimmte Forderungen, u. a. die Eroberung der dalmatinischen Stadt Zara. Die Kreuzfahrer willigten ein, der Papst aber exkommunizierte die Venezianer aus Zorn über die Umleitung des Kreuzzugs. Die Kreuzritter scherte das wenig, zumal mit Byzanz nun ein noch lukrativeres Ziel lockte.

Im Lager der Kreuzfahrer traf nämlich der seines Thrones beraubte byzantinische Prinz Alexios Angelos ein und bot ihnen Geld und militärische Hilfe an, wenn sie ihm zur Kaiserkrone verhalfen. Nach kurzem Kampf bestieg er als Alexios IV. Angelos den byzantinischen

Thron, doch bald darauf fiel er einer Palastrevolte zum Opfer. Sein Nachfolger Alexios V. Murtzuphlos wollte die unbequemen Kreuzfahrer möglichst schnell – und ohne die versprochenen Zahlungen – loswerden und befahl ihnen, Konstantinopel zu verlassen. Diese Arroganz ließen sich die Kreuzfahrer nicht bieten. Sie beschlossen, die Herrschaft an sich zu reißen, und verteilten bereits im Voraus die zu erwartende Beute einschließlich des byzantinischen Gebiets.

Ein Kreuzfahrer wird Kaiser

In der westlichen Christenheit herrschte über die Eroberung der Hauptstadt der „häretischen" Griechen großer Jubel. Nur einige wenige Stimmen verurteilten den Kreuzzug der Christen gegen andere Christen. Zum neuen Kaiser von Byzanz wählten die Kreuzritter Balduin von Flandern, obwohl sich diesen Titel eigentlich Bonifaz von Montferrat erhofft hatte. In einer feierlichen Zeremonie in der Hagia Sophia nahm Balduin I. die Krone entgegen, und in einem ähnlichen pompösen Rahmen folgte kurz darauf die Verleihung der Lehen an etwa 600 Vasallen. Balduin selbst erhielt als Oberherr den Kaiserpalast, ein Viertel von Konstantinopel sowie ein Viertel des ehemaligen Reiches: neben Thrakien und dem nordwestlichen Kleinasien die Inseln Lesbos, Chios und Samos.

Balduin I. trug zwar den Kaisertitel, den abendländischen Gepflogenheiten entsprechend war er aber nicht viel mehr als ein Erster unter Gleichen. Der ihm zur Seite stehende Kronrat schränkte mit weit reichenden militärischen und zivilen Befugnissen seine Macht deutlich ein.

Die Verteilung der Beute beginnt

Der enttäuschte Bonifaz von Montferrat gründete mit widerwilliger Zustimmung Balduins I. in Zentralgriechenland ein Königreich mit der Hauptstadt Thessalonike. Die Zustimmung der Venezianer erkaufte er sich, indem er ihnen das ursprünglich ihm zugesprochene Kreta überließ. Weiter südlich unterstanden ihm das Herzogtum von Athen und das Fürstentum von Achaia auf der Peloponnes. Beide vergab er an Vasallen, und besonders in den zwölf Baronien von Achaia übernahmen die neuen Herren die alten byzantinischen Burgen und bauten sie aus. An strategisch wichtigen Punkten errichteten die Ritter aus dem Westen zudem neue Burgen, von denen aus sie das Land und seine Bewohner regierten. In den kommenden Jahrzehnten bildeten diese französisch geprägten Adelssitze auf der Peloponnes Inseln des abendländischen Rittertums inmitten einer byzantinisch-griechischen Umwelt.

Venedig sichert sich die Sahnestückchen

Vor allem Venedig profitierte vom Untergang Konstantinopels. Es beanspruchte drei Achtel Konstantinopels, darunter die für den Seehandel wichtigen Inseln an der Westküste Griechenlands sowie Naxos, Andros, Euböa und Häfen in Thrakien. Aufgrund seiner Handelsprivilegien und seiner Finanz- und Flottenmacht sollte das venezianische Kolonialreich im östlichen Mittelmeerraum weitaus länger Bestand haben als das Lateinische Kaiserreich. Es setzte dabei auch auf landwirtschaftliche Monokulturen und betrieb im großen Stil den Anbau von Getreide, Wein und Zuckerrohr. Auch das Amt des Patriarchen von Konstantinopel übernahm ein Venezianer, während die Mitglieder der neuen katholischen Bischofshierarchie aus Italien oder Frankreich stammten.

All das sollte den Hass der einheimischen Griechen gegen die Fremden so sehr schüren, dass sie begannen, sich aufzulehnen, und sogar bereit waren, sich mit alten Feinden gegen diese zu verbünden. Unterstützung fand der innere Widerstand in den Teilen des Byzantinischen Reiches, die die Lateiner nicht besetzt hatten. In diesen Randgebieten entstanden unter Angehörigen des ehemaligen Kaiserhauses drei neue griechische Staaten. Im nordwestlichen Griechenland und dem heutigen Albanien errichtete Michael I. Angelos das Reich von Epirus, und im westlichen Kleinasien begründete Theodoros I. Laskaris das Kaiserreich von Nizäa. Politisch

Auf der Peloponnes
Der nordfranzösische Kreuzfahrer Geoffroy de Villehardouin wurde nach dem Kreuzzug Fürst von Achaia. Sein Sohn Guillaume II. erbaute nahe der Kirche Hagia Sophia von Mistra eine seiner Burgen (Hintergrundbild).

Komplott gegen Byzanz?
Der venezianische Doge Enrico Dandolo – hier kniend bei der Inthronisation Balduins I. – wurde oft beschuldigt, den Kreuzzug gegen Byzanz heimlich in die Wege geleitet zu haben. In Wahrheit führten wohl viele zufällig aufeinander treffende Umstände zu dieser Katastrophe.

weniger bedeutsam war das an der kleinasiatischen Schwarzmeerküste gelegene Kaiserreich von Trapezunt.

Schon kurz nach der Eroberung entzündete sich zwischen den neuen Herren und dem alteingesessenen Adel in Thrakien ein Streit. Zu allem Überfluss hatte Balduin auch noch den benachbarten Zaren von Bulgarien durch Gebietsansprüche brüskiert und der lateinische Patriarch die Oberhoheit über die orthodoxe Kirche des Bulgarenreichs gefordert.

Der Bulgarenzar Johannes Kalojan folgte daher nur zu gern dem Hilferuf des griechischen Adels, und 1205 vernichteten sie gemeinsam bei Adrianopel das lateinische Heer. Zahlreiche Ritter fielen, darunter der venezianische Doge Enrico Dandolo. Balduin selbst beschloss seine Tage als Gefangener des bulgarischen Zaren. Nun übernahmen die Reiche von Epirus und Nizäa die Initiative. Balduins Nachfolger und Bruder Heinrich konnte das Lateinische Reich zunächst stabilisieren, doch dann ging Theodoros Angelos mit der Gefangennahme von Heinrichs Nachfolger zum Angriff über. 1224 eroberte Theodoros das geschwächte Lateinische Königreich von Thessalonike und ließ sich zum Kaiser krönen.

AUS VERBÜNDETEN WERDEN RIVALEN

Dieser Machtzuwachs führte zum Bruch mit Nizäa und den Bulgaren, und ihm verdankte das Lateinische Kaiserreich vorerst sein – wenn auch eingeschränktes – Überleben. Als Theodoros Angelos nämlich auf Konstantinopel zumarschierte, stieß er auf die Bulgaren, die das gleiche Ziel hatten. 1230 wurde Theodoros Angelos geschlagen und grausam geblendet. Der siegreiche Bulgarenzar Iwan Asen II. rühmte sich in einer Inschrift: „... aber auch diese – die Lateiner – gehorchten meiner Macht..., und sie lebten nach meinem Willen, da Gott es so befohlen."

Das Reich von Epirus schied im Kampf um Konstantinopel endgültig aus. Die Nachfolger von Theodoros Angelos legten den Kaisertitel ab und mussten gar die Vorherrschaft Nizäas anerkennen. Denn unter der Herrschaft von Johannes III. Vatatzes entriss es nicht nur den Lateinern wichtige Gebiete, sondern eroberte 1246 Thessalonike und besiegte schließlich auch die ehemaligen Verbündeten – Epirus und Bulgaren.

DAS NEUE KAISERREICH GEHT UNTER, DAS ALTE KAISERREICH ERHEBT SICH

In Konstantinopel herrschte mittlerweile Kaiser Balduin II. Seine desolate finanzielle Lage zwang ihn sogar dazu, dem König von Frankreich die Dornenkronenreliquie zu verkaufen, um die Verteidigung seines Reiches halbwegs zu sichern. Doch die Tage der lateinischen Herrschaft waren gezählt, und Michael VIII. Palaiologos von Nizäa versetzte dem Lateinischen Kaiserreich schließlich den Gnadenstoß. Beim westmakedonischen Pelagonia schlug der Bruder Michaels VIII. 1259 ein lateinisches Heer vernichtend. Zu den Truppen Nizäas gehörten neben lateinischen Söldnerrittern auch seldschukische und kumanische berittene Bogenschützen. Ihre von den Steppenvölkern abgeschauten Kriegslisten trugen zum Erfolg Nizäas bei: Nachts zündeten sie unzählige Lagerfeuer an, und bei Tage trieben sie in einiger Entfernung Viehherden umher, deren Staubwolken eine Kavallerie vortäuschen sollten. 1261 zog Michael VIII., von der Bevölkerung freudig begrüßt, in Konstantinopel ein, nachdem Balduin II. samt der lateinischen Besatzung das Weite gesucht hatte.

HINTERGRUND

Der größte Kunstraub des Mittelalters

Bei der Einnahme von Konstantinopel richteten die Kreuzfahrer ungeheure Zerstörungen an und verursachten durch gezielte Plünderungen einen gewaltigen Schaden, von dem sich die Stadt nie mehr erholen sollte.

Bei dem Raubgut handelte es sich neben Kostbarkeiten wie Gold und Schmuck um zahlreiche Reliquien wie Splitter des Kreuzes Christi oder Körperteile von Heiligen samt ihrer wertvollen Behältnisse.

Vor allem der gezielte Raub antiker Kunstwerke durch die Venezianer zeigt, dass diese den Überresten der glorreichen römischen Vergangenheit, außer dem rein materiellen Wert, auch ein gewisses historisches Interesse beimaßen. Vielleicht wollte sich Venedig durch den Besitz dieser Kunstwerke symbolisch an die Stelle Konstantinopels setzen und seine Rolle als Nachfolger Roms betonen.

Kreuzzug gegen die Albigenser

Die Katharer in Südfrankreich stellten den Herrschaftsanspruch der katholischen Kirche infrage und wurden daher in einem erbarmungslosen Feldzug buchstäblich ausgerottet.

Im Jahr 1208 kam es in Südfrankreich zu einem folgenschweren Zwischenfall. Der päpstliche Legat Pierre de Castelnau wurde von einigen dem Grafen von Toulouse und den Katharern nahe stehenden Männern ermordet, als er den Kirchenbann über den Grafen verhängen wollte. Damit mündete eine seit langem mit Worten geführte Auseinandersetzung in einen gewaltsamen Konflikt. Von nun an sprachen die Waffen. Ein christlicher Kreuzzug auf christlichem Boden nahm seinen Lauf, an dessen Ende sich die Katharer auf die unzugänglichen Burgen im Südwesten Frankreichs zurückzogen und schließlich niedergemetzelt wurden.

Die letzte Bastion
Die Katharer verschanzten sich in unzugänglichen Bergfestungen wie Montségur. Doch auch diese Fluchtburgen wurden nach und nach erobert.

Die Welt ist Teufelswerk

Die Katharer – vom griechischen *katharoi*, die Reinen – nannten sich selbst „gute Christen" oder „gute Männer und Frauen". Da sich eines ihrer wichtigsten Zentren in der südfranzösischen Stadt Albi befand, werden sie auch als Albigenser bezeichnet. Sie betrachteten sich zwar als Christen, doch eigentlich hatte die eigenständige Glaubensbewegung mit dem Christentum nicht mehr allzu viel gemeinsam. Die Wurzeln der Sekte reichten weit bis in die ersten nachchristlichen Jahrhunderte zurück. Ihre Vorstellungen gründeten in den in Vorderasien entstandenen religiösen Ideen des Gnostizismus und

Grausamer Feuertod
Wer sich vermeintlich oder tatsächlich zum katharischen Glauben bekannte und diesem auch unter der Folter nicht öffentlich abschwor, wurde entweder zu langer Kerkerhaft oder zum Tod verurteilt. Die Hinrichtung erfolgte meist auf dem Scheiterhaufen.

des Manichäismus, die die materielle Welt als das Reich Satans betrachteten. Diese Traditionen hielten sich im Byzantinischen Reich in unterschiedlicher Ausformung über Jahrhunderte und gelangten schließlich zu Beginn des 12. Jh. über Italien und das Rheinland auch nach Südfrankreich.

Erlösung durch Verschwinden

Die Katharer identifizierten Satan mit dem Weltschöpfer Jahve, dem Gott des Alten Testaments. Der wahre, gute Gott hingegen existierte weit weg von der Welt. Dorthin sandte er den Engel Jesus, um den Menschen von der Möglichkeit der Erlösung zu verkünden. Erreichen konnte die Menschheit dieses Ziel nur, wenn sie nach und nach von der Erde verschwand, denn nur dann konnten die gefangenen Seelen ins Licht zurückkehren. Folglich lehnten die Katharer die menschliche Fortpflanzung sowie die Ehe ab.

In ihrem Weltbild war auch kein Platz für die Kirche und deren Sakramente, den Kriegsdienst oder den Glauben an die Hölle. Die Katharer unterschieden in ihrer Glaubengemeinschaft zwischen „Vollkommenen" und „Gläubigen". Den Status eines „Vollkommenen" erreichte man nur aufgrund einer vorbildlichen Lebensführung und nach dem Bestehen einer schweren Prüfung. Die Leitung der einzelnen Gemeinden lag in den Händen von Mitgliedern, die sich auf dem Weg der Vervollkommnung schon besonders ausgezeichnet hatten.

Zweifel an der Kirche

Für die katholische Kirche waren derartige Vorstellungen Ketzerei. Sie erschütterten das kirchliche Weltbild in seinen Grundfesten, da wesentliche Glaubensvorstellungen des Christentums sowie die Stellung der Kirche ernsthaft geleugnet wurden. Der katharische Glaube breitete sich jedoch rasch im Volk und dem niederen Adel Südfrankreichs aus, und ein christlicher Chronist beklagte: „So stark wurde die Ketzerei der Albigenser, dass sie in kurzer Zeit an die 1000 Städte ansteckte, und wenn sie nicht mit dem Schwert der Gläubigen eingedämmt worden wäre, glaube ich, sie hätte ganz Europa verdorben."

Die Gründe für den großen Zulauf der Katharer in Südfrankreich lagen nicht zuletzt in der zunehmenden Verweltlichung der Amtskirche, die sich vor allem in Bestechlichkeit, Unmoral sowie prunkvoller Amtsführung der Kirchenfürsten äußerte. Darüber hinaus genossen die Katharer den Schutz der mächtigen Grafen von Toulouse sowie anderer Adliger. Die begegneten der Sekte mit Wohlwollen, weil sie ein Gegengewicht zu den Herrschaftsansprüchen der Kirche begrüßten. Schließlich bedrohten die Kleriker auch die Macht der weltlichen Herren. Ein Adliger erklärte dem Bischof von Toulouse: „Die Katharer sind mit uns verwandt und leben anständig. Warum sollen wir sie verfolgen?" Daher konnten sich die Katharer anfangs unbehelligt bewegen und die Katholiken sogar zu öffentlichen Streitgesprächen herausfordern.

Siege im Namen Christi
Gegenspieler des Grafen Raimund VI. von Toulouse, dem damals mächtigsten Mann in Südfrankreich, war Simon von Monfort, der den Feldzug gegen die Katharer führte. Das Siegel zeigt den siegreichen Heerführer.

Der Papst ruft zum Kreuzzug in Europa auf

Nach dem Mord am päpstlichen Legaten rief Papst Innozenz III. die nordfranzösische Ritterschaft zum Kreuzzug gegen die Albigenser auf. Viele Adlige folgten dem Ruf, darunter die Grafen von Nevers oder der Champagne. Ausschlaggebend für die Teilnahme an diesem Kreuzzug war allerdings nicht die religiöse Begeisterung. Vielmehr hatte der Papst den adligen Teilnehmern den Landbesitz und die Reichtümer der Katharer in Aussicht gestellt. Der französische König Philipp II. August hielt sich jedoch zurück.

1209 sammelte sich bei Lyon ein großes Heer und brach gen Süden auf. Nach der Einnahme der Stadt Béziers kam es zu einem Blutbad unter der Bevölkerung. Auf die Frage einiger Angreifer an den Abt Arnaud Amaury von Cîteaux, wie man unter den Stadtbewohnern die Katharer von den Katholiken unterscheiden könne, hat dieser angeblich geantwortet: „Schlagt sie tot. Gott kennt die Seinen!" Die im Falle einer Bekehrung in Aussicht gestellte Begnadigung lehnten die Katharer in vielen Fällen ab.

Ebenso verhielt es sich bei der Belagerung von Minerve. Hier stieß das Angebot von Abt Amaury an die Belagerten auf Unverständnis in den eigenen Reihen, worauf der Abt erklärte: „Keine Sorge. Ich denke, die wenigsten werden sich bekehren." Tatsächlich stürzten sich 140 Katharer freiwillig in die Flammen. Kurz darauf erfolgte der Angriff auf Carcassonne, das schnell kapitulierte.

Von nun an übernahm Simon IV., Graf von Montfort, die Leitung des gesamten Feldzugs. Er wurde mit äußerster Härte und Grausamkeit geführt, Schonung gab es nur in den wenigsten Fällen. Dabei standen sich beide Seiten in nichts nach, selbst die Körper der Toten wurden noch verstümmelt. Bei einer Gelegenheit ließ Simon von Montfort 100 Gefangenen die Augen ausstechen, nur einer behielt ein Auge, um ihnen den Weg zu weisen. Nach der Eroberung von Lavaur im Jahr 1211 ließ Montfort 80 katharischen Rittern die Kehle durchschneiden und 400 Häretiker verbrennen.

Wechselndes Kriegsglück

Graf Raimund VI. von Toulouse hatte sich nur äußerst widerwillig den Kreuzfahrern angeschlossen. Nun wollte er die Massaker und Plünderungen, mit denen das Kreuzfahrerheer auch seine Besitzungen verwüstete, nicht länger hinnehmen. Er stellte sich auf die Seite der Katharer. Unterstützung erhielt er von den Grafen von Foix, die selbst dem katharischen Glauben anhingen. Raimund konnte zwar 1211 die Belagerung von Toulouse abwehren, doch 2 Jahre später trug das Kreuzritterheer in der Schlacht bei Muret einen großen Sieg davon.

Gleichzeitig führte die Kurie den Kampf auch auf anderer Ebene. Das Vierte Laterankonzil erließ Beschlüsse gegen die Ketzer und drohte allen Adligen mit dem Einzug ihrer Güter, wenn sie die auf ihren Besitzungen lebenden Katharer nicht verfolgten.

So wurde Graf Raimund VI. seiner Grafschaft enthoben, und Simon von Montfort erlangte das Amt des Grafen von Toulouse. Seine Machtgier war damit nicht gestillt, er wollte seine Herrschaft über ganz Südfrankreich ausdehnen. Zunächst aber führte seine Niederlage bei Tarascon zum Aufstand in Toulouse. Montfort konnte ihn zwar erbarmungslos niederschlagen, doch um seine etwas angeschlagene Stellung zu festigen, begab er sich erneut auf einen Kriegszug. Diese Abwesenheit nutzte Graf Raimund VI., ergriff mithilfe von Verbündeten und der Bürger der Stadt wieder Besitz von Toulouse und bereitete sich auf die Verteidigung vor.

Bekehrung durch Armut
Auch der Bettelorden der Franziskaner führte seit 1236 in der Provence und in Süditalien die Inquisition durch.

Der Stein trifft den Ritter

Wie erwartet, rückte Montfort an und fiel 1218 bei der Belagerung ganz unritterlich durch Frauenhand. Da sich alle Bürger der Stadt an der Verteidigung beteiligten, bedienten auch Frauen die Steinwurfgeschütze.

HINTERGRUND

Die Dominikaner – die Hunde des Herrn

Eine der wichtigsten „Waffen" der Kirche gegen die häretischen Katharer war der Orden der Dominikaner. 1215 gründete der aus Spanien stammenden Dominikus in Toulouse einen Bettelorden mit dem Ziel, die Katharer zu bekämpfen.

Sein Hauptanliegen bestand darin, die Diözese Toulouse, ein Zentrum des katharischen Glaubens, für die Kirche zurückzugewinnen. Durch intensives Studium und eine praktische Ausbildung bereiteten sich die Mönche darauf vor, „das Evangelium der Wahrheit in evangelischer Armut zu predigen". Daneben verfassten sie zahlreiche Schriften, in denen sie sich gegen die Häresie wandten. So gelang es den Dominikanern, viele Katharer zu bekehren und Katholiken davon abzuhalten, sich den Katharern anzuschließen oder diese zu unterstützen.

Seit 1233 führten die Dominikaner im Auftrag des Papstes Gregor IX. in Südfrankreich und Norditalien die Inquisition durch. Anfangs erhob sich wegen der Sympathie, die die Katharer genossen, in Toulouse und Carcassonne dagegen so heftiger Widerstand, dass sich die Dominikaner für einige Monate zurückziehen mussten. Der dominikanische Inquisitor Guillaume Arnault wurde im Jahr 1242 in Avignon sogar erschlagen.

Geheimwaffe der Kirche
Wegen ihrer Tonsur verspotteten die Katharer die verhassten Dominikaner als „Heuschrecken".

Einer dieser Steine tötete den kriegerischen Simon von Montfort. Sein ältester Sohn verfügte nicht über die Fähigkeiten des Vaters, und so konnten Raimund und sein gleichnamiger Sohn, der ihn 1222 beerbte, die angestammten Ländereien bis 1224 zum großen Teil zurückerobern.

Nun griff der mittlerweile zum König gekrönte Ludwig VIII. auf Seiten der Kreuzfahrer ein und veränderte das Gewicht zu deren Gunsten. Er eroberte Avignon, nahm von einer Belagerung Toulouse' allerdings Abstand. Bald darauf starb er, doch die Widersacher von Raimund VII. waren zu mächtig – er musste verhandeln. 1229 schloss er mit Ludwig IX. den Vertrag von Meaux: Seine Herrschaft in Toulouse wurde anerkannt, doch seine gesamten östlichen Ländereien musste er abtreten. Der vielleicht wichtigste Punkt sah die zwangsweise Verheiratung seiner Tochter mit einem der Brüder König Ludwigs IX. vor. Damit sollte sichergestellt werden, dass seine gesamten Besitzungen einmal durch Erbfolge in den Kronbesitz übergehen würden.

Das Ketzergericht entsteht

Nachdem der Kreuzzug damit offiziell beendet war, nahm seit 1233 die von Papst Gregor IX. initiierte Inquisition die Verfolgung der Katharer mit allen Mitteln auf. Die Zahl der Hinrichtungen stieg ins Unermessliche, und in Toulouse, Albi oder Narbonne kam es zu gewaltsamen Aufständen gegen die Inquisition. Die überlebenden Katharer verbargen sich innerhalb der Bevölkerung, die ihnen teilweise immer noch wohlgesonnen war. Einen Einwohner aus Toulouse fand man, nachdem er Ketzer angezeigt hatte, erwürgt in seinem Bett auf. Teilweise gelang es den Katharern, ihre kirchliche Gemeinschaft aufrechtzuerhalten, letztlich war ihr Ende aber besiegelt.

Einige Überlebende suchten Zuflucht in der schwer zugänglichen Bergfestung Montségur. Trotz Belagerung konnten sie die Versorgung mit Lebensmitteln sicherstellen. Erst als die Belagerer 1244 bei Nacht die Felsspitze erklommen und direkt vor der Burg standen, ergab sich die Besatzung. Den einfachen „Gläubigen" wurde das Leben zugesichert, die „Vollkommenen" verbrannte man am Fuß des Burgbergs auf dem Scheiterhaufen.

Für etwas über 100 Jahre blieb die katharische Bewegung vereinzelt in Südfrankreich, Nordspanien und in Italien lebendig, bis sie auch hier endgültig unter dem Druck der Verfolgung niederging.

Unbarmherzige Ritter
Nach der Eroberung Carcassonnes, einer der Hochburgen der Katharer, vertrieb Simon von Montfort die vermeintlichen Ketzer aus der Stadt.

Frankreichs Aufstieg zur Weltmacht

Eine Frau, ein Heiliger und ein skrupelloser Egoist führten binnen eines Jahrhunderts Frankreich an die Spitze Europas. Der Aufstieg begann mit einer Schlacht in der Provinz.

Sieg, Sieg, Sieg, wir haben gesiegt!" Die begeisterten Rufe drangen vom Hof herauf und durch die offenen Fenster in die Gemächer der Prinzgemahlin. Aber sie wollte die frohe Botschaft direkt aus dem Munde eines Ritters hören, der mitgekämpft hatte. Als die Herolde den Boten ankündigten, gab Blanca den kleinen Ludwig zurück in die Arme der Amme und ging ein paar Schritte zur Tür. Dann besann sie sich ihrer Rolle und Würde als Gemahlin des Kronprinzen und als Schwiegertochter des französischen Königs, bewahrte Haltung und wartete, bis der ritterliche Bote hereinstürmte. Noch hafteten das Blut der Schlacht und der Staub des wilden Rittes an seinen Gewändern. Doch als er vor der künftigen Herrscherin niederkniete, da blitzte aus seinen Augen bereits der Stolz und Triumph des Siegers: „Eure Hoheit, der König ist wohlauf und Euer Herr Gemahl ebenso. Die Schlacht ist gewonnen. Die Welfen und die Flandern sind besiegt, die Engländer in heilloser Flucht begriffen."

Ein Netz der Verwaltung spannt sich über das Land

Der große Sieg bei Bouvines, von dem Blanca von Kastilien, die Gemahlin des französischen Thronfolgers Ludwig VIII., an diesem 27. Juli 1214 erfuhr, markierte eine Wende im Kräfteverhältnis der europäischen Mächte. Frankreichs Aufstieg zur Großmacht begann. Die deutschen Fürsten waren untereinander zerstritten, England militärisch geschlagen und im Innern voll brodelnder Unruhen. Philipp II. August, König von Frankreich seit nunmehr fast 35 Jahren und damit der bei weitem erfahrenste Herrscher auf dem Kontinent, war dagegen durch seine militärischen Erfolge stark wie nie zuvor.

Jetzt, im Herbst seiner Regierungszeit, machte er sich daran, sein Land im Innern neu zu ordnen. Er zentralisierte die Verwal-

Entscheidungsschlacht
Die Schlacht von Bouvines löste 1214 den Sturz Ottos IV. als deutsch-römischer König und Kaiser aus, bescherte England schwere innere Unruhen und katapultierte Frankreich machtpolitisch an die Spitze Europas. Die Buchmalerei aus dem 14. Jh. zeigt die Flucht des kaiserlichen Heeres.

tung, indem er das Modell der Baillis einführte. Die Normannen hatten als Erste in Sizilien und in England mithilfe dieser bezahlten Kronbeauftragten ihre Lokalverwaltungen organisiert. Philipp II. August kopierte nun dieses erfolgreiche System und entwickelte es für seine Zwecke weiter. Seine durch das Land reisenden Königsrichter überwachten die Verwaltungen der Regionen. Jeder erhielt einen eigenen Bezirk, die Baillage, für den er verantwortlich war.

Die Mühen eines Studentenlebens

Philipp II. August förderte in diesen Jahren des Aufschwungs und des nationalen Erwachens auch die großen Städte, das Handelsbürgertum, Forschung und Lehre. In Paris entstand die Universität Sorbonne aus einer Domschule. Ein Privileg des Königs schützte Scholaren und Magister bereits seit der Jahrhundertwende vor der staatlichen Gerichtsbarkeit. Das garantierte die Unabhängigkeit der Hochschulen. Ihre Verwaltung regelten Statuten.

Die junge Pariser Universität gliederte sich in die vier Fakultäten Theologie, Medizin, Kirchenrecht und Freie Künste. Im so genannten Trivium lernten die Scholaren 2 Jahre lang lateinische Grammatik, Rhethorik, Dialektik und Logik; im folgenden dreijährigen Quadrivium Musik, Arithmetik, Geometrie und Astronomie. Anschließend begann das eigentliche Studium, das noch einmal mindestens 6 Jahre dauerte. Den Abschluss bildete die feierliche Verleihung des Doktortitels, den ein Student frühestens mit 35 Jahren erlangen konnte.

Mäzene, Mönchsorden oder Kirchen gründeten und unterhielten Kollegien für mittellose Studenten. Diese Häuser, in denen auch unterrichtet wurde, lagen im Quartier Latin in der Umgebung von Notre-Dame. Die Pariser nannten das Viertel so, weil die Studenten auch außerhalb des Kollegs Latein sprechen sollten. Der Unterricht begann jeden Morgen um 4 Uhr und endete nach einem strengen Tagespensum erst um 21 Uhr mit dem Abendgebet.

Papst oder König?
Papst Bonifatius VIII. hatte seinen Vorgänger Cölestin V. vom Heiligen Stuhl verdrängt. Doch den Machtkampf mit Frankreichs König Philipp IV. verlor er.

STANDPUNKT

Templer – Sekte oder Ritterorden?

1120 gründete Hugo von Payens mit anderen französischen Rittern die Templer als ersten geistlichen Ritterorden. Der Orden machte sich den Schutz des Heiligen Landes und der Pilger zur Aufgabe, gründete Niederlassungen, unterhielt Häfen und Befestigungen und betrieb erfolgreich Fernhandel. Trotz dieses weltlichen Charakters war er in Anlehnung an die Ordensregeln der Zisterzienser religiös organisiert.

Philipp IV. verbot den Orden 1312 und verfolgte die Mitglieder wegen angeblicher Ketzerei. Vermutlich musste er als Sündenbock im Streit zwischen Papst und Krone herhalten, denn alle Geständnisse von Gewinnsucht, Abkehr von Jesus Christus, Geiz und Sodomie wurden unter der Folter erzwungen.

Witwe auf dem Thron

Die Schwiegertochter des Königs, Blanca, verbrachte diese Jahre in der behüteten und ausgelassenen Atmosphäre des französischen Hofes. Im Jahr des Sieges von Bouvines brachte sie ihren Erstgeborenen, den späteren Ludwig IX., zur Welt. Danach gebar Blanca zwischen ihrem 26. und 39. Lebensjahr noch zahlreiche weitere Kinder; unter ihnen ist der erst 1227 geborene Charles herauszuheben, der später als Karl von Anjou zum Totengräber der Staufer wurde. Zur Zeit seiner Geburt wurde Blanca innerhalb weniger Jahre Königin und dann Witwe. Sie war bereits 35 Jahre alt, als ihr Schwiegervater 1223 starb und sie selbst mit ihrem Gemahl in Reims die Krone entgegennahm. Nur 3 Jahre später starb ihr Ehemann Ludwig VIII. an der Ruhr, kurz nachdem er sie mit der Regentschaft betraut hatte.

In den folgenden Jahren sollte sich erweisen, dass in dieser kastilischen Adligen, die einst als 12-Jährige von ihrer Großmutter, der unvergessenen Eleonore von Aquitanien, mit dem französischen Thronfolger verheiratet worden war, dass in dieser stolzen Frau eine wahre Herrscherin steckte. Sie überstand eine gefährliche Adelsrevolte und bereitete durch geschickte Politik die Ausweitung der französischen Kronmacht im südfranzösischen Raum vor.

Sie führte den bereits von Ludwig VIII. begonnenen Kampf gegen die Sektenbewegung der Katharer mit unverminderter Härte fort. Dabei ging es der gläubigen Katholikin nicht allein um die Ausschaltung einer die Autorität der Kirche bedrohenden Glaubensgemeinschaft. Sie wollte vor allem die Macht und Unabhängigkeit des Adels in Südwestfrankreich, allen voran die der Grafen von Toulouse, einschränken und sie möglichst weitgehend dem französischen Königshaus unterwerfen.

Der Einfluss der Katharer war in der zweiten Hälfte des 12. Jh. stark angewachsen, und viele Adlige tolerierten oder unterstützten die Sekte, da sie mit der katholischen Kirche konkurrierte und deren Position schwächte. Und die Herrschaftsansprüche der katholischen Geistlichkeit gingen dem südfranzösischen Adel entschieden zu weit. Nun sah sich Rom genötigt einzugreifen. Papst Innozenz III. erklärte die Katharer Anfang des 13. Jh. zu Häretikern, und seinem Aufruf zum Kreuzzug folgten viele französische Ritter. In den folgenden Jahrzehnten fand ein regelrechter Vernichtungsfeldzug mit teilweise entsetzlichen Massakern statt.

Letztlich profitierte vor allem die Krone von diesem Krieg, da sie aus dem religiösen Feldzug einen Nord-Süd-Konflikt machte. Im Vertrag von Meaux zwang Königin Blanca 1229 Raimund VII. von Toulouse, seine Gebiete im heutigen Languedoc an die Krone abzugeben. Da seine Tochter einen Bruder Ludwigs IX. heiraten musste, fiel mit ihrem Tod 1271 auch der übrige Besitz an die französische Krone.

Heiliges Kreuz
Das im 12. Jh. entstandene, aufwändig gearbeitete Emaillekreuz stammt aus den bekannten Schmiedewerkstätten von Limoges. Es zeigt neben Noah Jakob, Aaron und Moses.

Hintergrundbild: Ludwig IX. der Heilige ist zweimal zu einem Kreuzzug ins Heilige Land aufgebrochen. Der auf diesem Kreuz dargestellte erste Versuch endete mit seiner Gefangennahme.

Königliche Vermählung
Am 16. August 1284 vermählte sich Philipp IV. mit Johanna von Navarra. Sie blieb die einzige Frau Philipps und brachte neben den Grafschaften Brie und Champagne auch das spanische Königreich Navarra in die Ehe ein.

Als es Blanca 1234 überdies gelang, für ihren ältesten Sohn, König Ludwig IX., die sehr vorteilhafte Ehe mit Margareta von der Provence zu arrangieren und damit den Anspruch auf diese Region zu erwerben, hatte sie ihr Ziel erreicht, die Macht der Krone bis zum Mittelmeer auszudehnen.

MUTTERSÖHNCHEN

Blancas Einfluss auf Ludwig IX. war sehr stark. Die dominante Mutter wachte mit ungewöhnlicher Eifersucht über ihren Sohn. Tagsüber untersagte sie ihm den Kontakt zu seiner Frau, nur am Abend, wenn er zu Bett ging, durfte er mit ihr zusammenkommen. Im Lieblingsschloss des jungen Paares, Pontoise, lag das Gemach des Königs über dem seiner Gattin, und eine Wendeltreppe verband die beiden Räume. Wenn die Königsmutter nahte, klopften die Türwachen, sodass Ludwig IX. schnell in seine Gemächer eilen konnte. Bis zu seinem 20. Lebensjahr stand er offiziell unter der Regentschaft seiner Mutter, doch Blanca führte auch danach die Staatsgeschäfte im Wesentlichen weiter und blieb amtierende Königin bis zu ihrem Tod im Jahr 1252.

Zwei Jahre später kehrte Ludwig IX. von dem eher unglücklich verlaufenen Kreuzzug zurück, zu dem er 1248 in Begleitung Margaretas aufgebrochen war. Die Muslime hatten ihn und sein Heer gefangen genommen und erst nach Zahlung eines hohen Lösegelds wieder freigelassen.

EIN HEILIGER ALS DIPLOMAT UND SCHIEDSRICHTER EUROPAS

Erst jetzt im Alter von 40 begann seine eigentliche Regierungszeit. Zunächst bemühte er sich, Streitfragen über französische Gebietsansprüche mit fremden Herrschern friedlich beizulegen. So erreichte er, dass der König von Aragón, Jakob I., traditionelle Ansprüche seines Hauses auf die Grafschaft Toulouse aufgab, indem er ihm im Gegenzug Montpellier überließ und auf Anrechte auf die Grafschaften Roussillon und Barcelona verzichtete. Ungleich mehr beeindruckte sein diplomatischer Erfolg in den Verhandlungen mit dem englischen König Heinrich III. Dieser erhielt die Gascogne und Teile Aquitaniens, sofern er dem französischen König für diese Ländereien den Treueid leistete und ihn als Lehnsherrn anerkannte.

Bereits in früher Jugend traten bei Ludwig IX. Charakterzüge zutage, die ihm den Beinamen „der Heilige" einbrachten. Sie sollten seine Politik stets bestimmen. Sein Ideal der *prudhommie* verband kriegerische Tapferkeit, Gerechtigkeitsgefühl, Fürsorge für die Armen und glühende Frömmigkeit. Das religiöse Element ließ ihn nicht nur zweimal zum Kreuzzug aufbrechen, sondern gewann in seiner Politik mehr und mehr die Überhand. Er galt als ungemein fromm und redlich, und das sicherte ihm ein solches Ansehen, dass in zahlreichen politischen Zwistigkeiten sein Schiedsspruch erbeten wurde. Seine *dits*, die Urteilssprüche, legten u. a. den für unlösbar gehaltenen Streit um die Erbfolge in Flandern und im Hennegau bei. In seinen letzten Lebensjahren widmete er sich fast nur noch der Religion, nahm 1270 erneut das Kreuz, doch schon in Tunis raffte ihn die Pest dahin. Sein Tod auf dem Boden der Ungläubigen fügte dem Ruf als Heiliger nun auch noch den Mythos des Märtyrers hinzu. Ein Vierteljahrhundert nach seinem Tode wurde er tatsächlich heilig gesprochen.

Ludwig IX. veränderte überdies die politische Organisation des Landes. Aus den Sitzungsperioden des Hoftags entwickelte sich ein Ausschuss, der dem König als Beratungsorgan in juristischen Fragen zur Seite stand. Wenn auch anfänglich noch Prälaten, Adlige und Ritter an den Sitzungen teilnahmen, so zog er doch immer häufiger Spezialisten als ständige Mitglieder hinzu. Diese Maîtres hatten römisches und kanonisches Recht studiert und konstituierten bald einen Obersten Gerichtshof, der Gesuche prüfte, Untersuchungen in Gang setzte und Klagen der Untertanen gegen ihre Fürsten behandelte. Der gerichtliche Zweikampf und die Fehde, bisher die Garanten für das Recht des Stärkeren, wurden offiziell verboten.

DIE MACHTFRAGE

Auf den schwachen Philipp III. folgte mit Philipp IV. gegen Ende des 13. Jh. noch einmal ein starker König aus dem Geschlecht der Kapetinger. Wegen seines ebenmäßigen Antlitzes trug er den Beinamen „der Schöne" – „der Harte" wäre wohl angemessener gewesen. Denn Philipp IV. ging mit unbeugsamer Härte gegen die Macht der Feudalherren, gegen die Ansprüche des Heiligen Stuhles und gegen die Rolle des römisch-deutschen Kaisers vor. Im Unterschied zu seinem Großvater Ludwig dem Heiligen dachte Philipp IV. nur an sich selbst und den eigenen Machtzuwachs. Die starken religiösen Impulse, die die Königs- und Fürstenhäuser Europas seinerzeit durchdrangen, prallten an ihm gänzlich ab. Nach seiner weltlichen Sicht sollte die Religion dem Staat dienen. Er bestand als Erster darauf, als „Allerchristlichster König" tituliert zu werden, und er beschäftigte ein Heer von gerissenen Advokaten, um diesen Anspruch in zahlreichen Pamphleten zu untermauern. Frankreich, so lautete die Botschaft, war der wahre Schirmherr der Kirche, was heißen sollte: Andere können es nicht sein, Frankreich erkennt keinerlei kaiserliche oder päpstliche Hoheit an. Nicht Ideologie oder Theologie begründen Ansehen und Einfluss, sondern der, der die Macht in Händen hält. Das war das Credo Philipps IV.

Krönungskirche
Die Kathedrale von Reims stieg bereits als Baustelle unter den Kapetingern zur Krönungskirche auf. Ludwig VIII. und seine Frau Blanca nahmen 1223 als erstes Königspaar die Krone entgegen. Fertig gestellt wurde der Bau erst 1300.

Ein Zusammenstoß mit dem Heiligen Stuhl war nur eine Frage der Zeit, und als der Bischof von Pamiers Anfang des 14. Jh. versuchte, südfranzösische Adlige gegen den König aufzuhetzen, fackelte Philipp IV. nicht lange und ließ ihn wegen Verrats festnehmen. Seiner Meinung nach mussten sich auch Geistliche dem König gegenüber loyal verhalten und sich der königlichen Gerichtsbarkeit unterwerfen.

Papst Bonifatius VIII. reagierte mit wütenden Bullen, die den Anspruch der kirchlichen Oberhoheit über die weltliche Gewalt formulierten. Philipps Juristen konterten: Im Gegenteil, der König dürfe sogar den Papst absetzen, wenn sich dieser seines hohen Amtes unwürdig erweise. Der Papst drohte mit der Exkommunikation des französischen Königs. Doch da drangen, ermutigt von der unerschrockenen Haltung Philipps IV., römische Adlige in die päpstliche Residenz ein. Sie verprügelten den Papst und bedrohten ihn sogar mit dem Tod. Französische Diplomaten forderten seine Auslieferung, doch es kam nicht soweit, denn Bonifatius VIII. verstarb noch zuvor.

Philipp gewinnt auf ganzer Linie

Zum Nachfolger wählte man den Erzbischof von Bordeaux, Papst Klemens V. Er blieb auch als Papst „freiwillig“ in Frankreich. Er residierte in Avignon, und mit ihm begann 1309 die 60-jährige Babylonische Gefangenschaft der Kirche. Als weitere Konsequenz seiner weltlichen Denkweise gab Philipp IV. die Kreuzzugspolitik seiner Vorgänger auf. Schließlich war ihm die Macht des geistlichen Kreuzritterordens, der Templer, ein Dorn im Auge. Er kam einem Staat im Staate gleich und musste nach Ansicht des Königs zerschlagen werden. Außerdem lockte der weltliche Besitz des ordens als überaus fette Beute. Also ließ der König die Templer kurzerhand zu Ketzern erklären. Ihre Anführer ließ er in einer koordinierten Polizeiaktion auf einen Schlag verhaften und auf dem Scheiterhaufen verbrennnen.

Wenig später starb Philipp IV. Er hinterließ wohl gefüllte Kassen, ein gegenüber den Vasallen außerordentlich gestärktes Königtum und eine von der Krone abhängige Kurie. Seine Söhne Ludwig X., Philipp V. und Karl IV. folgten ihm mit jeweils kurzen Regierungszeiten, versäumten es aber, männliche Nachfolger in die Welt zu setzen, sodass mit dem Tode Karls IV. die Dynastie der Kapetinger im Jahr 1328 erlosch.

Starke Städte
Als Zentren des Handels und der Wissenschaften erlebten Frankreichs große Städte im 13. Jh. einen bedeutsamen Aufschwung. Diese Miniatur aus einer französischen Handschrift zeigt die Segnung eines Pariser Junimarkts.

England – Macht für die Barone

In teilweise erbitterten Auseinandersetzungen zwischen Krone und Adel betrat im 13. Jh. eine bis heute wichtige Einrichtung die Weltbühne: das Parlament.

Mit grimmigen Gesichtern blickten die englischen Barone auf ihren König, Johann I., den sie noch immer Johann Ohneland nannten. Der Monarch zögerte, dieses demütigende Dokument zu unterzeichnen, denn er weigerte sich zu glauben, dass er an diesem 19. Juni 1215 auf der Themseinsel Runnymede gleichzeitig vor den Scherben seiner 16-jährigen Herrschaft stand. Hatten nicht vor ihm schon andere englische Monarchen einen Machtkampf gegen Adel und Kirche verloren?

Ein König überschätzt sich – ein Land verändert sich

Er verachtete diese hohen Herren, sie hatten ihm nur Verdruss bereitet, und nun zwangen sie ihn geradezu, das eigene Versagen einzuräumen und mit Brief und Siegel für alle Zeiten zu beurkunden. Nur darum ging es den Pfaffen und eitlen Baronen doch mit ihrer langen Forderungsliste, die sie hochtrabend Magna Charta Libertatum getauft hatten. Johann Ohneland, mit 48 Jahren bereits ein alter Mann, feist und vom Rheuma geplagt, bedachte seine Widersacher mit stolzem Blick: Ja, er würde diese Urkunde unterschreiben und offiziell anerkennen. Aber sie sollten sich nur nicht täuschen. Bei erster Gelegenheit würde er es ihnen heimzahlen.

Johann Ohneland, der ewige Verlierer, hatte nichts gelernt. Noch immer glaubte er, die Geschicke des Landes nach seinem Willen lenken und zur Not erzwingen zu können. Noch immer sah er sich im Recht und missverstand die Welt um sich herum als kolossale Verschwörung gegen die Englische Krone.

Unter seiner glücklosen wie undiplomatischen Hand nahm die Geschichte Englands eine bedeutsame Wende. Die Mitglieder des Hochadels lehnten sich gegen seine despotische Herrschaftsweise auf und forderten jene Rechte ein, die ihnen als Vasallen des englischen Königs seit der normannischen Eroberung zustanden und die von den frühen Plantagenets bestätigt worden waren. Der von Johann Ohneland initiierte Konflikt

Die Magna Charta
In 61 Artikeln regelte diese Urkunde den Umgang zwischen Krone, Adel und Kirche und gilt daher heute als Urform einer Verfassung (Hintergrundbild).

Brief und Siegel
Erst das königliche Siegel verhalf einer Urkunde zur Rechtskraft. So prangt dieses Siegel von König Johann Ohneland auch auf der Magna Charta.

führte dazu, dass unter seinen Nachfolgern Heinrich III. und Eduard I. auch der niedere Adel und das freie Bürgertum – über die Institutionalisierung des Parlaments – politisches Mitspracherecht gewannen. Wie ein rotes Band sollte sich überdies der Versuch, die Macht der Englischen Krone über die gesamte Insel auszudehnen, durch das folgende Jahrhundert ziehen. Während Johann Ohneland wenig Erfolg verbuchen konnte, gelang es Eduard I., Wales zu unterwerfen. An Schottland biss aber auch er sich die Zähne aus.

Bereits der Anfang missglückt

1199 hatte Johann Ohneland nach dem gewaltsamen Tod seines Bruders Richard I. Löwenherz den Thron bestiegen und das mächtigste Reich des Abendlands übernommen. Es reichte von Irland bis an die Pyrenäen. Doch was war davon übrig geblieben? Unmittelbar nach seiner Thronbesteigung hatte er sich mit dem französischen König Philipp II. August verbündet. Doch dieser „Verräter" hatte ihm im Lauf der Jahre fast sämtliche Besitzungen auf französischem Boden abgenommen, die Normandie, die Touraine, Anjou und die Gascogne. Im vergangenen Jahr hatte er dem von England unterstützten Kaiser Otto IV. dann diese vernichtende Niederlage bei Bouvines beigebracht. Und diese Niederlage, bei der Johann Ohneland persönlich nicht einmal dabei gewesen war, brachte in England die Adligen und die selbstbewussten Londoner Bürger derart auf, dass sich aus ihrem Murren und Fordern gegen seine Regierung plötzlich eine gewaltsame Erhebung entwickelt hatte.

Johann Ohnelands unnötig vom Zaun gebrochener Streit mit dem Erzbischof von Canterbury, Stephan Langton, hatte das Verhältnis zwischen König und Untertanen zuvor schon belastet. 1209 sah sich Papst Innozenz III. zum Eingreifen gegen England gezwungen. Weil Johann Ohneland stur an einem eigenen Kandidaten für das Amt des Erzbischofs festhielt, verbot der Papst durch Interdikt die Gottesdienste in England und Wales und exkommunizierte Johann Ohneland sogar.

Gewaltige Mauern
Mit einem elliptischen Grundriss ließ Eduard I. in Gwynedd im eroberten Wales Caernarvon Castle als Verwaltungssitz für das eroberte Fürstentum Wales errichten. Hier erblickte sein Sohn als erster englischer Prince of Wales das Licht der Welt.

Seine mit teuren Söldnerheeren bestrittenen Feldzüge in Schottland, Irland und Wales wollten die Barone ebenfalls nicht vergessen oder verzeihen. Schließlich hatte er über ihre Köpfe hinweg ständig die Steuern erhöht, willkürlich Lehen eingezogen und große Summen von der Kirche erpresst. Als Vasallen sahen sie ihre angestammten Lehnsrechte verletzt und begannen, gegen ihn zu intrigieren. Seine provokante Reaktion brachte das Fass zum Überlaufen: Er hatte die einheimischen Barone aus der Verwaltung gedrängt und statt ihrer fremde Soldritter eingesetzt. Außerdem sollten die Adligen als Unterpfand für ihr Wohlverhalten ihre Kinder als Geiseln stellen.

Die Barone präsentieren ihre Rechnung

Im vergangenen Dezember hatten sie ihm eine Frist bis Ostern gesetzt, Garantien für ihre angestammten Rechte zu geben. Als er sie verstreichen ließ, gingen die streitbaren Barone daran, Güter und Burgen zu beschlagnahmen, und der König musste erleben, dass die Stadt London den Rebellen die Tore öffnete, ihn selbst jedoch aussperrte.

In seiner Not bot Johann Ohneland an, sich einem Schiedsgericht unter päpstlicher Leitung zu stellen. Doch darauf wollten sich die Barone nicht mehr einlassen. Punkt für Punkt hielten sie ihm seinen Machtmissbrauch vor; Artikel für Artikel trotzten sie ihm nun den Vertrag ab. Schweren Herzens, voll grimmiger Hass- und Revanchegedanken, bequemte sich Johann, den Eid auf die Magna Charta Libertatum, den großen Freibrief, zu leisten. Barone und Bischöfe hatten gesiegt.

Johann wäre freilich nicht Johann gewesen, wenn nicht schon am nächsten Tag der alte Intrigant in ihm erwacht wäre. Entgegen seinem Versprechen wandte er sich an den Papst, der die Magna Charta tatsächlich für ungültig erklärte, da der König nicht freiwillig seine Zustimmung gegeben habe. Das nahmen die Barone nicht hin. Sie riefen den französischen König zu Hilfe, der prompt mit einem Heer im Osten Englands landete. Vielleicht hätten die Barone dem französischen König sogar die Englische Krone angetragen, so endgültig schien das Tischtuch zwischen ihnen und Johann Ohneland zerschnitten.

Mann mit Weitblick
Eduard I. berief als erster Herrscher ein Parlament ein, um sich Steuererhöhungen zur Finanzierung seiner Kriege genehmigen zu lassen. Das Modell sollte Schule machen.

Salben, Aderlasse und Tinkturen

Doch der Bürgerkrieg und die Fremdherrschaft blieben der Insel erspart. Johann Ohneland starb im Oktober 1216 an seiner Gier. Er hatte zu viele Pfirsiche gegessen und dazu Unmengen Cidre getrunken, sich dann mit einem Blähbauch zu Bett gelegt und war nicht mehr aufgewacht. War es die reine Völlerei oder barg der aufgedunsene Leib des Monarchen vielleicht eine seit langem schwärende, nicht entdeckte Krankheit?

Die Heilkunst im Mittelalter lag noch ganz in ihren Anfängen. Zwar öffnete man bereits Leichen, um anatomische Studien zu betreiben, und aufwändig illustrierte Handbücher beschrieben beispielsweise die Techniken des Aderlasses, die Wirkung bestimmter Kräuter oder die Herstellung von Salben und Tinkturen. Doch was half es, wenn ein König sich zu Tode fraß und soff? Krankheiten galten zu Johanns Zeit als Unausgewogenheit der vier Hauptsäfte des Körpers: Galle, Schleim, schwarze Galle und Blut. Alle ärztliche Kunst musste freilich versagen, wenn in ungesunden Mengen mutwillig ein fünfter Saft, in diesem Fall Apfelwein, den Leib überschwemmte.

Die Magna Charta Libertatum

Die Magna Charta stellt den Grundstein des englischen Verfassungsrechts dar. Sie garantierte als erstes Gesetz Recht und Unverletzlichkeit aller freien Personen. Zukünftig konnte kein freier Mann ohne angemessenes Gerichtsverfahren in Haft genommen werden. Sie sicherte die Freiheit der Kirche, nor-

Ruhmloses Ende
In der Gloucester Abbey, der heutigen Kathedrale St. Peter, sind die sterblichen Überreste von Eduard II. bestattet. Er starb 1327 in Gefangenschaft. Der Legende nach stießen ihm die Wärter einen glühenden Eisenspieß in den Leib.

ALLTAGSLEBEN

MÜHLE UND PFLUG

Genau 5624 Mühlen verzeichnet das nach der normannischen Eroberung Englands Ende des 11. Jh. angelegte *Domesday Book*. Die Bestandsaufnahme fiel in eine Zeit, in der sowohl in England, als auch auf dem Kontinent nach Erfindung der Nockenwelle die Zahl der Wassermühlen rapide zunahm. Auch die Technologie wandelte sich. An die Stelle des vertikal gelagerten Wasserrads trat jetzt in der Getreidemüllerei die horizontale Mühle, die sich jeder Bauer als kleine Einheit selbst bauen konnte.

Über Araber und Kreuzfahrer gelangte die Windmühle mit senkrechter Flügelachse nach Europa und wurde zur Windmühle mit waagrechter Flügelachse und zur Bockwindmühle weiterentwickelt. Seit dem 13. Jh. setzte man zunächst in Südwestfrankreich, der Normandie, Norditalien, später auch in Mähren und Schwaben die Mühlentechnik als Antrieb für Schmiedehämmer in der Eisenproduktion ein.

Bei der Feldarbeit profitierten die Bauern von neuartigen Pflugtechniken. Die Pflüge verfügten nun über ein Pflugmesser zum Aufschneiden der Grasnarbe, einen Pflugbaum, die eiserne Schar zum Untergraben, ein hölzernes Streichbrett zum Wenden der Scholle sowie einen Pflugsterz zur Führung des Pfluges und zur Bestimmung der Furchentiefe. Sechs oder gar acht Rinder zogen große dreirädrige Eisenpflüge. Da einzelne Bauern selten so viele Rinder besaßen, taten sie sich zusammen.

Wassermühlen
Mit der neuen Mühlentechnik begann man im 13. Jh. in Mitteleuropa sogar Gezeitenmühlen zu konstruieren.
Hintergrundbild: Eine spätmittelalterliche Handschrift, der *Lutrell Psalter*, zeigt einen Bauern bei der Feldarbeit.

mierte die Rechtsprechung, schuf die Kontrolle der königlichen Gerichtsbarkeit, ja sie enthielt sogar Ansätze zur Kontrolle der königlichen Macht. Sie umfasste ein ganz praktisches Programm für Stadtrechte, Verkehrspolitik, Handelssitten und den Anspruch der Ständeversammlungen der Barone und Bischöfe, bei Regierungsmaßnahmen, insbesondere bei Steuerauflagen, mitzuwirken. Als Privileg der Adelsschicht markierte sie den ersten Schritt auf dem Weg zum späteren parlamentarischen System Englands.

DIE BARONE REGIEREN

Der Umstand, dass der Sohn und Thronfolger Johann Ohnelands, Heinrich III., erst 9 Jahre alt war, verhalf dem englischen Königreich zu einer Phase der Konsolidierung. Faktisch übernahm ein aus hohen königlichen Beamten und Baronen zusammengesetzter Regentschaftsrat, angeführt von Reichsverweser William Marshal, Earl of Pembroke, die Regierungsgeschäfte. Die nächsten 15 Jahre nutzte dieser Regentschaftsrat, um die Bestimmungen der Magna Charta durchzusetzen und gewisse, für das Königtum ungünstige und für die Barone vorteilhafte Bestimmungen in Kraft zu setzen. Es gelang, den inneren Frieden im Land wiederherzustellen, Verwaltung und Recht zuverlässig zu organisieren und im Schutz eines Schulterschlusses mit der Kurie in der Außenpolitik Frieden mit allen Nachbarn, speziell mit Frankreich, zu halten.

In jener Zeit benötigte das wachsende Verwaltungs- und Justizsystem vermehrt die Dienste schreib- und lesekundiger Laien. Sie erhielten ihre Bildung an den hohen Schulen, die sich im 12. und 13. Jh. aus Domschulen oder spontanen Zusammenkünften von Meistern an einem Ort entwickelten und schließlich als Universitäten bezeichnet werden sollten. Zu den ältesten gehörten Oxford und Cambridge.

50 JAHRE AUF DEM THRON

Die Zeiten änderten sich wieder, als 1232 Heinrich III. sein persönliches Regiment antrat. Er trug von der Salbung als 9-Jähriger bis zu seinem Tod die Krone fast 56 Jahre, so lange wie kaum ein anderer englischer König. Doch in seiner Regierungzeit häuften sich Pleiten, Pech und Pannen, sie scheiterte wie die des Vaters. Er zog England in den nächsten drei Jahrzehnten in zahllose Unruhen und Spannungen hinein. Er stürzte sich in Abenteuer, von denen kein einziges Erfolg hatte. Kriege gegen Frankreich, um vom Vater verlorene Gebiete zurückzuerobern, endeten nach Jahren im Misserfolg.

Europäische Abenteuer

Die finanziellen Anstrengungen, seinem Bruder Richard von Cornwall auf den deutschen Thron zu verhelfen, blieben ebenso erfolglos wie der Versuch, seinem Sohn Edmund die Krone von Neapel und Sizilien zu verschaffen. All diese Abenteuer kosteten Unsummen, und die englische Bevölkerung litt erneut unter schweren Steuerlasten. Sie nahm Heinrich III. zudem übel, dass er sich wie ein unterwürfiger Vasall des Papstes gebärdete. So räumte er zur Finanzierung seiner Kriege dem Papst das Recht ein, kirchliche Pfründe in England gegen Geld an ausländische Titulare zu verleihen und der englischen Geistlichkeit schwere Steuern aufzuerlegen.

Sein militärischer Misserfolg gegen den Prince of Wales, Llewelyn II., der größere Teile der unbeugsamen Waliser gegen die Engländer aufgewiegelt hatte, erwies sich als Wendepunkt seiner Herrschaft. Der Adel empfand die Niederlage als nationale Demütigung, und weil er sich als Hüter der englischen Interessen betrachtete, unterbreitete er Heinrich III. ein Ultimatum. Angeführt von Simon de Montfort, dem Grafen von Leicester, schrieben die Barone ihm ein regelrechtes Reformprogramm vor. Die Provisionen von Oxford sahen 1258 eine Wiedereinführung eines aus 15 Mitgliedern bestehenden ständigen Rates vor, der den König beraten und kontrollieren sollte. Dreimal im Jahr sollte außerdem ein „Parlament" mit zwölf Mitgliedern tagen, ein drittes Gremium beschäftigte sich mit Steuerfragen.

Gotische Baukunst
Die prächtige Kathedrale von Lincolnshire an der Ostküste Englands entstand zwischen dem 11. und 14. Jh.

Das Parliamentum nimmt die Arbeit auf

Heinrich III. wehrte sich. Wie zuvor sein Vater brachte er 1263 den Papst dazu, seine Unterschrift unter die Provisionen von Oxford für ungültig zu erklären. Der Streit eskalierte zum militärischen Konflikt, und die Barone mit Simon de Montfort an ihrer Spitze schlugen den König 1264 in Sussex und nahmen ihn gefangen. Der Graf von Leicester, immerhin verheiratet mit einer Schwester des Königs, beabsichtigte nicht, den König zurück auf den Thron zu lassen. Etwa ein Jahr lang herrschte er nahezu diktatorisch, ehe er erstmals unter Einbeziehung von freien Bürgern die Ständeversammlung einberief, jenes Gremium, aus dem später das englische Parlament hervorgehen sollte.

Bis zu diesem Zeitpunkt bestand der Rat des Königs aus einer nicht gewählten und niemanden repräsentierenden Ratsversammlung. Er setzte sich zusammen aus den Häuptern des Hochadels und den Bischöfen des Landes. Als seine Vertrauten zog der Monarch häufig königliche Beamte hinzu. Diese Versammlung debattierte, erteilte Antwort auf Fragen und urteilte als höchste Instanz in Staatsprozessen.

Wenn zwei sich streiten …

Nun verlangten die Barone, dass die höchsten Beamten der Krone, Kanzler, Schatzmeister und Justitiar, vom so genannten Parliamentum gewählt werden sollten. Weitergehende Forderungen zielten auf ein regelrechtes Adelsregiment mithilfe des Parlaments. Um solche Ansprüche abzuwehren und eine zusätzliche Machtverschiebung zugunsten der Adligen zu verhindern, ging die Krone ihrerseits dazu über, regelmäßig gewählte Vertreter des niederen Adels und der freien Bürger zum Parlament hinzuzuziehen, zunächst aus den Grafschaften, dann auch aus den wohlhabenden Städten.

So entwickelte sich der alte königliche Rat in den nächsten Jahrzehnten zu einer Art Volksvertretung. Sie wurde mindestens einmal im Jahr einberufen und erkämpfte sich Schritt für Schritt das Recht der Zustimmung zu Steuern, Kriegen und Gesetzen.

Wales verliert Unabhängigkeit

Montforts Pläne gingen nicht auf, denn er hatte die Rechnung ohne Eduard I. gemacht. Der 26-jährige Sohn Heinrichs III. war aus einem anderen Holz geschnitzt als der Vater: eine ausgeprägte Persönlichkeit mit juristischem Verstand, Verwaltungsbegabung und militärischem Talent. Es gelang ihm, 1265 mit Unterstützung der Gegner Montforts den Vater zu befreien. In der Schlacht bei Evesham am Avon erlitten die aufständischen Barone eine empfindliche Niederlage und Simon de Montfort den Tod.

Obwohl Heinrich III. formal bis zu seinem Tod 1272 König blieb, übernahm faktisch sein Sohn Eduard I. die Amtsgeschäfte. Gelegenheiten, seine Fähigkeiten auf mehr als einem Schauplatz unter Beweis zu stellen, fanden sich bald mehr als genug. Noch immer widersetzten sich in Irland, Schottland und Wales die keltischen Urbewohner der Herrschaft des englischen Königs. Aus Irland hielt sich Eduard I. persönlich heraus; dort überließ er den Baronen die Ausdehnung der englischen Macht. Gegen die Waliser zog er hingegen selbst erfolgreich zu Feld und merzte die alte keltische Fürstendynastie Llewelyns II. und seines Bruders David grausam aus. Der Kriegszug endete mit der vollkommenen Unterwerfung des Landes. Nur einige Fürsten im Süden von Wales, die als Lehnsherren von England Eduard I. im Kampf wertvollen Beistand geleistet hatten, behielten weitgehend ihre Selbständigkeit.

Auf den Feldzügen in Wales lernte Eduard I. mit dem Langbogen die furchtbare Waffe der Waliser kennen. Als er ihre Überlegenheit erkannte, ließ er die Fußtruppen seines eigenen Heeres sofort damit ausrüsten. Bald handhabten die englischen Bogenschützen die neue Waffe mit fabelhafter Kunstfertigkeit.

Gegen Laster und Sünde
Fromme Autoren verfassten im Mittelalter liturgische Textbücher mit Psalmen und ihrer Auslegung, damit Gläubige sie als Stundengebete rezitieren konnten. Der *Baum der Laster mit dem Sündenfall* von Robert de Lisle war eine solche kostbare Handschrift, die man Psalter nannte.

Neue High-Tech-Waffen

Innerhalb von nur einer Minute konnte ein geübter Bogenschütze sechs Pfeile in ein 200 m entferntes Ziel schießen. Die Pfeile der Langbogen konnten auf kurze Entfernung ein 9 cm dickes Eichenbrett durchschlagen und auf 200 m Entfernung noch eines von 2 cm Dicke. Gegen eine derartige Gewalt konnten weder die damals gebräuchlichen Kettenhemden noch die ledernen Harnische wirksamen Schutz bieten.

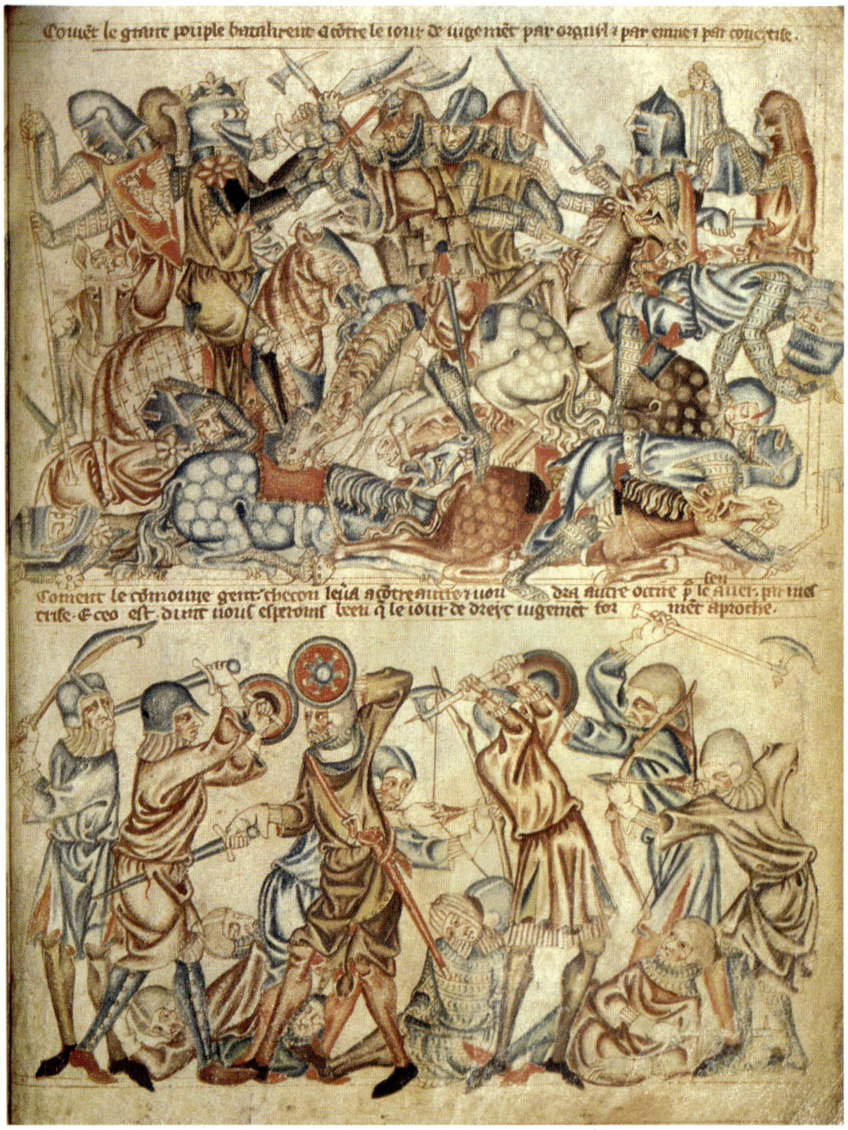

Blutige Schlacht
Bereits 1314 besiegte Robert I. Bruce in der Schlacht bei Bannockburn den englischen König Eduard II. Doch erst 13 Jahre später, 1327, erkannte dessen Sohn Eduard III. die schottische Unabhängigkeit an.

Durch die Langbogen entwickelten sich die Fußtruppen zur zweiten schlagkräftigen strategischen Einheit im englischen Heer. An ihrer Seite kämpften die Reiter, deren Ausrüstung aus einer Stoßlanze aus Buche oder Esche, aus Streitaxt, Morgenstern, zweischneidigem Schwert und Dolch bestand.

Die modernste Waffe jener Zeit war die Armbrust. Anders als der Bogen blieb sie – einmal gespannt – so lange gefechtsbereit, bis der Schütze den Schuss durch einen leichten Abzug auslöste. Unter Rittern galt der Gebrauch der Armbrust lange als ehrenrührig, weil sie den Meuchelmord aus dem Hinterhalt ermöglichte. Letztlich versetzten Bogen und Armbrust dem traditionellen Rittertum den Todesstoß.

Mit diesen starken Truppen konnte Eduard I. nun auch den offenen Feldzug gegen die Schotten wagen. Den südlichen Teil Schottlands, das Tiefland, hatten die Engländer bereits kolonisiert. Feudaladel und Geistlichkeit wurden hier nach englischem Muster organisiert, viele Abteien und Kirchen erbaut, das Keltentum unterjocht und versklavt.

Streit um den schottischen Thron

Im seit 1286 schwelenden schottischen Thronfolgestreit ergriff Eduard I. zunächst die Partei John de Balliols und weitete unter dessen Regierung seine eigenen lehnsrechtlichen Befugnisse nach Kräften aus. Er setzte alle Mittel ein, die das Lehnsrecht für die Einmischung in einem fremden Lande bot, bis hin zu Strafexpeditionen, deren bekannteste kurz vor der Jahrhundertwende mit einem englischen Sieg bei Falkirk endete. Zu diesem Zeitpunkt hatte er sich bereits wieder mit John de Balliol entzweit, diesen abgesetzt und sich selbst zum König von Schottland ernannt. Dies provozierte den erneuten Aufstand der Schotten unter ihrem Anführer Sir William Wallace.

Die Schotten bleiben unabhängig

Die Gefangennahme und Hinrichtung von William Wallace im Jahr 1305 beendete den ständigen Grenzkampf und Kleinkrieg nicht, denn nun inthronisierten die Schotten Robert Bruce als Robert I. Bruce. Eduard I. zögerte nicht, auch gegen diesen neuen Störenfried einen Kriegszug vorzubereiten. Doch auf dem Weg nach Schottland starb er 1307 überraschend und hinterließ den Thron seinem Sohn Eduard II. Der Feldzug gegen Schottland geriet ins Stocken. Robert Bruce nutzte die Gunst, um seine Herrschaft zu festigen. Der schottische Unabhängigkeitskampf währte während der gesamten bis 1327 dauernden Herrschaft Eduards II. Doch mit dem entscheidenden Sieg über die Engländer in der Schlacht bei Bannockburn sicherte Robert Bruce die Unabhängigkeit Schottlands für die nächsten drei Jahrhunderte und gilt bis heute als schottischer Nationalheld.

Der Staat des Deutschen Ordens

Im Verlauf der Kreuzzüge gründeten christliche Ritter im Heiligen Land neue Orden. Die Ritter vom Deutschen Orden ließen sich später an der Ostseeküste nieder und begannen, dort zu missionieren.

Wahrzeichen der Macht
Den Nordflügel der Marienburg mit Kirche, Kapitellsaal und Dormitorium vollendeten die Ordensritter vor 1280.

Im 12. Jh. entstanden im Heiligen Land drei geistliche Ritterorden: die Johanniter, die Templer und der Deutsche Orden. Diese Orden machten es sich zur Aufgabe, kranke und verletzte Kreuzfahrer während ihres Aufenthalts in Palästina zu betreuen und sie notfalls auch mit der Waffe zu beschützen. Sie werden als geistliche Ritterorden bezeichnet, weil ihre Mitglieder die Lebensweise des Ritters mit der des Mönches verbanden.

Der Deutsche Orden entstand wohl erst gegen Ende des 12. Jh., häufig wird 1190 als Gründungsjahr genannt. Der Papst erkannte den neuen Orden bald an und übertrug ihm die Ordensregel der Templer. Zunächst unterhielt der Orden seinen Hauptsitz in Akkon, nach dem Fall der Stadt seit 1291 in Venedig. 1309 verlegte der elfte Hochmeister des Ordens, Siegfried von Feuchtwangen, den Sitz der Ordensregierung schließlich auf die Marienburg bei Danzig.

Päpstliche und kaiserliche Unterstützung

Bereits früh erteilte Papst Honorius III. dem neuen Orden viele Vergünstigungen: Er stellte weit mehr als 100 Urkunden zu seinen Gunsten aus und half damit, die wirtschaftlichen Grundlagen der Gemeinschaft zu sichern. Er überließ dem Orden z. B. so bedeutende Einkünfte wie den Kreuzzugsablass. Mit dieser auf Papst Urban II. zurückgehenden Verfügung konnten sich Kreuzzugsteilnehmer seit dem Ersten Kreuzzug 1095 eine Verkürzung ihrer Strafen im Fegefeuer erkaufen. Außerdem durfte der Orden als Geldverleiher profitable Geschäfte machen. Aber auch private Gönner ließen dem Orden großzügige Stiftungen zukommen, wie etwa die heilige Elisabeth von Thüringen. Mit diesen Geldern konnte der Orden seine Spitäler finanzieren. Sehr früh schon eröffneten die Ordensritter auch in Mitteleuropa neue karitative Einrichtungen.

Aus dem lang anhaltenden Zwist zwischen Kaiser und Papst konnte der Orden ebenfalls einen Vorteil für sich ziehen. Der Kaiser wollte nämlich der Freigiebigkeit des Papstes etwas Gleichwertiges entgegensetzen. Und so stellte der Staufer Friedrich II. 1226 zugunsten des Deutschen Ordens eine wichtige Urkunde aus, die in einer „Bulle“ genannten Metallkapsel

Wertvolles Papier
Mit der Goldenen Bulle trug Kaiser Friedrich II. dem Deutschen Orden 1226 die Eroberung Preußens auf und gab ihm dieses Land als Lehen.

Die Farben des Ordens
Das Hochmeisterschild weist das typische schwarze Kreuz auf weißem Untergrund auf.

Krieg den Ungläubigen
Der legendäre Kampf des Kaisers gegen die Völker Gog und Magog symbolisierte den Kampf zwischen Ordensrittern und Pruzzen.

aufbewahrt wurde. Diese Goldene Bulle von Rimini sicherte dem Orden das Recht zu, künftig im Nordosten Deutschlands zu missionieren. Mit dieser Urkunde legte der Kaiser die Grundlage des späteren preußischen Ordensstaats.

Der lange Weg nach Preussen

Schon bald nach seiner Gründung versuchte der neue Orden, im christlichen Europa Fuß zu fassen. Seit dem frühen 13. Jh. gründete der Deutsche Orden klosterähnliche Niederlassungen im südlichen und westlichen Deutschland. In einigen deutschen Städten wie Nürnberg oder Frankfurt erinnern Straßennamen – „Deutschherrnstraße" und „Deutschordenstraße" – noch immer an diese Gründungen des Ordens. Außerdem errichteten die Ordensritter in Siebenbürgen und im benachbarten Ungarn erste Burgen. Erst während der Amtszeit des vierten Hochmeisters Hermann von Salza – er regierte von 1210 bis 1239 – ließ der Orden sich auch in den Gebieten an der Ostsee nieder, mit denen er später oft identifiziert wurde, dem späteren Preußen.

Unterstützung aus Polen

1225 trat der polnische Herzog Konrad von Masowien mit dem Deutschen Orden in Verbindung und bat ihn um Hilfe gegen die heidnischen Pruzzen, die sich seinen christlichen Missionierungsversuchen widersetzten. Im Kruschwitzer Vertrag von 1230 – er bildete gleichsam das polnische Gegenstück zur kaiserlichen Bulle von Rimini – übergab der polnische Fürst dem Orden das Kulmerland mit allen Hoheitsrechten. Daraufhin begannen die Ritter, am östlichen Ufer der Weichsel einen militärischen Stützpunkt zu errichten. Die sich daraus entwickelnde

Stadt Thorn im heutigen Polen erhielt ihren Namen möglicherweise nach dem Ort Toron in Palästina.

Städtegründungen und Kolonisation in Nordosteuropa

In den folgenden Jahrzehnten gründete der Orden im Nordosten Europas eine Vielzahl von Burgen und Städten und trieb die blutige Unterwerfung der heidnischen Pruzzen und die Kolonisierung voran. 1231 begann man mit dem Bau der Burg Kulm, im Jahr darauf folgte Marienwerder. Die um die Burg entstehenden Städte erhielten ein eigenes Stadtrecht, und das Kulmer Stadtrecht von 1233, die so genannte Kulmer Handfeste, entwickelte sich zum Vorbild für viele Stadtrechtsverleihungen im Osten. Die Kulmer Handfeste orientierte sich wie bei den meisten Gründungen des Ordens fast ausschließlich am magdeburgischen Stadtrecht, in anderen Fällen diente das Recht der Stadt Lübeck als Vorbild.

Auch Braunsberg, Königsberg und Elbing gingen allesamt aus Gründungen des Deutschen Ordens hervor. Viele Stadtgründungen des Deutschen Ordens schmückten sich mit klangvollen christlichen Namen, die an das Glaubensbekenntnis der Ritter erinnern – also Städtenamen wie Christburg, Heilsberg, Frauenburg, Marienwerder, Bischofsburg. Die Ordensritter legten diese neuen Städte als planvolles Netz an. Sie lagen gerade so weit voneinander entfernt, dass ein Reiter innerhalb eines Tages von einer Stadt zur andern gelangen konnte. Das entsprach einer Distanz von rund 40 km.

Die unaufhaltsame Expansion …

Gleichzeit trieb der Orden planmäßig die Ausweitung der landwirtschaftlichen Nutzflächen voran und warb im nördlichen Deutschland und den Niederlanden Bauern, Handwerker und Kaufleute an. Die Bauern siedelten in den oft menschenleeren Weiten Ostpreußens und nahmen das noch unerschlossene Land unter den Pflug, indem sie Wälder abholzten und die Baumstümpfe abbrannten. Unterdessen drangen die Ordensritter immer weiter nach Norden und Osten vor und setzten sich in vielen Kämpfen gegen die sich hartnäckig wehrenden Pruzzen durch. 1283 konnten die Ordensritter die Eroberung Preußens vollenden. Ihnen folgten bis zur Mitte des 14. Jh. unzählige deutsche Siedler ins neu gewonnene Ordensland und ließen sich, angelockt von den günstigen Siedlungsbedingungen und der Weite des Raumes, nieder.

Deutscher Orden
Eroberungen im 14. Jh.
bedeutende Orte

… wird abgeblockt

Bald entstanden vier neue katholische Bistümer: Kulmerland, Pomesanien, Ermland und Samland. Kirchenrechtlich zwar dem kürzlich zum Erzbistum erhobenen Bistum Riga unterstellt, standen sie doch im Wesentlichen unter dem Einfluss des Ordens. Durch den Zusammenschluss mit dem 1201 in Riga gestifteten Schwertbrüderorden vergrößerte sich das Ordensland 1237 um die Gebiete Kurland, Samgallen und Livland. Bei dem Versuch einer weiteren Ausdehnung stieß der Deutsche Ritterorden dann aber mit dem jungen russischen Fürstentum Nowgorod zusammen. Und im Jahr 1242 gebot der Fürst von Nowgorod, Alexander Newski, den Expansionsbestrebungen der Ritter Einhalt, als er ihnen am Peipussee eine vernichtende Niederlage zufügte.

Der Staat des Deutschen Ordens beeindruckte schon die Zeitgenossen mit seiner vorbildlichen Organisation. An der Spitze des Ordens stand der Hochmeister. Ihn wählte das Generalkapitel aller Brüder auf Lebenszeit. Zur Seite standen ihm fünf so genannte Gebietiger: Der Marschall war für Kriegsan-

ALLTAGSLEBEN

Leben auf einer Ordensburg

Ihre strenge Ordensregel schrieb den Rittern vom Deutschen Orden vor, täglich bei den gemeinsamen Mahlzeiten diese Regeln und andere geistliche Literatur zu lesen.

Deshalb entstand seit ihrer Ansiedlung in Preußen eine eigene Bibel- und Legendendichtung in deutscher Sprache. Als Erster schrieb der Priester Peter von Dusburg um 1326 eine Chronik des Ritterordens. Darin berichtete er ausführlich von der Eroberung Preußens und vom Kampf gegen die ansässige heidnische Bevölkerung.

gelegenheiten zuständig, der Großkomtur für die Verwaltung des Ordens, der Spittler für die Fürsorge, der Trappier für die Bekleidung und der Tressler für die Finanzen. Wie auch die anderen hohen Würdenträger des Ordens bekleideten sie ihre Ämter nur für eine begrenzte Zeit. Als Ritter aus alten Adelsgeschlechtern waren sie mit dem feudalen Denken und den damit verbundenen Verpflichtungen wohl vertraut, sie wussten, dass sie sich unterordnen mussten.

SOUVERÄNER MACHTHABER

Das Gebiet des Ordensstaats bildete ein in sich geschlossenes Territorium. Das bedeutete, dass Besitz- und Herrschaftsrechte nicht so kunterbunt vermischt waren wie in den Regionen westlich der Elbe, wo ein geschlossenes Gebiet unter der Herrschaft eines Grundherrn im Mittelalter eher die Ausnahme darstellte.

In seinem Ordensland nahm der Orden sämtliche staatlichen Hoheitsrechte wahr und gab sogar eigene Münzen heraus. Eine wichtige Funktion hatte der Bernsteinmeister inne. Er wachte darüber, dass aller an der samländischen Küste gefundene Bernstein abgeliefert wurde, denn das Einsammeln von Bernstein gehörte zu den Vorrechten des Ordens und bedeutete eine lukrative Einkommensquelle.

In jeder Ordensburg lebten wenigstens zwölf Ritter – das war dieselbe Anzahl, wie Christus einst Aposteln um sich geschart hatte. Zu den Brüdern des Deutschen Ordens gehörten Priester und Ritter. Die Ritter betrieben vor allem die Expansion und bereiteten die Missionierung im Osten vor. Die Priester des Ordens betreuten als Geistliche die ansässige Bevölkerung. Niedere, minder berechtigte Ordensangehörige, die so genannten Laienbrüder, betrieben landwirtschaftliche Unternehmen.

DER SITZ DES HOCHMEISTERS

Die Marienburg, seit Beginn des 14. Jh. der Sitz des Hochmeisters, liegt auf dem östlichen Ufer der Nogat. Mit ihrem Bau begann der Ordensmeister Konrad von Thierberg der Ältere in der zweiten Hälfte des 13. Jh. Zuvor hatte an dieser Stelle die Burg der Herzöge von Pommerellen gestanden, die bei einem Aufstand der slawischen Bevölkerung zerstört worden war.

Als die Expansion nach Danzig und Pommerellen Preußen zum zentralen Herrschaftsgebiet des Ordens werden ließ, gewann die Marienburg eine bestimmende Lage im Herzen des Ordensstaats. Die gewaltige Burganlage war Machtzentrum, Wehr- und Wohnburg zugleich. Sie galt damals als uneinnehmbar. Die Burg besteht aus zwei durch einen Graben getrennten Teilen. Beide umgibt ein gemeinsamer großer Wassergraben. Das ältere, südwärts gelegene Hochschloss beherbergte die Schlosskirche, die Versammlungs-, Wohn-, Speise- und Schlafräume – also all die Räumlichkeiten, in denen die Ordensbrüder sich gemeinsam aufhielten. Architektonisch einzigartig ist das nördlich

Kostbare Ordensbibel
In den Werkstätten der Deutschordensburgen entstand diese Prachthandschrift auf Pergament mit farbigem und vergoldetem Buchschmuck.

davon gelegene Mittelschloss, ein Juwel der norddeutschen Backsteingotik. Nördlich der beiden Burggebäude erheben sich die Bauwerke der Vorburg; auch sie umgibt eine große Umfassungsmauer, die im Westen bis an die Nogat reicht. Hier brachte man vor allem die Vorräte unter. Im Norden und Osten schützte ein weiterer Wassergraben die riesige Anlage. Südlich der Burganlagen gründeten die Ordensleute 1276 die Stadt Marienburg.

BLÜTE UND NIEDERGANG

Der Ausbau der Marienburg lag vor allem dem langjährigen Hochmeister Winrich von Kniprode am Herzen. Unter ihm erreichte der Orden um die Mitte des 14. Jh. den Zenit seiner Macht und seines Ansehens. Allerdings nahmen in dieser Zeit auch die kriegerischen Konflikte mit dem immer mächtiger werdenden Königreich Polen zu.

Bis zum frühen 14. Jh. gab es zwischen dem Deutschen Orden und dem polnischen Staat kaum Misshelligkeiten. Gemeinsam unternahm man die so genannten Kreuzzüge gegen die heidnischen Pruzzen. Als jedoch der Orden im Lauf der Zeit immer mächtiger wurde, überdies Pommerellen und die strategisch und für den Ostseehandel so wichtige Stadt Danzig für sich beanspruchte und im Jahr 1309 beide Gebiete auch zugesprochen bekam, widerstrebte diese politische Regelung dem polnischen König Kasimir III. Er erreichte einen päpstlichen Urteilsspruch, nach dem der Deutsche Orden 1339 Pommerellen wieder herausgeben musste. Doch es kam auch danach noch zu kriegerischen Auseinandersetzungen zwischen den beiden verfeindeten Staaten.

Mit dem Frieden von Kalisch erreichte Winrich von Kniprode einige Jahre später noch einmal einen Kompromiss und einen Aufschub, bevor die Polen letztlich die Überhand gewinnen sollten. Als infolge der Pest die Nachfrage nach Getreide und der Zuzug neuer Siedler aus dem Westen sank, musste der einst mächtige Deutsche Ritterorden um sein Überleben kämpfen.

Backsteingotik
Im masurischen Ermland errichteten die Ordensritter 1232 die Ordensburg und ein Jahr später die Stadt Marienwerder. Sie war Sitz der Bischöfe von Pomesanien.

Deutschland – Zankapfel lokaler Fürstendynastien

Fast ein Jahrhundert lang verhinderten die Kurfürsten einen starken König. Stattdessen machten sie das Reich zum Spielball von Landesfürsten und Raubrittern.

Arnold II. von Trier und Albrecht von Sachsen prosteten sich feixend zu. Der Moselwein schmeckte prächtig, die Kurtisanen waren bestellt und die beiden Fürsten bester Dinge. Sie glaubten, ihre Rivalen erfolgreich ausgebootet zu haben, und feierten ihren Erfolg als Königsmacher. Die Entscheidung, Alfons X. von Kastilien zum deutsch-römischen König zu wählen, war den beiden mächtigen Kurfürsten umso leichter gefallen, als er über seine Mittelsmänner eine schöne Summe geboten hatte.

Eigentlich sollten in diesem Januar des Jahres 1257 alle deutschen Kurfürsten in Frankfurt den neuen König wählen. Als Nachfolger für den verstorbenen Wilhelm von Holland standen zwei Bewerber zur Auswahl: neben Alfons X. von Kastilien Graf Richard von Cornwall, der Bruder des englischen Königs Heinrich II. Doch die Wahl wurde zum Desaster.

Böhmen stimmt zweimal ab

Arnold II. von Trier und Albrecht von Sachsen quartierten sich schon einige Tage vor dem Wahltag in Frankfurt ein und verwehrten den anderen Kurfürsten am 13. Januar den Zugang zur Stadt. So leicht wollten die sich nicht überrumpeln lassen. Kurzerhand schlugen sie vor den Stadttoren ihr Feldlager auf und wählten noch am selben Tag ihren Favoriten, Richard von Cornwall, zum deutschen König. Die Wahl erhielt eine besondere Note durch die unentschlossene Haltung des böhmischen Königs Ottokar II. Als

Zufallskönig
Heinrich VII. wurde 1308 als erster Luxemburger zum deutschen König gewählt. Durch geschickte Heiratspolitik brachte er das Königreich Böhmen in die Hand seiner Familie. Auch in Italien drückte er alte deutsche Ansprüche durch und wurde 1311 zum italienischen König gekrönt.

Mann gegen Mann
Friedrich der Schöne von Habsburg stellte sich mit 2200 Rittern, 6600 Mann Fußvolk und 4000 berittenen Ungarn und Mongolen bei Mühldorf am Inn dem etwa ebenso starken Heer König Ludwigs IV. von Bayern. Der Sieg in dieser letzten großen Ritterschlacht des Mittelalters sicherte dem Bayern den umstrittenen Thron im Deutschen Reich.

Zünglein an der Waage entschied er sich im Januar für Richard von Cornwall und bei der im April durchgeführten Neuwahl für Alfons von Kastilien. Diese Pattsituation führte in Deutschland zum so genannten Interregnum, da keiner der beiden Kandidaten verzichten wollte. Es endete erst 1273 und wurde abgelöst durch den jahrzehntelangen Kampf der großen Kurfürstenhäuser Habsburg, Luxemburg und Wittelsbach um die Vorherrschaft im Deutsch-Römischen Reich.

Wie von den Kurfürsten beabsichtigt, ließen sich weder der Engländer noch der Kastilier oft in Deutschland blicken. Die wahre Macht im Land lag in kurfürstlichen Händen, eine starke Zentralmacht gab es nicht, nur die althergebrachten lokalen Schauplätze. Im Herzogtum Schwaben führte Graf Rudolf von Habsburg provinzielle Bereicherungskriege, im wittelsbachischen Bayern bröckelte der Länderbesitz durch Erbteilung, die Markgrafschaft Brandenburg zerfiel bereits ein Jahr nach der Doppelwahl in fünf scheinbar willkürlich aus der Landkarte gerissene Gebiete, deren Machthaber jeweils die Würde des Kurfürsten beanspruchte. Auch unter den Sachsen-Wettinern rund um die beiden Zwergresidenzen Lauenburg und Wittenstein war der Besitz der Kurwürde strittig. In Thüringen ging es besonders schlimm zu, als sich nach dem Aussterben der Landgrafendynastie der Markgraf von Meißen nicht als neuer Landesherr durchsetzen konnte. Kein Wunder, dass sich im ganzen Land Rechtlosigkeit breit machte.

Reiche Städte – reiche Beute

Besonders litten die Bauern und die Kaufleute unter den wüsten Zuständen: Höfe wurden beraubt und niedergebrannt, Händler mussten willkürliche Zölle zahlen. Selbst vor Kirchenbesitz machten die Raubritter nicht Halt. Auch die Städte boten lohnende Beute. Sie versuchten meist vergeblich, ihre Bürger und die umliegenden Bauern zu schützen. Ihr zunehmender Reichtum im 13. Jh. äußerte sich in zahlreichen prunkvollen Bauten: Rathaus, Gericht, Kornhaus – eine Börse, in der die Kaufleute ihre Geschäfte abwickeln konnten –, errichtete man meist um einen Marktplatz herum. Die gepflasterten Straßen säumten nun zunehmend massive Fachwerkhäuser mit Ziegeldach. Glasfenster ersetzten die hölzernen Fensterläden. Viele Städte prägten eigene Münzen.

Hier gab es Verdienst- und Aufstiegsmöglichkeiten, und neu erlassene Gesetze besagten, dass Leibeigene, die ein Jahr und einen Tag innerhalb der Stadtgrenze gelebt hatten, nicht mehr zu ihrem früheren Feudalherrn zurückkehren mussten.

Die Habsburger legen den Grundstein ihres Reiches

Als erfolgreichster Plünderer und Verheerer im südwestdeutschen Raum erwies sich Graf Rudolf von Habsburg. Er begründete in dieser Zeit den Aufstieg des Hauses Habsburg. Aufgrund seiner ebenso ehrgeizigen wie kriegerischen Politik sahen sich die Kurfürsten fast gezwungen, ihn 1273 zum deutschen König zu wählen, nachdem Richard von Cornwall im Jahr zuvor gestorben war.

Der bayerische Löwe
Seit Ludwig IV. gehören der Löwe und das weiß-blaue Rautenmuster zum bayerischen Landeswappen. Doch nach dem Löwen Ludwig waren seine sechs Söhne nur Papiertiger, unter denen das bayerische Herrschaftsgebiet zersplitterte und auseinander fiel.

Alfons X. von Kastilien, der bis dahin keinen Fuß auf deutschen Boden gesetzt hatte, hielt seinen formalen Anspruch auf die Krone aufrecht und focht die Wahl, unterstützt von Ottokar II. von Böhmen, an. Ottokar II. hatte sich kurz zuvor widerrechtlich die Steiermark und Österreich angeeignet und weigerte sich, die Herzogtümer herauszugeben. Da der Habsburger die Gebiete seiner eigenen Hausmacht zuschlagen wollte, war der Konflikt vorprogrammiert.

1276 unterlag Ottokar II. in einem Feldzug und musste die Länder herausgeben. Doch 2 Jahre später erhob er sich erneut, und es kam zur berühmten Schlacht auf dem Marchfeld etwa 40 km nordöstlich von Wien. Gegen alle ritterlichen Kampfesregeln jener Zeit ließ Rudolf I. gepanzerte Ritter von hinten in die böhmischen Truppen hineinpreschen und trieb sie in wilde Flucht. Ottokar II. wurde von österreichischen Adligen eingeholt und erschlagen.

Nun folgten Jahrzehnte der fliegenden Wechsel auf dem deutschen Königsthron. Auf Rudolf I. folgte der von den Kurfürsten als Marionette gewählte, hoch verschuldete Adolf von Nassau. Da er sich wenig gefügig zeigte, ersetzte man ihn durch Albrecht, den Sohn Rudolfs I. Nach dessen Ermordung entschieden sich die Kurfürsten, für die die Königskrone längst zum Spielball geworden war, für den vollkommenen Nobody Heinrich VII., Graf von Luxemburg.

Die letzte Ritterschlacht

Nach seinem Tod kam es 1313 im zerstrittenen Lager der eifersüchtigen Kurfürsten erneut zu einer Doppelwahl. Friedrich von Habsburg bekam ebenso viele Stimmen wie Ludwig von Bayern. Es folgte ein 8 Jahre währendes neuerliches Tauziehen, das Ludwig schließlich in der Schlacht bei Mühldorf am Inn zu seinen Gunsten entschied. In dieser achtstündigen Schlacht fielen auf habsburgischer Seite rund 1400 Ritter, auf bayerischer etwa 1000, die Verluste aus dem Fußvolk nicht mitgerechnet. Es war die letzte große Ritterschlacht ohne Feuerwaffen des Mittelalters.

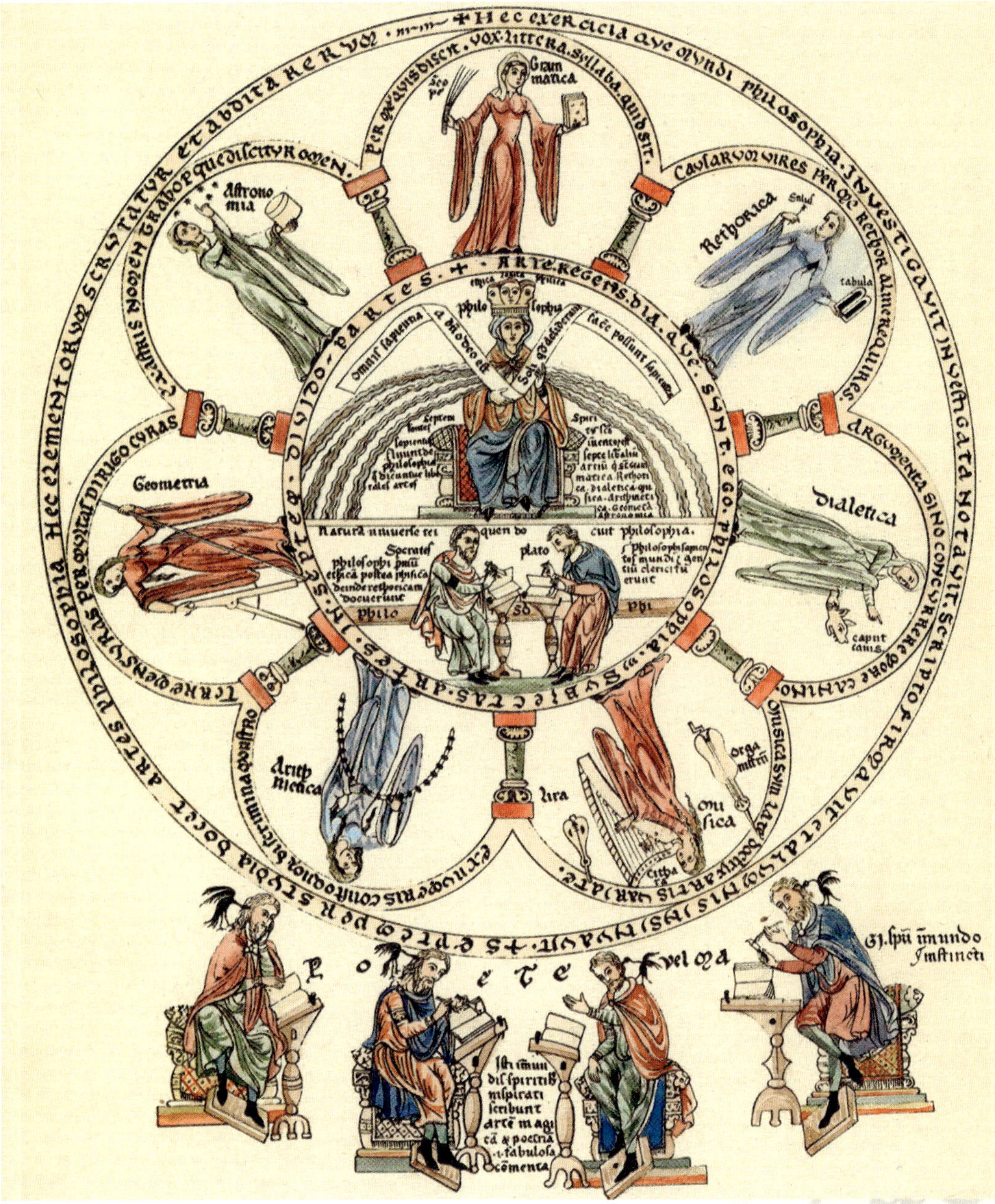

Doktoren und Magister
Zwischen dem 12. und 14. Jh. entstanden in Italien, Frankreich, England und zaghaft auch in Deutschland meist aus kirchlichen Einrichtungen heraus die ersten Universitäten. Unterrichtet wurden die sieben freien Künste – Grammatik, Rhetorik, Dialektik, Musik, Arithmetik, Geometrie und Astronomie.

Als Ludwig nun Ansprüche auf Italien anmeldete, rief das Papst Johannes XXII. auf den Plan: Ludwig müsse zurücktreten, denn seine Wahl sei nicht vom Papst abgesegnet worden. Ludwig ignorierte diese Einwürfe und zog trotz Exkommunikation nach Rom, wo er sich 1328 von einem Strohmann zum Kaiser krönen ließ. Der wütende Papst rief zum Kreuzzug gegen Ludwig auf und setzte ihn ab, daraufhin ließ dieser Nikolaus V. als Gegenpapst wählen.

Die Einmischung der Kurie verärgerte in Deutschland die Kurfürsten, denn sie beanspruchten das Recht, über die Königswürde zu entscheiden, selbst. Im Juli 1338 trat der Kurfürstentag, der so genannte Kurverein, in Rense bei Koblenz zusammen und schloss mit Zustimmung der rheinischen Erzbischöfe ein Bündnis gegen jeden, der ihre Rechte anzutasten drohte. Mit diesem an Ungeheuerlichkeit grenzenden Beschluss wies man den Einfluss des Papstes nach Jahrhunderten der Unterordnung zurück.

In Deutschland kehrte erst nach einer erneuten Doppelwahl mit dem Luxemburger Karl IV. Ruhe ein.

Die erste Eidgenossenschaft

Die Ursprünge der Schweiz umranken sagenhafte Ereignisse und zahlreiche kriegerische Auseinandersetzungen.

Gewaltsamer Tod
Das Glasfenster im Wiener Stephansdom zeigt König Albrecht I. von Habsburg. Unter ihm gelangten die Habsburger in der Schweiz zur höchsten Machtentfaltung. 1308 fiel er einer Familienfehde zum Opfer.

Die Zeiten waren unruhig und politisch unklar. Am 15. Juli 1291 war Rudolf I. von Habsburg, König des Heiligen Römischen Reiches, gestorben. Fast 10 Monate dauerte es, bis die Kurfürsten sich auf Adolf von Nassau als Nachfolger einigen konnten. Adolfs Gegenkandidat, der einzige überlebende Sohn Rudolfs, Herzog Albrecht von Österreich, konnte sich nicht durchsetzen.

In der königlosen Zeit fürchteten die Schweizer um ihre Freiheit, allen voran die Waldstätte mit den Ländern Uri, Schwyz, Nid- und Obwalden am Vierwaldstätter See. Uri und Schwyz hatten bereits vom Stauferkönig Friedrich II. 1231 bzw. 1240 in einem Freiheitsbrief ihre Reichsunmittelbarkeit erreicht. Sie unterstanden also direkt dem König, nicht aber den Grafen von Habsburg, die als Vögte ihre Landesherrschaft in der Innerschweiz immer weiter ausgedehnt hatten. Erklärtes Ziel der Habsburger Politik war es, in den Besitz möglichst zahlreicher Alpenpässe zu gelangen, um so die Handelswege und Zugangsrouten nach Italien zu kontrollieren. Auch aus diesem Grund bestätigte Rudolf I. die Freiheitsbriefe der Schweizer nicht.

Bündnis mit Brief und Siegel

Anfang August 1291 trafen sich „die Leute der Talschaft Uri, die Gesamtheit des Tales Schwyz und die Gemeinde der Leute der unteren Talschaft von Nidwalden im Hinblick auf die Arglist der Zeit“ und schlossen „in Gottes Namen“ einen Ewigen Bund.

Dieses Schutz- und Beistandsversprechen ging als Bundesbrief in die Schweizer Geschichte ein und beabsichtigte nicht etwa eine Loslösung vom Reich, sondern die Verlängerung alter Autonomierechte.

Im Spätmittelalter nahmen sämtliche Inhaber von herrschaftlicher Gewalt das Recht in Anspruch, Bündnisse zu schließen. Solche Verträge hatten eine unterschiedliche Dauer, kurz- oder längerfristig, periodisch erneuerbar oder „ewig", d.h. zeitlich unbeschränkt. Im 13. und 14. Jh. wollte man so vor allem Besitzstände bewahren und gemeinsam für den Landfrieden sorgen. Langfristige strategische Planungen, die etwa auf eine Staatsgründung abzielten, kannte man nicht, denn Herrschaft beruhte nicht auf Bündnissen, sondern auf dynastischem Besitz, lehensrechtlicher Einbindung und Vorrechten der Krone.

Bewahren statt rebellieren – der Bundesbrief von 1291

Auch der lateinisch abgefasste Bundesbrief von 1291 sollte lediglich den Landfrieden erhalten. Die Vertreter der Urkantone rebellierten nicht gegen irgendwelche Obrigkeit, sie wollten vielmehr die bereits verbrieften Rechte der Waldstätte bewahren. Das Bündnis sollte zudem die Ansprüche der Führungsschichten schriftlich rechtfertigen und untermauern, insofern ging die Initiative ausschließlich von den Führungspersönlichkeiten der Urkantone aus.

Im Geschichtsbewusstsein der Schweizer gilt der Bundesbrief als Geburtsurkunde der Schweiz. Der Bund von 1291 legte zwar noch nicht den Grundstein der späteren Eidgenossenschaft, mit ihm begann aber der langwierige Prozess, der später zur Entstehung der Schweiz führen würde.

Zwei Jahrhunderte nach diesen Ereignissen verbreitete sich in der Schweiz die Sage des tapferen Wilhelm Tell und diente Schiller als Vorbild für sein Drama: Wilhelm Tell, ein Jäger aus dem Urner Dorf Bürglen wird vom habsburgischen Landvogt Gessler gezwungen, einen Apfel vom Kopf seines Sohnes zu schießen. Der Schuss gelingt, doch Tell rächt sich später, lauert Gessler in der Hohlen Gasse bei Küssnacht am Rigi auf und erschießt ihn.

Sagenhafter Freiheitskämpfer

Die Urheber der Sage wollten durch den Tyrannenmord des Wilhelm Tell die Unabhängigkeit der Alten Eidgenossenschaft von den Habsburgern im Sinne eines Gottesurteils gewissermaßen als „von höchster Stelle abgesegnet" rechtfertigen. Doch ob der fesche Jäger Tell und der miese Landvogt Gessler tatsächlich lebten, ist mehr als zweifelhaft, denn klare Beweise fehlen. Doch das hielt die Schweizer nicht davon ab, Wilhelm Tell landauf, landab als Freiheitskämpfer zu verehren.

Wehrhafte Mauern
Die Feste von Sargans wurde zwischen dem 12. und 15. Jh. errichtet und war im Besitz der Grafen von Sargans, Dienstleute der Habsburger. Der namengebende Stammsitz der Habsburger lag im schweizerischen Kanton Aargau.

Explosives Erbe
Rudolf von Habsburg vereinigte Ende des 13. Jh. den Großteil der Innerschweiz unter seiner Herrschaft. Als er auch die Schirmvogtei über Kloster Einsiedeln erlangte, war die Zündschnur für den Konflikt mit den Eidgenossen gelegt.

Auf dem Ende des 19. Jh. errichteten Tell-Denkmal zu Altdorf im Kanton Uri ist sogar das – fiktive – Jahr seiner Heldentat eingemeißelt: 1307.

Schiller baute in sein Drama auch die dritte sagenumwobene Entstehungsgeschichte der Schweiz ein: den Rütlischwur. Er soll auf der Rütliwiese am Abhang des Seelisbergs am Westufer des Vierwaldstätter Sees stattgefunden haben. Die älteste schriftliche Quelle für dieses nachmalig geradezu staatstragende Ereignis ist das *Weiße Buch zu Sarnen* des Landschreibers Hans Schriber von Obwalden. Dieser sammelte um 1470 Urkunden und Sagen zum Ursprung der Alten Eidgenossenschaft.

Die Namen der den Rütlischwur leistenden drei Eidgenossen, von deren gemeinsamem Schwur die Bezeichnung Schweizerische Eidgenossenschaft abstammt, meint man seit Schiller genau zu kennen: Werner Stauffacher aus Schwyz, Walter Fürst aus Uri und Arnold von Melchthal aus Unterwalden. Das *Weiße Buch zu Sarnen* nennt als älteste Quelle der Rütlisage nur die Nachnamen.

Ob der Schwur an besagter Stelle mit den kolportierten Worten und den angeführten Personen je geleistet wurde, liegt im Dunkeln. Trotzdem gilt die Rütliwiese als Geburtsort der Schweizerischen Eidgenossenschaft.

Die Lage des neuen Königs Adolf von Nassau schien durch weitgehende Zugeständnisse an die Kurfürsten eher hoffnungslos. Aber Adolf erwies sich als gewiefter Taktierer. Durch geschickte Diplomatie konnte er Herzog Albrecht, seinen Rivalen um die Nachfolge Rudolfs von Habsburg, dazu bringen, ihm die Reichsinsignien zu übereignen.

ZEITZEUGEN

Der Rütlischwur

Der Sage zufolge schworen am 1. August 1291 die Abgesandten der drei Urkantone Uri, Schwyz und Unterwalden den Ewigen Bund der Waldstätte, den „Schwur auf dem Rütli".

Die ersten drei „Eidgenossen"
Nach dem Schwur sprachen Stauffacher, Melchthal und Fürst ein Gebet und machten sich in der Dunkelheit auf den Heimweg zu ihren Höfen.

Eine angeblich zeitgenössische Quelle berichtet: „Nur auf der waldumsäumten Rütliwiese brannte ein kleines Feuer. Dort wachten drei Männer im flackernden Lichtschein. Da erhob Werner Stauffacher die Stimme: ‚Brüder, im Namen Gottes stehen wir hier und reichen einander die Hände. Ein Wille, ein Ziel einigt uns: Frei wollen wir sein. In tiefster Not versprechen wir, einander zu helfen, im Kampfe gegen die Vögte zusammenzustehen und uns vor keiner Gewalt zu beugen. Ist einer unter euch, der nicht bereit ist, sein Leben, sein Gut und sein Blut zu opfern, so verlasse er den Kreis!' Keiner regte sich, alle schwiegen.

‚So erhebet, meine Freunde von Uri, Schwyz und Unterwalden, eure Hand zum Schwure! Der dreieinige Gott sei Zeuge, dass wir beschlossen haben, unsere Freiheit gegen jede Macht und Gewalt zu schützen für uns und unsere Kinder!' Wie ein heiliger Chor erklang die Bestätigung: ‚Wir geloben es!'"

Spielball der Mächte

Nun glaubte sich Adolf im Vorteil und überfiel den habsburgischen Besitz in Südwestdeutschland, im Elsass und in der Eidgenossenschaft. Den Schweizern gereichte dies zum Vorteil, denn 1293 bestätigte er die Privilegien von Zürich, Bern und Konstanz, 1297 die von Schwyz und Uri. Als Adolf dann aber versuchte, seine territoriale Machtbasis in der Pfalz auszubauen, setzten ihn die um ihren Einfluss bangenden Kurfürsten am 23. Juni 1298 ab und erkoren seinen größten Gegenspieler Albrecht von Habsburg zum nächsten deutschen König. Der zog flugs gegen Adolf von Nassau zu Felde, und am 2. Juli 1298 fiel Adolf in der Schlacht von Göllheim in der Pfalz.

In den 10 Jahren seiner Regierung gelang es Albrecht I., seine Hausmacht in Süddeutschland und der Schweiz wiederherzustellen und die Eidgenossenschaft erneut unter habsburgische Hoheit zu zwingen. Doch das Land wurde ihm zum Schicksal. Sein Mündel und Neffe Johann forderte die Auslieferung des ihm zustehenden Besitzes in Schwaben. Als Albrecht dies schroff zurückwies, sann Johann auf Rache. Am 1. Mai 1308 erstach er den Monarchen an der Reuß, einem Fluss in der Innerschweiz.

MIT STEIN UND PFEIL GEGEN RITTER

1309 erlangten die Eidgenossen, dass der neue König Heinrich VII. aus dem Haus Luxemburg ihre Reichsunmittelbarkeit verbrieft anerkannte. Der Bundesbrief wurde ins Mittelhochdeutsche übersetzt.

Das Verhältnis zu den Habsburgern freilich verschlechterte sich zunehmend. Nach dem Tod Heinrichs VII. kam es 1313 zu einer Doppelwahl von Friedrich III. von Habsburg und dem Wittelsbacher Ludwig IV. Die Schweizer hielten zu Ludwig, weil sie sich von ihm Unterstützung gegen die Habsburger erhofften. Friedrich III. sann auf Rache gegen die Eidgenossen, und da kam ihm ein Innerschweizer Konflikt gerade recht.

Schon seit Jahren gab es erbitterte Auseinandersetzungen um Weiderechte zwischen Schwyz und dem Kloster Einsiedeln. Am 6. Januar 1314 gipfelten die Gewalttätigkeiten in einem Überfall der Schwyzer auf das Kloster. Sie nahmen die Mönche gefangen und raubten, was nicht niet- und nagelfest war, auch Kirchenschmuck und Reliquien. Anschließend tranken sie die Weinvorräte leer, verrichteten ihre Notdurft auf den Altären und trieben das Vieh aus den Ställen.

Friedrich III. beauftragte seinen Bruder, Herzog Leopold I., die aufsässigen Eidgenossen zur Räson zu bringen.

Am 15. November 1315 kam es am Morgarten-Engpass in den Schwyzer Alpen zur Schlacht. Die zahlenmäßig unterlegenen und unterbewaffneten Bauernhaufen griffen gegen das hochgerüstete Ritterheer zu einer Guerillataktik: Als des Herzogs Mannen in eine Schlucht zogen, riegelten sie diese an der schmalsten Stelle mit Baumstämmen ab. Die Ritter saßen in der Falle. Nun prasselte ein wahres Pfeilgewitter und heftiger Steinschlag auf sie nieder. Die Habsburger hatten keine Chance, weder zum Kampf noch zur Flucht. Außer Herzog Leopold entkamen nur wenige dem Gemetzel.

Der erste große Sieg der Eidgenossen war errungen. Doch bis zur vollen Unabhängigkeit standen noch viele Schlachten bevor.

Unerwarteter Triumph
Der Sieg der Waldstätte gegen das Ritterheer Herzog Leopolds I. von Habsburg bedeutete die erste Etappe auf dem Weg zur Unabhängigkeit der Eidgenossenschaft.

ASIEN

1 Zu Ehren der Götter – die Baukunst der Khmer (1150–13. Jh.)
Seite 72

2 Anatolien – Seldschuken und Osmanen (1156–1331)
Seite 78

3 Japan – die Shogune übernehmen die Macht (1185–1338)
Seite 85

4 Krieg ums Heilige Land – die Zeit der Kreuzzüge (1189–1291)
Seite 92

5 Das Sultanat von Delhi – Indien unter dem Islam (1206–1338)
Seite 100

6 Sturm aus der Steppe – Dschingis Khan (1206–1235)
Seite 105

7 Das Weltreich der mongolischen Khane (1236–14. Jh.)
Seite 110

Zu Ehren der Götter – die Baukunst der Khmer

Im Tal des Mekong in Kambodscha schufen die Herrscher der Khmer in nur zwei Jahrhunderten eine asiatische Hochkultur.

Wenn sich die Abendsonne über die fünf Türme von Angkor Vat legt, versinkt eines der atemberaubendsten Bauwerke der Weltgeschichte im Dunkel des kambodschanischen Dschungels. Als steinerne Zeugnisse überliefern die gewaltigen Monumente die Geschichte des mächtigen Khmer-Imperiums. Nur sie konnten dem tropischen Klima des Dschungels widerstehen; die hölzernen Paläste der Könige und die einst umfangreichen Bibliotheken mit tausenden von Schriftrollen auf Palmblättern und Tierhäuten überlebten die Jahrhunderte nicht.

Als König Suryavarman II. 1150 auf einem Kriegszug gegen das aufmüpfige Nachbarvolk der Cham starb, war der Bau von Angkor Vat noch in vollem Gang. Mit dieser größten Tempelanlage der buddhistisch-hinduistischen Welt wollte der Khmer-König

Monument für die Ewigkeit
Ein 190 m breiter Wassergraben umschließt Angkor Vat, das größte sakrale Gebäude der Welt, an dessen Erbauung beinahe 800 000 Menschen mitgewirkt haben. Auf den Wänden erzählen kilometerlange Flachreliefs von der Geschichte der Khmer und aus hinduistischen Legenden.

Verdienter Monarch
Die fast 1,5 m hohe und zwei Zentner schwere Statue aus Sandstein des letzten großen Khmer-Königs Jayavarman VII. ist eine der wenigen erhaltenen Herrscherdarstellungen der Khmer-Zeit. Sein Antlitz wird noch heute in den Krankenhäusern und Pilgerstationen von Kambodscha verehrt.

sein Lebenswerk krönen. Unter ihm hatte das Khmer-Reich seine größte Ausdehnung erreicht. Die Khmer hatten die Thai und die im Osten beheimateten Cham im 12. Jh. besiegt und ein Gebiet unter ihre Herrschaft gebracht, das vom Chinesischen Meer bis zur Malaiischen Halbinsel reichte. Das bereits jahrhundertealte Angkor machte Suryavarman II. nun zum Haupt- und Regierungssitz der Khmer-Könige. Hier errichteten sie in den folgenden 200 Jahren in einer unglaublichen Geschwindigkeit und mit hoch entwickeltem technischem Wissen weit über 1000 Tempel und Heiligtümer.

Suryavarman II. regierte wie viele Könige der Khmer nach hinduistischem Vorbild. Als Gottkönig stand er an der Spitze der Gesellschaft und galt als irdische Verkörperung des Gottes Vischnu. Um seiner göttlichen Position gerecht zu werden, ließ er die Khmer-Metropole ausbauen und weihte Vischnu den Haupttempel Angkor Vat – in der Hoffnung, sich nach seinem Tod mit ihm zu vereinen.

Ebenso wie in Indien dienten die Tempel der Khmer nicht als Versammlungsorte für Gläubige. Man errichtete sie als himmlische Paläste der Götter, die hier tatsächlich in Gestalt ihrer Bildwerke wohnten. Und gleichzeitig diente das architektonische Programm der Staatsreligion, denn die Tempel sollten die hinduistische Weltordnung, den Kosmos des Hinduismus, abbilden.

Ort der Götter

Im Zentrum der viereckigen Welt, dem Tempel, befand sich der höchste Turm, auch Prasat genannt, mit dem zentralen Heiligtum. Er symbolisierte als Berg Meru den Wohnort der Götter. Den oft phallusförmigen Hauptturm umgaben kleinere Türme. Die äußere Begrenzung durch einen breiten Wassergraben versinnbildlichte den Ozean. Andere wichtige Gottheiten der Khmer bewohnten die kleinen Türme. So hatte man in Angkor Vat auch der berühmten siebenköpfigen Schlangengöttin ein eigenes Heiligtum zugedacht, da sie sich jede Nacht aufs Neue mit dem König vereinigte. Sobald die Göttin der Schlange nicht erschien, drohte dem regierenden König Gefahr, oder es stand ein Machtwechsel bevor. Außer einer Vielzahl von Nebenheiligtümern befanden sich innerhalb der Tempelmauern von Angkor Vat auch Dienstwohnungen für Priester, Musikanten und Tänzerinnen.

Gute Verwaltung und intelligenter Wasserbau

Suryavarman II. brachte bahnbrechende Neuerungen auf den Weg: Seine straffe Verwaltung mit folgsamen Beamten und eisernen Steuereintreibern verwandelte die Bevölkerung aus Reisbauern, Priestern, Mönchen, Soldaten sowie Händlern in eine hierarchisch organisierte Gesellschaft. Sein wichtigstes Verdienst bestand allerdings darin, das Thema Wasser als ersten Punkt auf der königlichen Tagesordnung zu führen: In der steten Versorgung mit dem kostbaren Nass lag das Geheimnis für den grandiosen Reichtum der Khmer.

Ausgehend vom Tonle Sap, einem fischreichen Binnensee im Zentrum Kambodschas, konstruierten die Khmer-Könige ein weiträumiges Kanalsystem mit künstlichen Seen, Bewässerungsanlagen und Entwässerungsgräben. Dieses geniale Versorgungssystem ermöglichte den Khmer statt der üblichen zwei bis zu vier Reisernten pro Jahr. Sie konnten den Monsunregen während der halbjährigen Regenzeit in riesigen Becken sammeln, Nahrungsüberschüsse produzieren und diese exportieren. Gleichzeitig ließen sich unerwünschte Überschwemmungen verhindern, und die Kanäle erlaubten als Frachtwege überdies eine höhere Mobilität. So kam es, dass das Khmer-Reich neben China zur stärksten asiatischen Macht aufstieg. 1154 lebten rund um den Tempel Angkor Vat bereits 1,5 Mio. Menschen, während Paris, die damals bevölkerungsreichste Stadt Europas, nur 30 000 Einwohner hatte. Angkor war also die größte Stadt der Erde.

Erfolg in späten Jahren

Nach Suryavarmans II. Tod erschütterten innen- und außenpolitische Konflikte sowie Perioden, in denen Könige nur kurz regierten und von ihren Nachfolgern gewaltsam gestürzt wurden, 30 Jahre lang das Reich der Khmer. Als das Heer der vietnamesischen Cham die dadurch empfindlich geschwächten Khmer in einer Seeschlacht auf dem Tonle Sap schlug und die Hauptstadt Angkor in Beschlag nahm, spitzte sich die Lage dramatisch zu. An diesem kritischen Punkt übernahm der kriegserfahrene Jayavarman VII. das Zepter und landete 1178 seinen größten Triumph: 3 Jahre vor seiner Krönung 1181 schlug der mit 60 Jahren bereits hochbetagte Heerführer die angreifenden Cham.

Vielköpfiges Ungeheuer
Auch die siebenköpfige Schlangengöttin verehrte man im Khmer-Tempel von Angkor Vat. Die Schlange war ein wichtiges Tier in der hinduistisch-buddhistischen Mythologie, da ihre periodische Häutung dem Glauben an die Wiedergeburt entsprach.

Hintergrundbild: Von oben wird man der gigantischen Dimensionen des Tempelparadieses Angkor Vat gewahr.

Geheimnisvolles Lächeln
Über dem Tor der 1200 neu gegründeten Hauptstadt Angkor Thom lächelt dieses rätselhafte Antlitz eines Buddhas. Oder sollte es doch den unsterblichen Vertreter Buddhas, den Khmer-König Jayavarman VII., darstellen?

Laut einer Inschrift tötete er seine Feinde in einer Schlacht auf dem Tonle Sap mit 100 Mio. Pfeilen und ertränkte sie in einem Meer aus Blut. Nun folgte der blitzartige Aufstieg der Khmer in ein wahrlich goldenes Zeitalter. Etwa 40 Jahre lang, bis zum Tod Jayavarmans VII. um 1220, boomte das mit genialen Bewässerungssystemen und unerschöpflichen Steinbrüchen gesegnete Reich.

Enge Handelsbeziehungen zu China und die Erschließung des Seewegs durch den Golf von Thailand ermöglichten es Jayavarman VII., die Exporteinkünfte zu verdoppeln. Um die inneren Unruhen im Reich zu stoppen, krempelte er außerdem seinen Staat von Grund auf um.

Eine Religion ersetzt die andere

Zuerst brach er mit der religiösen Tradition all seiner Vorgänger und Nachfolger: Jayavarman VII. wurde Buddhist. Für sein Volk bedeutete das, in ihm nicht mehr den hinduistischen Gottkönig, sondern die weltliche Person des Königs zu verehren. Durch mehr Volksnähe sollte die zuvor elitäre Hindugesellschaft aufgerüttelt werden. Fast alle Tempel seiner Ahnen ließ Jayavarman VII. in den 40 Jahren seiner Regierung restaurieren und umbauen. Zahlreiche neue Bauwerke entstanden für die neue Gottheit Buddha, dem der neue Staatskult galt.

Zum Zeichen seines Reichtums gründete er sogar eine neue Hauptstadt, Angkor Thom. Jayavarman VII. hob sie 1200 etwa 1,5 km nördlich von Angkor Vat aus der Taufe. Im Zentrum des riesigen Tempelareals schüttete man eigens einen Tempelberg für den Staatstempel Bayon mit seinen 49 hohen Türmen auf. Weithin sichtbare Steingesichter zierten als Markenzeichen des Jayavarman-Tempels alle Seiten der Türme. Die Porträtfiguren lächelten in alle Himmelsrichtungen und sollten buddhistische Wesen darstellen, die den Weg zur Erleuchtung kundtaten.

Vergnügen zu Wasser und Land

Tausende von Arbeitern schufteten für die neue Heimstadt Buddhas und ihren bauwütigen König; 50 000 Elefanten setzte Jayavarman VII. ein, um so viele Kolossalbauten aus dem Boden zu stampfen wie all seine Vorgänger zusammen. Die grandiose Anlage von Angkor Thom zeichnete sich durch ungeheuren Prunk aus. Die beiden Haupttempel Bayon und Ta Prohm umgab ein riesiger, 300 x 700 m großer Wasserspeicher. Hier, im Sra Srang, hielt der badende König wichtige Gespräche mit seinem Beraterstab. Ganz in der Nähe befand sich die Elefantenterrasse. Ihre Reliefs zeigen, dass

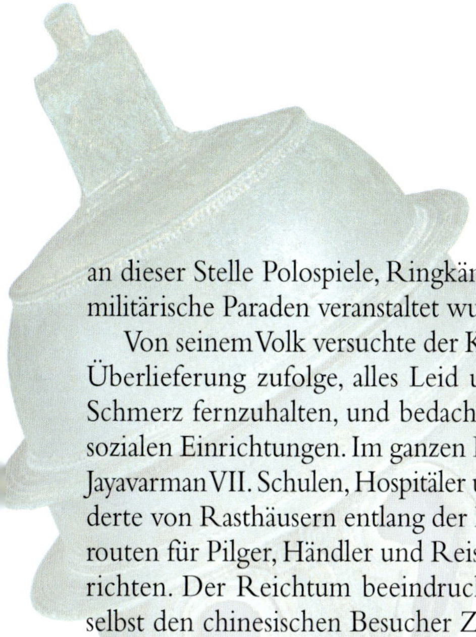

an dieser Stelle Polospiele, Ringkämpfe und militärische Paraden veranstaltet wurden.

Von seinem Volk versuchte der König der Überlieferung zufolge, alles Leid und allen Schmerz fernzuhalten, und bedachte es mit sozialen Einrichtungen. Im ganzen Land ließ Jayavarman VII. Schulen, Hospitäler und hunderte von Rasthäusern entlang der Handelsrouten für Pilger, Händler und Reisende errichten. Der Reichtum beeindruckte 1296 selbst den chinesischen Besucher Zhou Daguan. Er traute seinen Augen kaum und berichtete, dass im Land der Khmer von den Sonnenschirmen, die den Gottkönig vor den heißen Sonnenstrahlen beschützten, über Türme, Brücken, Löwen und Buddhas vieles aus purem Gold sei.

Ende der Glanzzeit

Glanz und Luxus mussten allerdings bezahlt werden, und die Ressourcen des Khmer-Reiches gingen allmählich dem Ende zu. Auch die weit gerühmte Metall- und Eisenproduktion des Khmer-Reiches konnte die Staatskassen nun nicht mehr füllen. Jayavarman VII. starb um 1220 unter bis heute ungeklärten Umständen. Nicht einmal das genaue Jahr seines Todes ist überliefert. War er leprakrank, wie die Legende besagt? Ließ er deshalb auch so viele Hospitäler bauen? Mit ihm endete die Glanzzeit der Khmer. Sein Nachfolger König Jayavarman VIII., der von 1243 bis 1295 regierte, konnte das politische Gleichgewicht nicht halten. Er wandte sich wieder dem Hinduismus zu und ließ in einer beispiellosen Aktion fast 10 000 Buddhastatuen im Land zerstören. Er baute keine neuen Tempelanlagen, sondern begnügte sich damit, sämtliche buddhistischen Tempel wieder in hinduistische umzuwandeln. Von dieser plötzlichen Rückkehr zur absoluten, gottähnlichen Monarchie sollte sich das Khmer-Reich nicht wieder erholen. Niemand musste nun mehr Tempel bauen, die Zeit der gigantischen Bauvorhaben war zu Ende, und auch das Bewässerungssystem, das den Erhalt des Khmer-Reiches bis dahin gesichert hatte, verfiel zunehmend. Wirtschaftlicher Niedergang begleitete grausame Religionskriege, und beide schwächten die Kraft der Khmer. Große Teile des alten Angkor-Reiches wurden von thailändischen und vietnamesischen Königen erobert. Ein Jahrhundert später fiel das einst so mächtige Khmer-Reich an die Siamesen, und seine prächtige Königsstadt Angkor versank für Jahrhunderte im tropischen Urwald.

Aussichtsplattform
Von der 300 m langen Elefantenterrasse verfolgten die Khmer-Könige und ihre Berater militärische Paraden und sportliche Spiele.

Dolch mit verziertem Griff
Die Khmer verfügten im 12. Jh. über eine eigene Eisenproduktion, während das Metall in Südostasien sonst aus China importiert werden musste.

Hintergrundbild: Bronzene Glocken wie diese befestigte man an den Sätteln von Elefanten. Sie sollten das Herannahen der königlichen Tiere anzeigen.

Anatolien – Seldschuken und Osmanen

Unter den Sultanen der Rum-Seldschuken erlebte Kleinasien ein goldenes Zeitalter. Nach dem Einfall der Mongolen zerfiel das Reich, und die Osmanen übernahmen die Macht.

Der marokkanische Reisende Ibn Battuta schilderte das blühende Reich der anatolischen Rum-Seldschuken voll des Lobes: „Das Land der Romäer ist eines der besten in der Welt; hier hat Gott die über andere Länder verstreuten Eigenschaften vereinigt. Seine Einwohner sind an Aussehen die hübschesten Menschen, in Kleidung die reinsten, sie haben das beste Essen und sind die freundlichsten aller Wesen Gottes." Ein anderer Chronist vermerkte über Konya, die glanzvolle Residenz der Sultane, „dass eine Stunde des Lebens in ihr besser ist als 1000 Monate in anderen Ländern".

Mit Kiliç Arslan II. übernahm 1156 ein begabter und kluger Herrscher die Regierung und knüpfte damit an die Erfolge seiner Ahnen an. Denn schon im 11. Jh., als sich die Seldschuken auf dem Boden des Byzantinischen Reiches niederließen, bewiesen sie erstaunliches Talent als Staatsgründer und Ökonomen. Die türkischen Nomaden aus der zentralasiatischen Steppe verstanden es, nach aufreibenden Jahren der Landnahme innerhalb weniger Generationen das geschundene und halb entvölkerte Land zu kolonisieren und ihm Frieden, Wohlstand und eine reiche intellektuelle und künstlerische Blüte zu bescheren.

Mysteriöser Orden
Das Bild zeigt den Ordensgründer Rumi im Kreise seiner Gefährten bei der wichtigsten Zeremonie ihres religiösen Lebens, dem kreisenden Wirbeltanz. Bis zur Ekstase ausgeführt, sollte er die Seele zu Gott führen.

Kiliç Arslan II. setzte sich nicht nur gegen seine innenpolitischen Rivalen durch, sondern brach auch die Macht der in den einzelnen Regionen herrschenden türkischen Emire und behauptete sich gegen den byzantinischen Kaiser und die großseldschukischen Machthaber im Vorderen Orient. In einer großen Schlacht bei Myriokephalon besiegte er die Byzantiner und gab damit seiner Herrschaft in Kleinasien eine feste Basis. Gegen Ende des 12. Jh. war die politische und finanzielle Lage des jungen Staatswesens so weit gefestigt, dass der erfolgreiche Sultan den Ausbau der Residenz Konya, dem ehemals byzantinischen Iconium, begann.

Fortgesetzter Aufschwung

Zwar stürzte seine Abdankung im Jahr 1186 das Reich unter seinen zahlreichen Söhnen in einen blutigen Thronkonflikt, doch mit dem jüngsten Sohn Ghiyath Ad Din Kayhusrav I. fand das Reich bald zu stabilen Verhältnissen zurück. Kayhusrav I. hatte während der Wirren einige Zeit im byzantinischen Exil verbracht und war mit einer vornehmen Byzantinerin verheiratet. Mit der Eroberung des Hafens Antalya eröffnete er nun der seldschukischen Wirtschaft den Zugang zum Mittelmeer und damit glänzende Aussichten für den Handel. Unter seinen beiden Söhnen Izz Ad Din Kai Kawus I. und Ala Ad Din Kai Kobad I. erlebte das seldschukische Kleinasien in der ersten Hälfte des 13. Jh. den Höhepunkt seiner Entwicklung.

Wahrzeichen Konyas ist der mit grünen Fayencen dekorierte Grabturm des Ordensgründers Rumi.

HINTERGRUND

Tanzende Derwische

Die Mitglieder des Ordens der Tanzenden Derwische trugen ein von Ordensgründer Rumi entworfenes Gewand. Es bestand aus einer hohen weißen Filzmütze, einem weiten ärmellosen Unterkleid, Gürtel, Jacke und Mantel.

Den ekstatischen Wirbeltanz begleiteten meist Musikinstrumente. Mit ausgestreckten Armen, den Kopf im Nacken zurückgelehnt und Gebete rezitierend, drehten sich die Tänzer so lange auf der Stelle, bis sie in Trance fielen. Die kreiselnden Bewegungen sollten den Lauf der Himmelskörper nachahmen und die Seele dem Rhythmus des Universums zuführen.

Die Derwische, die zahlreiche Klöster gründeten, genossen im Volk hohes Ansehen und weigerten sich stets, irgendeine Autorität außer Allah und ihrem Ordensoberen anzuerkennen. Der Orden wurde 1927 verboten.

Die wohl wichtigsten Maßnahmen der Seldschuken-Sultane galten der Wiederbelebung der Landwirtschaft und der Förderung des Handels. In den verödeten Landstrichen hielten sie die Bauern dazu an, wieder Obst und Gemüse anzubauen. Selbst der unfruchtbare Steppengürtel um Konya erblühte dank zahlreicher Bewässerungsmaßnahmen. Die Eroberung zweier weiterer Seehäfen, Sinop am Schwarzen Meer und Alanya am Mittelmeer, beflügelten den Transithandel durch Kleinasien. In Sinop trafen die Schätze Russlands ein: Pelze wie der wertvolle Hermelin, Baumwollstoffe, Seide und Rohstoffe wie Kobalt, dazu Sklaven aus dem Kaukasus und Vollblutpferde aus Georgien. Alanya dagegen öffnete das Tor zum Westen.

Schlaue Investitionen

Sultan Kai Kobad I. schloss ein vorteilhaftes Handelsabkommen mit den Venezianern, die Edelsteine, Perlen, Gold- und Silberbarren sowie Getreide zollfrei ein- und ausführen durften, für alle anderen Waren aber eine Abgabe von 2,5 % zu leisten hatten. Über das Mittelmeer trafen Tuche aus Narbonne, Seide aus der Lombardei und Goldfäden für die Tuchstickerei aus Zypern ein, und an jedem Geschäft verdiente der Sultan über die Hafensteuer kräftig mit. Kai Kobad I. investierte das gewonnene Geld in den Ausbau der Infrastruktur und beauftragte Abu Ali, einen Syrer aus Aleppo, mit dem Ausbau der Hafenanlage in Alanya, die im gesamten Mittelmeerraum ihresgleichen suchte. Herzstück der neuen Hafenmauer war eine mächtige Bastion, der achteckige Rote Turm.

Das Befestigungssystem schützte die einzigartige Schiffswerft im Hafen. Sie erstreckte sich tunnelartig bis zu 80 m tief in den Felsen, sodass hier, abgeschirmt vor den Blicken neugieriger Fremder, in fünf überwölbten Galerien Schiffe gebaut und gelagert werden konnten. Der Hafen von Alanya stieg zum wichtigsten Flottenstützpunkt der Seldschuken auf. In der belebten Handelsstadt gaben sich Griechen, Juden, Provenzalen und Italiener ein buntes Stelldichein, hier verbrachte der Sultanshof die Wintermonate.

Reisekomfort

Die an den Schnittpunkten des Ost-West-Handels gelegenen Städte Konya, Siwa und Kayseri blühten infolge der regen Handelstätigkeit ebenfalls rasch auf. Die Sultane bemühten sich sehr, die alten Karawanenstraßen auszubessern, alte Brücken zu erneuern und neue, mächtige Steinbrücken zu bauen.

Um Sicherheit und Bequemlichkeit auf den Landstraßen zu heben, ließen sie im Abstand von etwa 30 km große Karawansereien erbauen. Die meist prächtig und geräumig ausgestatteten Gebäude glichen kleinen Palästen. Schon von weitem erkannte der Reisende sie an ihrem mächtigen, festungsartigen Mauerwerk und dem mit reichen Reliefs verzierten Haupttor. Innen boten die Karawansereien den reisenden Kaufleuten alles, was sie brauchten. Eine Moschee mit Brunnen für das Gebet und die rituellen Waschungen, Lagerräume für die Waren, Ställe für Kamele und Pferde, Kaffeestube, Badehaus, Reparaturwerkstätten und Schlafsäle. Die Unterkünfte der Tiere waren geradezu

Interessant und vergnüglich
Die Sultane waren den Naturwissenschaften gegenüber aufgeschlossen und interessierten sich für technische Fragen und Probleme der Mechanik.

luxuriös. Man brachte sie in einem langen Hallenbau samt Seitenschiffen unter, den eine Kuppel überwölbte.

Der Handel füllte die Kassen der Sultane, sodass sie sich ein aufwändiges Luxusleben gönnen konnten. Hatte Kiliç Arslan II. noch wie ein Stammeshäuptling alten Stils regiert, pflegten seine Nachfolger eine prunkvollere Hofhaltung nach Art der persischen Monarchen. Krönungsfeierlichkeiten, militärische Erfolge oder andere Festlichkeiten beging man nun am seldschukischen Hof mit großem Pomp.

Bei Festgelagen folgte die Sitzordnung der Gäste einer strengen Rangfolge, der Sultan speiste gesondert. Riesige Mengen Lamm- und Ziegenfleisch, Wild und Geflügel trugen die Dienstboten bei diesen Gelegenheiten auf. Das Tischgeschirr zierten Ornamente und Juwelen, Spiele und Puppentheater rundeten jedes Fest ab. Für die verwöhnten Sultane war das Beste gerade gut genug. Sie liebten Gewürze und Zucker aus Ägypten, Moschus und Aloesaft aus Mesopotamien. Für ihre Turbane kamen nur feine, leichte Wollstoffe aus Bagdad infrage, für die Kleidung nur chinesische Seide. Ihre ganze Leidenschaft gehörte Juwelen, die sie sich aus Zentralasien bringen ließen.

Um standesgemäß residieren zu können, bauten die Sultane ihre Städte und Residenzen prachtvoll aus. Die fast komplett zerstörten Paläste auf weitläufigem Terrain bestanden aus mehreren würfelartigen Gebäudekomplexen, den so genannten Kiosken. Die von Kai Kobad I. am Beyşehirsee gegründete Palaststadt besaß einen eigenen Wildpark.

INTERESSANTE ARCHITEKTUR

Das Hauptaugenmerk der Sultane lag aber auf dem Moscheebau. Hier kam es zu einer eigenwilligen anatolischen Entwicklung. Die islamischen Architekten errichteten als

Sicherer Übergang
Um den Handelsreisenden strapaziöse Furten zu ersparen, ließen die Seldschuken-Sultane zahlreiche Steinbrücken erbauen wie diese bei Erzurum .

Ort der Gelehrsamkeit
In den Medresen unterrichteten die islamischen Gelehrten neben Theologie und islamischem Recht auch Medizin und andere Naturwissenschaften.

Gebetsstätten einen Langhausbau mit Seitenschiffen, der ein wenig einer christlichen Basilika glich. Den vorher offenen Innenhof der Moschee überwölbten sie des rauen Klimas wegen mit einem Flachdach, später mit einer Kuppel. Innen kleidete man sie mit glasierten Ziegeln oder Fliesen aus. Das Deckengewölbe stützte ein wahrer Wald von Pfeilern und schlanken Säulen ab: In der Ala-Ad-Din-Moschee von Konya fanden 42 Säulen antiken Ursprungs eine neue Verwendung, die Moschee von Siwa enthielt sogar 90 Säulen. Als charakteristisches Merkmal der Moschee trat seit dem 13. Jh. das schlanke Minarett hinzu.

Neben der Moschee bildete die Medrese, die islamische Hochschule, das Zentrum des geistlichen Lebens in der Stadt. Etwa 68 dieser Schulen gründete man bis 1300 in Anatolien. Die Lehrräume und Unterkünfte der Schüler und Lehrer gruppierten sich um einen viereckigen, oft überdachten Innenhof. Eine ganze Reihe sozialer Einrichtungen wie Hospitäler, Waisen- und Altenheime konnten den Medresen angeschlossen sein. Ihre prächtig mit Reliefs und Fayencemosaiken verzierten Portale und Kuppeln machten die Orte der Gelehrsamkeit zur Augenweide. Im Dekor mischten sich dabei reizvoll persische, syrische und armenisch-georgische Kunstelemente.

Eigener Geschmack

Wie unideologisch die seldschukischen Sultane mit fremden Kunsteinflüssen umgingen, zeigt auch die unter Kai Kobad I. errichtete Stadtmauer von Konya mit ihren 108 Türmen: Bedenkenlos ließ er in sie Skulpturen aus antiker Zeit integrieren. Ein Denkmal ihrer selbst hinterließen die Seldschuken-Sultane mit ihren turmartigen Grabmälern, den Türben. Diese kuppelgedeckten, zweigeschossigen Grabtürme verzierte man reich mit Inschriften sowie Pflanzen- und Tiermotiven, obwohl Letztere im Islam an sich verboten waren. Die große Königstürbe der Ala-Ad-Din-Moschee in Konya enthielt die fayencegeschmückten Sarkophage von insgesamt acht Sultanen.

Anzeichen von Unruhe

Je größer der sie umgebende Prunk ausfiel, umso weiter entfernten sich die Sultane von ihren nomadischen Stammeswurzeln und damit auch vom Großteil ihres Volkes. Wanderprediger aus Persien sorgten immer wieder für Unruhe unter den Bewohnern Kleinasiens, da nicht alle gleichermaßen vom Wirtschaftsaufschwung profitierten. Heilige Männer und bettelnde Pilger riefen das Volk zum Widerstand gegen die Sultansmacht auf.

MULTIKULTURELLE EINFLÜSSE AUF DIE RELIGION

Als besonders charismatischer Prediger tat sich der um 1200 aus Khorasan eingewanderte Ilyas hervor, den viele bald als Messias und Gottesgesandten verehrten. Sein Schüler Baba Ishak beließ es nicht bei selig machenden Worten, er stachelte das Volk zur Rebellion an. Er forderte die Menschen auf, im Westen ein besseres Leben zu suchen, als es ihnen ihre Heimat bot. Der Aufstand griff rasch um sich und erreichte die wichtige Handelsstadt Siwa. Sultan Kayhusrav II. sah sich gezwungen, Truppen einzusetzen, die mit äußerster Brutalität die Rebellion niederwarfen. Er ließ Baba Ishak mit seinen Anhängern hinrichten und ihren Besitz unter den Soldaten aufteilen.

In Kleinasien mischten sich viele Religionen, und so bildete sich Mitte 13. Jh. die Bewegung des Haçi Bekta. Sie mischte antike, buddhistische und christliche Elemente mit dem Islam. So übernahmen die Anhänger vom Christentum Beichte, Absolution und Zölibat. Vermutlich dürfte diese Anpassung die Missionsarbeit unter den Christen erleichtert haben.

Eine weitere sich vom ursprünglichen Islam zunehmend entfernende Gruppierung entstand mit dem Mewlana-Orden der Tanzenden Derwische. Der Ordensgründer Dschelal Al Din Rumi stammte aus Balkh in Afghanistan, hatte an den Hochschulen von Konya, Aleppo und Damaskus studiert und hing dem Sufismus an. Diese mystische Strömung innerhalb des Islam strebte danach, Gott in einer Ekstase näher zu kommen. In Konya gründete Rumi Mitte des 13. Jh. den straff geführten Orden der Tanzenden Derwische. Auch dieser Orden integrierte christliche und buddhistische Einflüsse. Er breitete sich rasch in ganz Anatolien aus und zog zahlreiche wohlhabende, auch verheiratete Männer an.

GEFAHR AUS DEM OSTEN

1243 schlug die Schicksalsstunde der Seldschuken: Weit im Osten hatten die Mongolen begonnen, sich ein Weltreich zu erobern. Seit geraumer Zeit brachen Flüchtlingsströme nach Kleinasien ein und verbreiteten mit ihren Schreckensberichten über die gewalttätigen Mongolen Angst und Furcht im Land. 1241 eroberten die Mongolen die Stadt Erzurum im Osten des Seldschuken-Reiches. Zwei Jahre später erschienen sie erneut, doch nun trat Sultan Kayhusrav II. dem gefährlichen Feind mit einem 80 000 Mann starken Heer entgegen.

Die Seldschuken verloren die Schlacht. Ihr gesamter Tross mit dem Zelt des Sultans fiel in die Hände der Mongolen, die plündernd weiter nach Kayseri zogen. Panik verbreitete sich im Land, der Sultan wurde ermordet. Um das einst blühende Reich nicht völlig in Chaos und Anarchie versinken zu lassen, zeigten sich die Mongolenfürsten damit einverstanden, die Seldschuken-Dynastie unter ihrem Protektorat zu erhalten. Sie stellten den nominell amtierenden Sultanen allerdings einen ihnen treu ergebenen Verwalter zur Seite. Dieser *pervane* übte die faktische Macht aus.

So sanken die einst mächtigen Seldschuken-Sultane zu Marionetten der im Iran ansässigen mongolischen Ilkhane herab. Nicht jeder Sultan wollte sich damit abfinden: Kiliç Arslan IV. wurde, als er die Herrschaft des *pervane* abschütteln wollte, kaltblütig ermordet. Unaufhaltsam zerfiel das Reich. Turkmenische Dynastien übernahmen die Macht in verschiedenen

Eigenwillige Keramik Die Seldschuken waren Meister des ornamentalen Dekors. Diese Wasserkanne trägt den Kopf eines Hahnes, der Bauch des Gefäßes ist mit fein modelliertem Flechtwerk übersät.

Hintergrundbild: Obwohl der Islam Menschendarstellungen verbietet, bildete die Kunst der Seldschuken auch Personen ab. Sie beweisen die Offenheit der Auftraggeber für fremde Kultureinflüsse.

Selbst ernannter Herrscher
Osman I. wurde 1299 zum Sultan ausgerufen und regierte bis 1326. Er gab der Dynastie der Osmanen ihren Namen.

Regionen, und eine von ihnen, die Karamaniden, eroberte 1308 Konya und setzte damit endgültig den Schlussstrich unter die Epoche der Seldschuken.

Ein Grossreich wirft seine Schatten voraus

In den Trümmern des untergegangenen Reiches regte sich bald neues Leben. Unter den selbständigen Kleinstaaten, die das Machtvakuum nach dem Untergang der Seldschuken-Dynastie füllten, ragte der des Oghusenführers Ertogrul hervor. Der einstige Vasall der seldschukischen Sultane erhielt zum Dank für seine Unterstützung gegen die Mongolen die Region um Sögüt nordwestlich von Eskişehir. Hier, in der alten Landschaft Bithynien im Nordwesten Kleinasiens, sollte sich der Aufstieg der Dynastie der Osmanen vollziehen.

Ertogruls Sohn Osman I. erfocht 1301 einen glänzenden Sieg gegen seine byzantinischen Nachbarn. Im Osten konnte er seinen Machtbereich erweitern, als die Macht der Ilkhane nachließ. 1326 versuchten diese zum letzten Mal, ihre Herrschaft über Kleinasien zu festigen, und bei dieser Gelegenheit eroberten die Osmanen die byzantinische Festung Bursa. Osmans Wunsch, in der von ihm jahrelang belagerten Stadt begraben zu werden, erfüllte ihm sein Sohn Orhan, indem er den Leichnam des Vaters in seine neue Hauptstadt überführen ließ.

Orhan wurde zum eigentlichen Begründer des Osmanischen Reiches, denn er trieb die Erweiterung des Territoriums sowie den inneren Aufbau seines jungen Staatswesens voran. Zur wichtigsten innenpolitischen Stütze entwickelte sich der Islam. Orhan gründete zahlreiche islamische Institutionen, die nicht allein dem Seelenheil dienten, sondern soziale Dienste als Armenküchen oder Krankenhäuser versahen und damit dem verödeten Land wieder soziale und religiöse Mittelpunkte gaben. In Bursa errichtete er eine große Moschee. Die neuen Herrscher bewiesen sich in der Architektur als würdige Nachfolger der Seldschuken und entwickelten aus den Bauformen ihrer Vorgänger einen eigenen osmanischen Stil.

„Der Sultan Orhan Beg ist der Mächtigste unter den Königen der Turkmenen", berichtete ein Zeitgenosse. „Er hat die reichsten Schätze, die meisten Städte und Soldaten. Er besitzt beinahe 100 Festungen …" Die Wiederbelebung der alten, schon in byzantinischer Zeit gepflegten Seidenraupenzucht bescherte Bursa Wohlstand, es stieg zu einem Wirtschaftszentrum ersten Ranges auf.

Osmanen vor Byzanz

Den Kernpunkt von Orhans Politik bildete die Reorganisation des Heeres. Herzstück der schlagkräftigen stehenden Armee war das aus christlichen Kriegsgefangenen bestehende Janitscharen-Corps. Mit dieser ihm bedingungslos ergebenen Truppe eilte Orhan von Sieg zu Sieg. Zugute kam ihm dabei die Agonie des Byzantiner-Reiches, denn Bürgerkriege verhinderten die effektive Gegenwehr der Kaiser von Konstantinopel. 1331 eroberte der türkische Sultan Isnik – den alten christlichen Konzilort Nizäa – wenig später İzmit, das bedeutende Nikomedia.

Der Ausbruch der verheerenden Beulenpest lähmte schließlich den letzten Verteidigungswillen des Kaisers. Orhan überquerte als erster Osmane die Dardanellen und betrat europäischen Boden. Es sollte nicht das letzte Mal bleiben. Der lateinische Westen sah sich mit einer ganz neuen Macht an seiner Ostflanke konfrontiert. Das Osmanische Reich drohte in den folgenden Jahrhunderten mehrmals Europa zu überrennen.

Japan – die Shogune übernehmen die Macht

Minamoto Yoritomo vollzog als erster Shogun in Japan den Wandel vom Kaiserreich zum feudalen Militärstaat. Er schuf eine neue Herrschaftsform, die für viele Jahrhunderte die Politik des Inselstaats bestimmen sollte.

Als am 25. April 1185 der japanische Feldherr Yoritomo aus der Familie Minamoto den glorreichen Sieg in der Seeschlacht bei Dannoura davontrug, begann für Japan ein neues Zeitalter. Während der japanische Kaiserhof in Kyoto im Luxus zu ersticken drohte, war unbemerkt eine rebellische Kraft im Japan des 12. Jh. herangewachsen. Nun hatte die Kaste des Kriegeradels, zu der auch die Minamotos gehörten, völlig überraschend militärisch mobil gemacht und zum Schlag gegen die höfische Dekadenz ausgeholt. Mit einigen vom Kaiserhof verstoßenen Adligen schmiedete die neue Gesellschaftsschicht der – auch *bushi* genannten – Kriegerklasse ein völlig neues Herrschaftsmodell und setzte vor den nördlichen Inseln von Kyushu der prunkvollen Kaiserzeit ein Ende.

MINAMOTO NUTZT DIE SCHWÄCHEN DER ANDEREN SEITE

Dabei hatten die Widersacher des Hofes leichtes Spiel. Der Minamoto-Clan war mit militärischen Genies wie Yoritomos Cousin Yoshitsune Minamoto gesegnet: Er ging aus fast jeder Schlacht siegreich hervor. Sein

Neue Herrscher – neue Kleider
Die Kamakura-Shogune verabscheuten Pracht und Luxus. Traditionell kleideten sie sich in strenges Schwarz und unterstrichen damit die asketische Lebenshaltung der Kriegerkaste.

Kämpfer aus anderer Welt
Die Samurai genossen eine lange Ausbildung, bevor sie den Umgang mit Waffen und die unbewaffnete Kampftechnik des Jiu-Jitsu beherrschten. Kunstvoll verzierte Rüstungen stellten den Rang des Samurai dar. Die grimmige Kriegermaske sollte den Feind vor dem Duell einschüchtern.

militärisches Geschick lieferte Stoff für hunderte Legenden, die ihn als tapferen Kriegshelden schildern. Seine Kampftaktik galt als spitzfindig und verschlagen.

Auf der anderen Seite hatten sich die rivalisierenden Herrscherfamilien der bis 1185 währenden Heian-Zeit namens Fujiwara und Taira durch ein Gewirr von Kompetenzen zwischen Kaiser und Mitregenten selbst schachmatt gesetzt. Es war also nur eine Frage der Organisation, die herrschende Adelsklasse und ihren ergebenen Beamtenapparat in die Knie zu zwingen. Minamoto Yoritomo lebte von 1147 bis 1199. Er wollte den kaiserlichen Absolutismus durch einen Feudalstaat ersetzen, als erster Shogun Japans in die Geschichte eingehen und scheute kein Mittel, um dieses Ziel zu erreichen: Kaltblütig schaffte er alle Mitglieder seiner Familie aus dem Weg. Sogar seinen ruhmreichen Cousin Yoshitsune schickte er aus Angst vor dessen Machtzuwachs 1189 in den Tod.

Die Gewalt regiert

Yoritomo scharte die fähigsten Krieger des Landes um sich. Kaum an der Macht, mischte er die japanischen Besitzverhältnisse mithilfe eifriger Militärgouverneure neu. Er enteignete die reichen Familien der Taira und Fujiwara, verjagte sie oder ließ sie in brutalen Scharmützeln ermorden. Das Kriegerepos *Heike Monogatari* aus dem 13. Jh. schildert, wie erbarmungslos im blutigen Krieg der Samurai-Clans Minamoto gegen seine Gegner vorging. Den Text verbreiteten überall im Land blinde Mönche.

In Kamakura, einem sumpfigen Dorf, weit entfernt von Kyoto, baute Yoritomo eine eigene Verwaltung auf und setzte dann in allen Provinzen Militärgouverneure ein, die von regionalen Verwaltern *jito* und Polizisten *shugo* vertreten wurden.

Japan war auf dem Weg zum Militärstaat. Auf dem Gipfel seiner Macht setzte Yoritomo 1192 schließlich Exkaiser Go-Shirakawa die Pistole auf die Brust und erzwang seine Ernennung zum ersten Militärregenten, zum Shogun. Wörtlich übersetzt bedeutet Shogun „Besieger der Barbaren" oder „großer General". Damit degradierte der Kaiser in Kyoto sich selbst zur Marionette, und die Shogune übernahmen für die nächsten 700 Jahre die Macht auf dem Inselstaat.

Revolutionärer Wandel der gesellschaftlichen Verhältnisse

Im damals noch wilden Osten Japans lag Kamakura, die Zentrale der Minamoto-Regierung. Hier residierten zwischen 1192 und 1333 die Shogune der Kamakura-Zeit. Die Japaner nannten dieses erste Shogunat, das zunächst den Haushalt und später den Verwaltungsapparat des Shoguns bezeichnete, auch *bakufu*. Damit waren die riesigen Feldquartiere der ersten Shogune gemeint, denn wörtlich bedeutet *bakufu* „Regierung vom Zelt". Später bezog man den Begriff auf die militärische Regierungsform der frühen Shogune, weshalb das erste Shogunat Japans auch Kamakura-Bakufu genannt wird.

Yoritomo teilte nach seiner Machtübernahme das Land in so genannte *shoen* ein, die etwa den Lehen des europäischen Mittelalters entsprechen. Das Feudalsystem sollte die Grundherren gegen den Widerstand des Volkes schützen und Streitigkeiten unter den Adligen verhindern oder beilegen, denn ähnlich wie im feudalen Europa regelte ein System aus Rechten und Pflichten die Beziehungen zwischen den Adelsherren und ihren Gefolgsleuten, den Bauern. Es garantierte Recht und Ordnung sowie die Heeresfolge im Kriegsfall.

Als Kontrollbehörde war das Mandokoro zuständig für die Regierungspolitik sowie die Eintreibung von Steuern. Das Monchujo übernahm in höchster Instanz Rechtsprechung und Gesetzgebung, und als wichtigstes Organ kontrollierte die Militärbehörde Samurai-Dokoro alle Privilegien und Verpflichtungen des Heeres.

Östliches Ritterideal

Mit dem Shogunat Yoritomos stieg die ehemalige Dienerschaft des Kaisers zur legendären und politisch bestimmenden Kriegerkaste der Samurai auf. Die adligen Ritter des Fernen Ostens beherrschten sämtliche damals bekannten Waffentechniken. Tugenden wie Mut, Tapferkeit, Treue gegenüber dem Lehnsherrn und die Befolgung der buddhistischen Lehren gehörten zum Ehrenkodex der Samurai-Kaste. Erst wenn ein junger Mann die praktischen Regeln sowie die Pflicht zur Blutrache und die Bereitschaft zum Selbstmord begriffen hatte, durfte er sich Samurai-Krieger nennen. Dieser musste ruhig wie der Wald, unbewegt wie der Berg, kalt wie der Nebel, schnell im Entschluss wie der Wind und im Angriff heftig wie das Feuer sein.

Intelligente Rüstung

Selten traten die Samurai-Armeen gegen ausländische Feinde an, denn der Ozean schützte die Insel Japan. Clanfehden klärte man meist durch blutige Duelle. Dabei standen sich die Samurai in ihren Angst einjagenden Rüstungen kalt und unberechenbar gegenüber. Anders als europäische Ritterrüstungen, die mit fast 35 kg schweren Panzern ihre Träger in steife Puppen verwandelten, war die Samurai-Rüstung beweglich und leicht. In Windeseile stiegen die japanischen Krieger ohne Hilfe in den Sattel, rannten, sprangen, kletterten und konnten sogar damit schwimmen. Kein Wunder, denn die flexiblen Rüstungen aus kombinierbaren Einzelteilen und verschiedenen Materialien – Leder, Metall, Seide, Bambus – wogen gerade einmal 12 kg. Keinesfalls durfte ein Krieger den

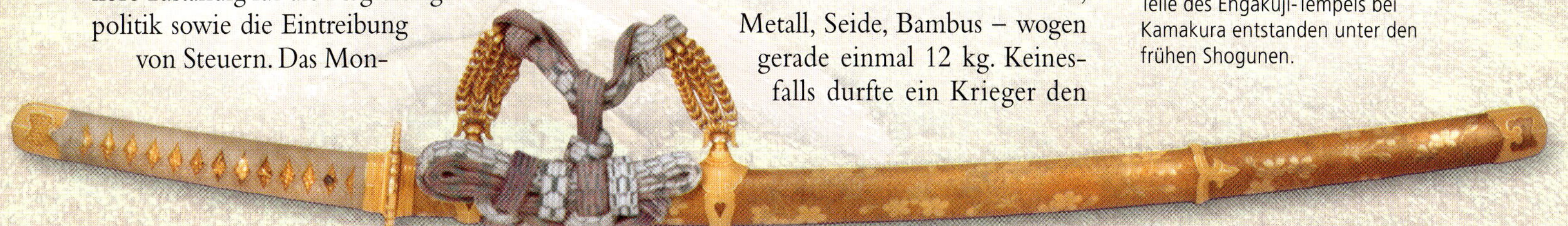

Samurai-Schwert:
Das typische Samurai-Schwert *tachi* hatte eine bis zu 1,2 m lange gekrümmte Klinge. Prunkschwerter wie dieses trug man, mit Schnüren am Gürtel befestigt, auf der linken Seite. Das *tachi* hatte einen überlangen Griff, sodass es auch mit beiden Händen geführt werden konnte.

Hintergrundbild:
Teile des Engakuji-Tempels bei Kamakura entstanden unter den frühen Shogunen.

Bereits erleuchtet
Bodhisattvas standen dem menschlichen Diesseits näher und verkörperten die Vorstufe der Buddhawerdung. Der schon erleuchtete Kannon half den Menschen auf ihrem Weg zur Erlösung.

eisernen Genickschutz vergessen, der unter dem prunkvollen Helm saß. Denn nach den grausamen Kampfregeln jener Zeit galten die gegnerischen Köpfe als Siegestrophäen, und man stellte sie nach der Schlacht in der Kopfschau *kubijkken* aus. Bis dahin band der Samurai sie in netzartigen Schädelbeuteln *kubi bukuro* am Sattel seines Pferdes oder an der Rüstung fest. Je hochkarätiger der getötete Feind, desto höher fiel am Ende die Belohnung aus. Beschämend und überaus schmerzhaft dazu wurde es, wenn ein Samurai versehentlich Köpfe von Verbündeten vorzeigte. Ein solches Eigentor hatte die Abtrennung eines Fingers von seiner rechten Hand zur Folge.

HINTERGRUND

Kamikaze – göttlicher Wind

In der Kamakura-Zeit erlebte Japan die erste Invasion aus dem Ausland, als zweimal die in China herrschenden Mongolen mit einer übermächtigen Flotte vor den Inseln Kyūshū und Tsushima auftauchten.

Beide Male kam den Japanern die Natur zu Hilfe, denn beide Male fegte ein Sturm mit tosender Gewalt über die Feindesflotte und zerstörte etwa ein Drittel ihrer Streitkräfte. Diese beiden Glück bringenden Taifune bezeichnete man als göttliche Winde *kamikaze*. Noch heute glauben die Japaner nicht an einen Zufall. Sie sind überzeugt, dass ihre Inseln von göttlichen Mächten beschützt werden.

Die Selbsttötung als höchste Form der Ehre

Das Schwert, die wichtigste Waffe des Samurai, verkörperte für ihn die Werte seiner Kaste. Ein Gesetz besagte gar, das Schwert sei die Seele des Samurai. Wer es verliert, sei entehrt und müsse streng bestraft werden. Die Hauptwaffe des Kriegers in der Kamakura-Epoche hieß *tachi*, das „Lange". Daneben führte ein Krieger immer einen kleinen Dolch bei sich. Mit ihm vollzog er vor einer drohenden Verhaftung oder Hinrichtung die düsterste Ehrenpflicht: das Seppuku. Bei dieser Art des Selbstmords – in manchen Gegenden Harakiri genannt – saß der Krieger mit gekreuzten Beinen auf dem Boden, entblößte den Leib, stieß sich das *wakizashi* in den Bauchraum und verblutete in Sekundenschnelle.

Yoritomo hatte zwar dafür gesorgt, dass der Titel des Shoguns erblich wurde. Doch dann verbrachte er zu viel Zeit mit der Ausbildung seiner Krieger und versäumte es, einen eigenen starken Nachfolger heranzuziehen. Seinen Söhnen fehlte sowohl der Kampfgeist des Vaters als auch die taktische Raffinesse ihrer Mutter Masako. So endete die Herrschaft des Kriegerclans der Minamoto mit dem Tod Yoritomos 1199.

Zunächst übernahm seine Witwe Masako aus dem Stamm der Hojo die Macht. Man nannte sie Nonnengeneral, da sie nach dem Tod ihres Mannes in den Nonnenstand eintreten musste, aber bis zu ihrem Tod 1225 politisch aktiv blieb. Obwohl der Titel des Shoguns an den Fujiwara-Clan ging, übernahm mit Masako der Clan der Hojo die eigentliche Macht: Sie standen für die nächsten 100 Jahre an der Spitze des *bakufu* und kratzten gewaltig an der Herrschaft der nominellen Shogune. Als Regenten *shikken* beherrschten sie die Provinzpolitik, während machtlose und oft minderjährige Kinder das bedeutungslose Amt des Shoguns bekleideten. Der aufstrebende neue Ritterstand der Daimyos vertrat die Hojo in den Provinzen. Letztendlich trugen ihr militärisches Geschick und ihre Offenheit für neue religiöse Strömungen in Japan dazu bei, dass die einst unbedeutenden Hojo zu einer angesehen Herrscherfamilie aufstiegen.

Viele Wege führen ins Paradies des Reinen Landes

Im 12. Jh. breiteten sich neue Formen des Buddhismus über das Land aus und genossen unerklärlichen Zulauf. Einer der ruhmreichen Meister Japans, Honen Shonin, lebte zwischen 1133 und 1212. Die meiste Zeit verbrachte der Gründer der „Sekte des Reinen

Landes“ damit, aus eigener Kraft und auf die eigenen Fähigkeiten vertrauend nach Erlösung zu streben. Das Reine Land bezeichnete das Paradies, und sein populärer Wächter-Buddha Amida, Herr des Lichtes, gehört zu den am häufigsten dargestellten Gottheiten Japans. Bald erkannte Honen Shonin, dass die verdorbene und sündhafte Menschheit nur durch die Kraft Buddhas und die Bodhisattvas erlöst werden kann. Also lehrte er die Gläubigen, wie man allein durch die Anrufung des Namens von Buddha Amida in dessen Reinem Land als ein Buddha wiedergeboren werden kann. Es genügte, regelmäßig und mit zwingender Ernsthaftigkeit, einfache Glaubenssätze wie „Gelobt sei Buddha Amida“ aufzusagen. Regelmäßig bedeutete allerdings sehr oft: Honen Shonin selbst soll die Worte bis zu 70 000-mal am Tag wiederholt haben.

DIE TÜR STEHT ALLEN OFFEN

Sein Schüler Shinran sah den Weg der Erlösung weitaus radikaler. Er hatte 20 Jahre in der Provinz Hitachi unter Bauern gelebt und die Armut des Volkes kennen gelernt. Hier sah er, wie Menschen, um zu überleben, Jagd und Fischfang treiben mussten und so die für jeden Buddhisten größte Sünde begingen, indem sie Lebewesen töteten. Shinran schloss aus dieser Erfahrung, dass nicht beten, sondern allein die Gnade Buddhas zur Erlösung führt. Er gründete die „Wahre Schule des Reinen Landes“ und predigte den Glaubenssatz: „Kommt der gute Mensch ins Paradies, dann der schlechte erst recht.“ Es wundert kaum, dass sich dieser Glaubensrichtung zahlreiche Menschen anschlossen, versprach sie doch, alle Menschen zu retten. Die Glaubenssätze beeindruckten natürlich besonders die Mitglieder der Samurai-Kaste, denn sie halfen, dem ständig drohenden Tod gefasst ins Auge zu sehen. Außerdem stand auch ihnen die Erlösung offen trotz ihrer unermesslichen Sünden.

Der Zen-Buddhismus fand in der Kamakura-Zeit ebenfalls großen Zulauf unter den Samurai. Sie konnten in den Praktiken der Meditation äußerste Konzentration und Gelassenheit üben, um im Kampf nicht zu versagen. Unter den Regenten des Hojo-Clans befanden sich mehrere glühende Anhänger des Zen-Buddhismus. So gab Hori Tokiyori nach 10-jähriger Herrschaft 1256 offiziell die Regentschaft ab und ging als Mönch ins Kloster.

Das unendliche Licht
Bei Darstellungen eines sitzenden Buddhas handelt es sich meist um den Buddha Amida. Er stellt das unendliche Licht dar, das die Gläubigen im Angesicht ihres Todes ins Paradies des Reinen Landes führt. Die zweitgrößte Buddha-Statue Japans, der bronzene Daibutsu, ist fast 12 m hoch und wurde 1252 in Kamakura errichtet.

Berittene Mönche
Die Mönche und Priester der „Reinen-Land-Sekte" zogen sich nicht wie die strengen Zen-Mönche in abgelegene Klöster zurück, sondern ritten als Wandermönche durchs ganze Land und predigten den Bauern die Lehren der buddhistischen Tradition.

Schachtel für die Elite
Die vier traditionellen Schreibutensilien Papier, Pinsel, Tusche und Tuschreibestein bewahrte man in kostbar lackierten Holzkästen auf. Diese schlichten Objekte mit eingestreutem Golddekor verwendete vor allem die Adelsschicht.

Mitte des 13. Jh. erschütterte Japan eine Welle von Katastrophen. Über eine große Hungersnot im Jahr 1231, ein Erdbeben 1257 und tödliche Epidemien 1259/60 schlitterte die Hojo-Regierung in eine schwere Krise, zumal die Regenten Menschenhandel im großen Stil und eine hohe Kriminalität nicht in den Griff bekamen.

Unheilvolle Visionen

Unterdessen verbreitete ein Mönch namens Nichiren unheilvolle Visionen, mit denen er sogar beinahe Recht behalten sollte. Der 1222 in einem kleinen Fischerdorf nahe Kyoto geborene Nichiren vertrat eine klare und einfache Lehre. Sie beruhte auf einer einzigen heiligen Schrift, dem *Lotos-Sutra*.

Er forderte die Vereinigung aller bis dahin bestehenden buddhistischen Strömungen – ansonsten, so warnte er die japanischen Fürsten, werde Japan eine Invasion fremder Völker bevorstehen. Und genau das sollte passieren. Der Mongolenherrscher Kublai Khan forderte Japan mehrfach zur Aufnahme diplomatischer Beziehungen mit Peking auf, doch die Hojo-Regierung unter Tokimune ignorierte ihn gleichgültig. Daraufhin startete der aufgebrachte Enkel Dschingis Khans eine militärische Offensive. Anfang Oktober 1274 landete sein Heer mit etwa 900 Schiffen und 33 000 Mann auf den japanischen Inseln Tsushima und Oki.

Unerwartete Hilfe

Die im Einzelkampf geübten berittenen Samurai hatten gegen die Gruppentaktik des mongolischen Fußheers und ihre Feuerwaffen keine Chance. Alles deutete auf eine schmerzhafte Niederlage der Japaner hin. Doch als sich die Mongolenkrieger nachts auf ihre Galeeren zurückzogen, kamen den Japanern plötzlich einsetzende starke Stürme zu Hilfe und versenkten mehr als 200 der nicht sonderlich seetüchtigen Schiffe. Auch beim zweiten Mongolenangriff 1281 war die Gunst des Wetters auf Japans Seite, erneut verhinderte ein Taifun den Erfolg der mongolischen Invasoren. Der Schrecken saß allerdings tief, und die nun von der Hojo-Regierung initiierte nationale Aufrüstung stürzte sie in den finanziellen Ruin.

Der Mongoleneinfall kostete die Japaner zahlreiche Menschenleben und Unmengen von Geld. Die Kriegerkaste erlitt große Verluste und verlangte nach einer angemessenen Entschädigung. Als die Hojo ihre Günstlinge nicht mehr bezahlen konnten, machte sich Unzufriedenheit und Widerstand gegen die Regierung in Kamakura breit. Streitigkeiten innerhalb des Hojo-Clans schwächten die Regenten zusätzlich.

VERDREHTE VERHÄLTNISSE

Fern am Hofe in Kyoto sahen Kaiser Go-Daigo und seine Verbündeten ihre Stunde schlagen, zumal der amtierende Hojo-Regent Takatoki seine Zeit lieber mit Vergnügungen als der Politik verbrachte. Da er besonders an Hundekämpfen Gefallen fand, trug er den Spitznamen „Der Hunderegent". Nach mehreren durch heimtückischen Verrat vereitelten Umsturzplänen kehrte Kaiser Go-Daigo 1331 aus der Verbannung zurück. Nun nahmen die Unruhen den Charakter eines landesweiten Volksaufstands an. Alle großen Familien rebellierten gegen die Hojo-Regierung. Der Kaiser startete eine große Restauration seiner früheren Macht und setzte umgehend seinen Sohn Prinz Morinaga zum Shogun ein.

1333 nahmen die Aufständischen Kamakura ein und verwandelten die Stadt in ein gewaltiges Flammenmeer. Die Demütigung der Gefangenschaft vor Augen, zogen sich die Hojo-Führer auf den Friedhof des Tosho-ji-Tempels zurück, zückten ihre Dolche und begingen in einer spektakulären Gemeinschaftsaktion, einer nach dem anderen, feierlich Selbstmord. Diese Tat bedeutete zugleich das Ende des Kamakura-Shogunats und den Untergang des Hojo-Clans.

Kaiser Go-Daigo übernahm sofort die Regierungsgeschäfte. Dieser Entwicklung stand der Adlige Ashikaga Takauji besonders skeptisch gegenüber. Der mächtige Feudalherr aus der Provinz Shimotsuke witterte seine Chance und wechselte bald auf die Seite der Gegner des Kaisers. 1335 sammelte er ein riesiges Kriegerheer und eroberte die Shogun-Stadt Kamakura zurück. Kaum war sie eingenommen und zerstört, zog der Ashikaga-Clan nach Kyoto weiter, ließ den Prinzen Morinaga ermorden und nistete sich im Stadtteil Muromachi ein. Takauji wurde 1338 zum Shogun ernannt, und mit ihm setzte die 150 Jahre währende Periode des Ashikaga- bzw. Muromachi-Shogunats ein.

Großes Selbstbewusstsein
Der auf der Illustration abgebildete Takezaki Suenaga gehörte zu den glorreichen Kriegern, die 1274 und 1281 die Mongolen in die Flucht schlugen. In seinem Kriegsbericht beschreibt er, wie die japanischen Truppen auch ohne die „göttlichen Winde" die Schlacht gewonnen hätten.

Krieg ums Heilige Land – die Zeit der Kreuzzüge

Schritt für Schritt mussten die Kreuzfahrer im 13. Jh. ihre Bastionen im Heiligen Land räumen. Aufgrund ihrer Uneinigkeit und Entschlusslosigkeit fiel schließlich auch die letzte Festung Akkon 1291 den Muslimen in die Hände.

Auf Leben und Tod
Die großen Gegenspieler des Dritten Kreuzzugs waren der englische König Richard I. Löwenherz und der muslimische Sultan Saladin, die hier im Kampf Mann gegen Mann dargestellt werden. Tatsächlich besiegte Richard Löwenherz Saladin in einer Reihe von Scharmützeln, zuletzt kam es aber zu einem Verhandlungsfrieden.

Die Nachricht vom Fall Jerusalems schreckte Ende des 12. Jh. ganz Europa aus seiner Lethargie auf. Sofort rief Papst Klemens III. die europäische Christenheit zum Dritten Kreuzzug gegen die Muslime im Heiligen Land auf, und immerhin drei gekrönte Häupter des Abendlands besannen sich auf ihre christliche Pflicht, den Kriegszug anzuführen: Kaiser Friedrich I. Barbarossa, König Philipp II. August von Frankreich und König Richard I. Löwenherz von England.

WIDER DIE SCHANDE

Unter ihrer Ägide sammelten sich tausende Kreuzritter, und 1189 brach das größte und letzte gesamteuropäische Kreuzfahrerheer auf: Der Dritte Kreuzzug bot noch einmal alle verfügbaren Kräfte auf, um die heiligen Stätten vor den Muslimen zu schützen.

Zwei Jahre zuvor hatte das Königreich Jerusalem dem Ansturm der Truppen des charismatischen Heerführers Saladin nicht mehr standhalten können. Als das Kreuz von der Grabeskirche herabgestoßen wurde, so berichtete ein Chronist, „erhob sich allgemeines Geschrei: Freudenschreie der Muslime und Schmerzens- und Wutschreie der Christen. Der Lärm war so groß, dass man meinte, die Welt ginge unter".

Diese Schmach sollte nun gerächt werden, doch das mit viel Enthusiasmus begonnene Werk stand unter schlechtem Stern: Kaum hatten die Kreuzritter 1191 die wichtige Festung Akkon eingenommen, regte sich ein altes, die ganze Kreuzzugsepoche prägendes Übel: die Zerstrittenheit des christlichen Lagers. Die französisch-englische Rivalität veranlasste Philipp II. August, sich rasch zu verabschieden, und auch Herzog Leopold V. von Österreich reiste im Streit mit Richard Löwenherz Hals über Kopf ab. Der stolze Engländer verständigte sich

Aquamanile
Dieses Wassergefäß zeigt einen Kreuzritter mit dem für das 13. Jh. typischen Topfhelm.

Ertrinkender Kreuzfahrer
Bei der Überquerung des Flusses Saleph in Kleinasien ertrank Kaiser Friedrich I. Barbarossa am 10. Juni 1190. Nur ein kleiner Haufen seines großen Heeres stieß danach unter seinem Sohn Friedrich von Schwaben zu den englischen und französischen Truppen.

nun mit Saladin auf einen dreijährigen Waffenstillstand, erhielt die Küstenstädte von Tyros bis Jaffa zurück sowie die Garantie des freien Zugangs nach Jerusalem und trat im Oktober 1192 eilig die Heimfahrt an.

Der alte Kaiser Barbarossa starb bereits 1190 nach einem glänzenden Sieg über die Seldschuken. Sein riesiges Heereskontingent, das allein in der Lage gewesen wäre, den Dritten Kreuzzug zum Erfolg zu führen, löste sich auf, bevor es im Heiligen Land ankam.

Ein neuer Gegner

Gemessen am Aufwand des Dritten Kreuzzugs fiel das Ergebnis nicht gerade glänzend aus. Die Streitigkeiten im christlichen Lager fielen just in eine Zeit, in der die muslimische Macht sich reorganisierte. In Saladin war den Kreuzfahrern ein ebenbürtiger Gegner erwachsen. Der kurdischstämmige Offizier begann seine Karriere unter dem seldschukischen Sultan Nur Ad Din in Damaskus, der ihn in das von Kreuzfahrern bedrängte Ägypten sandte. Dort stieg Saladin zum Wesir auf, entmachtete 1171 den fatimidischen Kalifen und putschte sich selbst an die Macht. Nach dem Tod Nur Ad Dins beerbte er seinen ehemaligen Mentor in Syrien und schuf mit dem nach seinem Vater Ajjub benannten Ajjubidenreich einen geschlossenen Machtblock im Vorderen Orient.

Saladin benutzte bei seinem furiosen Eroberungszug geschickt die Religion. Da er die Fatimiden in Kairo entmachtet hatte, konnte er zu Recht als Beschützer des „wahren“ sunnitischen Islam gelten und mit der Unterstützung des Kalifen von Bagdad rechnen. Im „heiligen Krieg“ vereinte er seine Glaubensbrüder gegen muslimische Abtrünnige und die Christen. Die Eroberung Jerusalems stärkte sein Ansehen umso mehr, da die Stadt auch den Muslimen heilig war.

Im Lager der Christenheit sah es aufgrund der ständigen Querelen ganz anders aus. Den Vierten Kreuzzug 1202–1204 hatte Venedig aus handelspolitischen Interessen nach Byzanz umgeleitet. Statt gegen Ägypten zu kämpfen, plünderten die Kreuzfahrer die reiche Stadt am Bosporus und gründeten auf ihrem ehemaligen Staatsgebiet kurzlebige Kreuzfahrerstaaten. Offenbar war Europa zu keiner einheitlichen Aktion an einem weit entfernten Kriegsschauplatz in der Lage.

Der ständige Appell der Päpste nach einem erneuten Kreuzzug fruchtete, von vereinzelten, gescheiterten Aktionen abgesehen, wenig. Auch Kaiser Friedrich II. hatte zu Beginn seiner Regierung den Kreuzzug zwar gelobt, aber aus innenpolitischen Gründen immer wieder verschoben, bis ihn Papst Gregor IX. im Jahr 1227 exkommunizierte.

HINTERGRUND

Der Kreuzzug der Kinder

Nach den gescheiterten Kreuzzügen reifte im einfachen Volk der Glaube, nur die Armen und Unschuldigen könnten das Heilige Land befreien.

1212 brach der Hirtenjunge Stephan aus der Nähe von Orleans mit tausenden Kindern auf, und im Rheinland trat der Dorfbursche Nikolaus von Köln mit einer Schar Bauernkinder die Reise nach Jerusalem an. Die meisten dieser Kinder starben unterwegs an den Strapazen.

Als das Mittelmeer ihren Marsch aufhielt, begaben sich viele auf den Rückweg. Manche strandeten in italienischen Bordellen, andere gingen skrupellosen Sklavenhändlern ins Netz.

Unerwarteter Erfolg

Ein Jahr später trat der gebannte Kaiser den Fünften Kreuzzug an. Auf die Legitimation der Kirche konnte er nicht hoffen, nur seine Heirat mit der Jerusalemer Thronerbin Isabella II. verlieh seinem Zug einen Hauch von Rechtmäßigkeit. An sich war der Zeitpunkt günstig, denn nach dem Tod Saladins 1193 stritten seine Erben um die Macht. Dies förderte ihre Bereitschaft, mit den christlichen Kreuzfahrern diplomatische Beziehungen anzuknüpfen. Und so gelang Friedrich II. das Kunststück, ohne Schwertstreich zu erreichen, was die Militäraktion des Dritten Kreuzzugs nicht geschafft hatte: die Rückgewinnung Jerusalems und der Heiligen Stätten!

Dank seines Interesses am Islam und seiner arabischen Sprachkenntnisse handelte er mit dem Herrscher von Ägypten Al Kamil einen tragfähigen, auf 10 Jahre gültigen Friedensvertrag aus. Die Muslime gaben Nazareth, Bethlehem, Lydda, Sidon und Toron an die Christen zurück, in Jerusalem blieben lediglich die wichtigen muslimischen Heiligtümer, der Felsendom und die Al-Aqsa-Moschee, in muslimischer Hand. Mit großem Pomp konnte Kaiser Friedrich II. am 17. März 1229 in die Grabeskirche von Jerusalem einziehen und sich dort die Krone des Königreichs selbst aufs Haupt setzen.

Ungeliebter Friede

Die religiösen Eiferer auf beiden Seiten waren entsetzt. Der Papst wollte keinen Verhandlungsfrieden, schon gar nicht durch einen von ihm Gebannten, und belegte Jerusalem mit dem Interdikt.

Kreuzfahrergrab
Viele Kreuzfahrer wie dieser Engländer aus Dorchester sahen ihre Heimat lebend nicht wieder. Sie starben im Kampf oder an den Folgen von Verletzungen und Krankheiten, die sie sich im Heiligen Land zuzogen.

Kulturaustausch
Das aus dem arabischen Kulturkreis stammende Schachspiel galt als königliches Spiel, da es das strategische Denken schulte. Die Kreuzfahrer lernten es bei ihrem Aufenthalt im Heiligen Land kennen.

Abseits der böswilligen Propaganda fanatischer Gläubiger vollzog sich das Leben zwischen Christen und Muslimen im Heiligen Land in erträglichem Nebeneinander. Zwar war das Verständnis für die jeweils andere Religion nur wenig ausgeprägt, doch der Zwang der Verhältnisse führte zu einem einigermaßen respektierten Zusammenleben.

Auf oberster Gesellschaftsebene pflegte man den lockeren Umgang miteinander, veranstaltete gemeinsame Jagden, traf sich zum Schachspiel und handelte hin und wieder politische Zweckbündnisse aus. In zahlreichen Verträgen sicherten sich christliche und muslimische Fürsten Nutzungs- und Ertragsrechte in gemeinsam beherrschten Gebieten zu. Vor allem der Handel entwickelte sich positiv. Schon zur Zeit Saladins blühte der venezianisch-ägyptische Warenaustausch. Rohstoffe aus dem Norden wie Schiffsbauholz und Eisen wechselten gegen die Schätze des Orients, Gewürze, Zucker, Juwelen und Parfüms, den Besitzer. In der ägyptischen Metropole Alexandria unterhielten die Seemächte Pisa und Venedig Handelsniederlassungen. Die Venezianer durften eine eigene Kirche, eine Badestube und sogar ein Weinlokal betreiben.

Handel knüpft Beziehungen

Auch die Städte an der palästinensisch-syrischen Küste blühten auf. Akkon entwickelte sich zum bedeutenden Wirtschaftszentrum. „Die Stadt ist das Ziel der Schiffe und Karawanen und der Treffpunkt der muslimischen und christlichen Kaufleute aus aller Herren Länder. Ihre Wege und Straßen sind von dem Andrang der Menschen verstopft, sodass man kaum seinen Fuß auf den Boden setzen kann“, berichtete ein muslimischer Zeitgenosse. Allmählich begannen die Christen

den luxuriösen Lebensstil des Orients zu schätzen. Sie schmückten ihre Paläste mit kostbaren Teppichen, Glasfenstern und Vorhängen. Prächtige Gewebe wie Damast und Musselin erregten ihre Begeisterung, aber auch exotische Früchte, Kosmetika und feiner Stahl fanden bei den Abendländern großen Anklang. In der Kunst bildete sich ein ganz eigener Kreuzfahrerstil heraus, der orientalische, byzantinische und westliche Einflüsse miteinander vermischte.

Trügerischer Friede im Heiligen Land

Zu den imposantesten Hinterlassenschaften der Kreuzfahrerzeit gehören ihre vielen Burgen. Montreal in Transjordanien, Krak des Chevaliers in Syrien oder Montfort bei Haifa mit ihrem gewaltigen Mauerwerk setzten Akzente für die weitere Entwicklung des Festungsbaus. So bestanden etwa die Torbauten aus einem genialen System von Toren, Fallgattern und Schießscharten. Auch abgeschrägte Zufahrtswege, Pechnasen auf den Mauerkronen und die gewaltigen Vorwerke fanden sich seither in der Burgarchitektur.

Die Blüte des Handels und der Kunst konnte nicht darüber hinwegtäuschen, dass sich die christlichen Enklaven im überwiegend muslimisch geprägten Umfeld nur mit militärischem Einsatz aufrechterhalten ließen. Neben den seit dem Beginn des 12. Jh. bestehenden Ritterorden der Johanniter und Templer entstand während des Dritten Kreuzzugs der Deutsche Orden. Kaufleute aus Bremen und Lübeck hatten 1190 vor Akkon ein Feldlazarett errichtet und eine Bruderschaft zur Krankenpflege gegründet. Die ursprünglich karitative Einrichtung wandelte sich bald in einen unabhängigen Militärorden. 1199 bestätigte ihn Papst Innozenz III. mit dem Auftrag, die Glaubensfeinde zu bekämpfen.

Versuchte Versöhnung
Die Miniatur zeigt den Dichter Eschenbach bei dem Versuch, einen Muslim, einen Juden und einen Kreuzfahrer zu versöhnen. Das Verhältnis der unterschiedlichen Religionen im Heiligen Land blieb zur Kreuzfahrerzeit immer von Misstrauen und Intoleranz geprägt. Im Allgemeinen lebten die Angehörigen verschiedener Glaubensrichtungen streng voneinander getrennt.

Ständiges Misstrauen

Die Militarisierung entsprach der unsicheren Lage im Heiligen Land. Da die Muslime in den christlichen Fürstentümern als Bürger zweiter Klasse lebten und eine hohe Besteuerung und rechtliche Benachteiligungen er-

Imposantes Gemäuer
1285 erbauten die Kreuzfahrer in Syrien die Burg Marqab. Wie bei den anderen Burgen setzten sie auch hier neue Akzente im Wehrfestungsbau.

dulden mussten, bedeuteten sie für die christlichen Herren stets eine latente Bedrohung. Besonders fürchteten sie einen neuen erfolgreichen Feldherrn wie Saladin, der es vermochte, die muslimischen Bewohner im Zeichen des Islam zu einigen.

Runde Werbung
Münzinschriften gehörten zur politischen Propaganda. Sie feierten den Herrscher als „Sultan des Islam und aller Muslime" und verbreiteten so sein Bild als Vorkämpfer des heiligen Krieges.

Eine neue Phase der Konfrontation begann nach Ablauf des von Kaiser Friedrich II. ausgehandelten Friedens. Papst Gregor IX. rief in England und Frankreich erneut zum Kampf gegen die Muslime auf. Doch nur Graf Theobald von der Champagne und Richard von Cornwall folgten zwischen 1239 und 1241 dem päpstlichen Anliegen. In den Wirren des von inneren Konflikten zerrissenen ajjubidischen Reiches gelang es ihnen allerdings nicht, Boden gutzumachen. Ihr Angriff auf Ägypten scheiterte kläglich, und 1244 fiel Jerusalem erneut und nun endgültig an die Muslime.

Reflexartig reagierte das Abendland mit einem neuen Kreuzzug. An die Spitze der Bewegung stellte sich der französische König Ludwig IX. Im August 1248 schiffte er sich in dem dafür eigens angelegten Hafen Aigues-Mortes in der Provence ein. Ludwig IX. scheute weder Kosten noch Mühen, um sein Ziel der Rückeroberung Jerusalems zu erreichen. Der äußerst fromme König – 1297 sprach die Kirche ihn heilig – bereitete sein Unternehmen gründlich vor. Er organisierte den Nachschub von Zypern aus und traf im Juni 1249 vor der ägyptischen Hafenstadt Damiette ein. Handstreichartig nahm er sie ein, doch dann verschenkte der zögerliche König den Sieg: Er verzichtete darauf, die feindlichen Truppen zu vernichten und die wichtige Stadt Alexandria zu erobern. Das gab den Gegnern die Möglichkeit, ihre Kampfkraft zu reorganisieren. Bei Al Mansura erlitten die Franzosen eine verheerende Niederlage, König Ludwig IX. geriet in Gefangenschaft und kam erst gegen Zahlung eines bedeutenden Lösegelds wieder frei.

Ein Dritter freut sich

Für Ägypten hatte das französische Intermezzo ungeahnte Folgen. Denn die in Diensten der Ajjubiden stehenden türkischen Kriegersklaven der Mamelucken entledigten sich nach dem Desaster von Damiette ihres Herrn und übernahmen 1250 selbst die Macht in Ägypten. Die aus der südrussischen Steppe stammenden Elitekämpfer entfachten als begeisterte Anhänger des Islam und begnadete Soldaten die Idee des „heiligen Krieges" neu. Sie gründeten in Ägypten ein zentralistisches, straff geführtes Staatswesen, das selbst dem Ansturm der Mongolen aus den Tiefen des Ostens widerstand. 1260 besiegten sie in der Schlacht von Ain Dschalut unweit von Nazareth die zentralasiatischen Reitertruppen. Dieser bedeutende Sieg hielt den Vormarsch der Mongolen im Nahen Osten auf und erhob die Mamelucken zur beherrschenden Macht in Ägypten und Syrien.

ALLTAGSLEBEN

Das Nur-Ad-Din-Krankenhaus in Damaskus

Der Stand der Medizin war im islamischen Kulturkreis dem europäischen Standard weit überlegen. Islamische Ärzte konnten mit neuen, verbesserten Skalpellen, Zangen, Scheren und Klammern bereits die Bauchhöhle öffnen, Tumore und Leistenbrüche operieren, die Mandeln herausnehmen und sogar diverse komplizierte Amputationen vornehmen.

In Damaskus gründete Sultan Nur Ad Din 1154 ein vorbildlich organisiertes Krankenhaus. Es besaß Fachabteilungen für Chirurgie, Orthopädie, Fieber- und Geisteskrankheiten, beschäftigte einen festen Ärztestab und unterhielt eine ausgezeichnete Fachbibliothek.

Bei der morgendlichen Visite diagnostizierten die Ärzte die Krankheit des Patienten und legten Therapie und Diät für die weitere Behandlung fest. Um auch der Psyche der Patienten zur Genesung zu verhelfen, gab es nachmittags Musikdarbietungen im Innenhof der Einrichtung.

Anschaulich aufbereitet
Detailliert beschrieb die Fachliteratur die Behandlung der Kranken und den Gebrauch der Instrumente für die angehenden Ärzte.

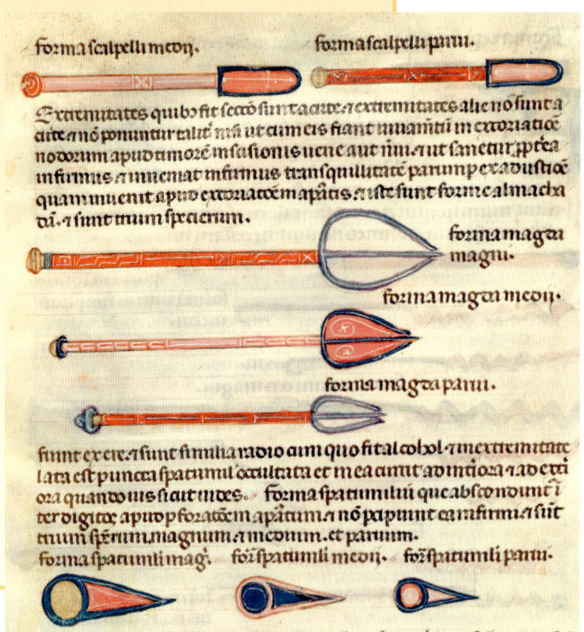

Glückloser König
Für den Sechsten Kreuzzug investierte Ludwig IX. das Sechsfache seiner üblichen Jahreseinnahmen. Doch über die Einnahme von Damiette konnte sich der König nicht lange freuen. Für seine Freilassung aus muslimischer Gefangenschaft musste er es wieder preisgeben.

Die Folgen bekamen die christlichen Kreuzfahrerstaaten bald zu spüren. Vorbei waren die Zeiten, als man mit den zerstrittenen Ajjubiden-Herrschern Sonderfrieden abschließen konnte. Sultan Baibars I. eroberte im Sturm die Küstenstädte Haifa, Jaffa, Beaufort und Antiochia. Der verschreckte König Ludwig IX. eilte 1270 auf dem Siebten und letzten Kreuzzug den bedrängten Glaubensbrüdern zu Hilfe. Er landete in Tunis, um gegen Ägypten loszuschlagen, starb aber kurz nach der Ankunft an der Pest.

Baibars I. konnte ungestört in seinem Siegeslauf fortfahren. Sogar die Kreuzfahrerburgen Montfort und Krak des Chevaliers erlagen seinem Ansturm. Die letzten Bollwerke christlicher Herrschaft fielen unter Baibars Nachfolgern an die Muslime. Nach wochenlanger Belagerung kapitulierte 1291 das mächtige Akkon. Mit 300 kamelberittenen Trommlern und Trompetern zog der siegreiche Sultan in die gefallene Stadt ein.

Das Heilige Land ist auf immer verloren

Die eroberten Städte traf ein grausames Schicksal. Die männliche Bevölkerung wurde ermordet, Frauen und Kinder in die Sklaverei verkauft, die blühenden Städte eingeäschert. Die Mamelucken wollten jede Gefahr einer erneuten europäischen Invasion bannen. Dies glückte ihnen auch. Die tief gedemütigten Kreuzritter zogen sich nach Zypern zurück und sollten das Gelobte Land nie mehr wiedersehen.

Das Sultanat von Delhi – Indien unter dem Islam

Mit dem Sultanat von Delhi etablierte sich im Norden des Subkontinents zum ersten Mal die islamische Herrschaft, und die islamische Kultur hielt ihren Einzug.

Im Jahr 1206 ernannte Sultan Mohammed von Ghur im heutigen Afghanistan seinen Feldherrn Qutb-ud-din Aibak zum Vizekönig der Gebiete „von den Toren Peshawars bis zu den entferntesten Gegenden Indiens". Aibak gehörte zu den Ghulam, und diese Militärsklaven türkischer Abstammung stellten einen Großteil des ghuridischen Heeres. Die Bezeichnung „Sklave" bedeutete nicht, dass diese Männer alle niedriger Abstammung oder vollkommen rechtlos waren, sondern gab nur ihr Abhängigkeitsverhältnis gegenüber ihrem Herrn wieder. Dem Sultan besonders vertraute Sklaven gelangten daher oft in höchste Positionen.

Kurz nach der Ernennung Aibaks wurde Mohammed ermordet, und aufgrund der Unruhen um dessen Nachfolge regierte Aibak in Lahore, „dem Mittelpunkt des Islam in Indien", bald als faktisch unabhängiger Herrscher. Einige Jahre später erkannte ihn der Nachfolger Mohammeds durch die Entsendung eines Zeremonialschirms als Sultan an. Alle islamischen Gebiete Nordindiens gehörten nun zu einem unabhängigen Reich.

Streben nach Höherem

Dieser Reichsgründung gingen in den beiden Jahrhunderten zuvor groß angelegte Raubzüge des Sultans Mahmud von Ghazni voraus. Von seinem Reich im heutigen Afghanistan fiel er wiederholt in Nordindien ein, zerstörte Städte und Tempel und machte gewaltige Beute. Auch die Sultane von Ghur, die die Herrscher von Ghazni ablösten, folgten deren Beispiel. Im Gegensatz zu seinen Vorgängern lockte Mohammed von

Harte Währung
Die Silbermünzen des Sultanats von Delhi waren die Vorläufer der heutigen Rupie.

Ghur nicht in erster Linie Beute, er strebte eine dauernde Herrschaft in Indien an. Nach wechselvollen Kämpfen kam es 1192 bei Tarain, nördlich von Delhi, zur Entscheidungsschlacht. Unter König Prithviraj III. aus der radjputischen Chauhan-Dynastie verbündeten sich zahlreiche nordindische Könige, um die fremden Invasoren abzuwehren. Doch die einem romantischen Ideal der Ritterlichkeit folgenden Hindu-Könige hatten gegen das ghuridische Heer mit seinen berittenen Bogenschützen und der schwer gepanzerten Ghulam-Kavallerie keine Chance.

Ihnen konnte die schwerfällige Hindu-Armee nicht viel entgegensetzen. Zu diesem Sieg berichtete ein muslimischer Chronist triumphierend, „dass 100 000 erbärmliche Hindus rasch den Weg in die Hölle antraten". Danach eroberten die Ghuriden neben Delhi zahlreiche andere Städte. Sie unterwarfen Nordindien und zerstörten dort die letzten großen buddhistischen Zentren.

Die neue Macht etabliert sich

Kurz nach seiner Machtübernahme starb Aibak 1210 bei einem Polounfall, und sein Nachfolger Iltutmis wählte Delhi zu seiner Hauptstadt, da dessen gute strategische Lage sowohl einen leichten Zugang zum Gangesgebiet als auch nach Zentralindien bot. Der Kalif von Bagdad sandte Iltutmis ein Ehrengewand und bekräftigte so seine Stellung als Sultan.

Neuartige Begräbnissitten
Das Grabmal Sultan Iltutmis' befindet sich in der Moschee Quwwat-ul-Islam. Da man in der hinduistischen Welt die Leichen verbrannte, kannte man derartige Grabbauten vor dem Eindringen des Islam nicht.

Der neue Sultan sah sich bald vor seine größte Herausforderung gestellt: Er musste die von Nordwesten einfallenden Mongolen abwehren. Es drohte zwar keine Invasion, trotzdem musste der Sultan alle Truppen aufbieten und eine Kette von Festungen errichten, um der Bedrohung Herr zu werden. Nach Iltutmis' Tod kam es zu Machtkämpfen, und in ihrem Verlauf bestieg auch kurzzeitig seine Tochter Raziyya den Thron, die „mit allen Eigenschaften ausgestattet war, die einen Sultan ausmachten". Sie fand bald einen gewaltsamen Tod. 1290 ging aus den Wirren die Sippe der Khaljis als Sieger hervor, und mit Ala-ud-din Khalji setzte seit 1296 die Expansion des Sultanats von Delhi nach Süden ein. Er nahm die bedeutenden radjputischen Festungen Chitor und Ranthambhor ein und setzte dann seine Heere Richtung Zentralindien in Marsch.

Im Dekkan und weiter südlich herrschten nach wie vor alte Hindu-Dynastien. Ihre Gebiete überzog der Sultan nun mit Krieg. Schwer mit Beute beladen, erreichten „tausend Kamele, die unter der Last der Schätze stöhnten" Delhi. Außerdem dehnte der Sultan seine direkte Herrschaft bis weit nach Zentralindien aus; über die südindischen Hindu-Könige übte Ala-ud-din nur eine Oberherrschaft aus.

Die muslimische Oberschicht im Sultanat setzte sich aus Türken, Afghanen und Persern zusammen. Nach dem Eindringen der Mongolen in Zentralasien waren aus den dortigen Städten viele muslimische Gelehrte, Künstler, Musiker und Kunsthandwerker ins Sultanat von Delhi geflohen. Sie bereicherten das kulturelle Leben, und mit ihnen zog die islamische Kultur in großem Stil nach Indien ein.

Dies zeigte sich nicht zuletzt an den zahlreichen Moscheen und Palästen, die sich die neuen Machthaber in großer Zahl erbauen ließen. Bereits 1193 begann Qutb-ud-din Aibak mit dem Bau der Moschee Quwwat-ul-Islam. Ala-ud-din Khalji plante eine dermaßen gigantische Erweiterung dieser Moschee, dass

Das 73 m hohe Minarett der Moschee Quwwat-ul-Islam in Delhi diente auch als Wachturm und Siegesdenkmal.

nur die Grundmauern fertig gestellt werden konnten. Das Minarett sollte über 140 m hoch werden – auch dieses Projekt blieb unvollendet. Nur allmählich machte sich in der Oberschicht der Einfluss der indischen Kultur bemerkbar, und der Sultan übernahm teilweise die Sitten der Hindu-Könige. Sie ritten bei zeremoniellen Anlässen auf Elefanten, befragten Astrologen und ließen sich Horoskope erstellen.

Die Mehrheit der Bevölkerung bestand aus Hindus, nur wenige ließen sich zum Islam bekehren. Die Hindus erwirtschafteten als Bauern und Handwerker einen großen Teil der staatlichen Finanzen und mussten zusätzlich als Nichtmuslime eine Sondersteuer entrichten. Wegen dieser beträchtlichen Einnahmen lag den Sultanen wenig daran, dass die Hindus konvertierten.

Anfangs übten sich die Sultane gegenüber den Bauern in Zurückhaltung, da „die Bauern nicht mit überhöhten Steuern belastet werden sollten. Die Verwaltung sollte streng und gerecht sein …, zu hohe Steuern führen zur Verarmung des Staates …, daher sollten die Bauern genug besitzen, um leben zu können, aber nicht so viel, dass sie eine Rebellion unterstützen können."

Ansprüche eines grossen Hofes

Der blühende Handel bildete die zweite wichtige Säule der Wirtschaft im Sultanat. Die großen Märkte in den vielen Städten fungierten als Handelszentren. Reisende beeindruckte vor allem der Markt in Delhi, denn hier musste der ungeheure Bedarf des Hofes gedeckt werden. Nach den Berichten des Arabers Ibn Battuta war „Delhi eine gewaltige, Weltruf genießende Stadt, die Schönheit und Befestigungsanlagen in sich vereint. Sie wird von Mauern umgeben, wie man sie in keinem Land der Erde kennt …"

Der Überseehandel spielte ebenfalls eine große Rolle. Indische Schiffe fuhren nach Südostasien und sogar nach Ostafrika. Auf dem Weg dorthin legten sie in Hormus, Aden und Djidda entlang der Arabischen Halbinsel an und löschten ihre Exportwaren: Baumwollstoffe, Edelsteine, Indigo und Reis. Als besonders wertvolle Importwaren gelangten aus Afghanistan und Mittelasien Pferde ins Sultanat von Delhi, an denen Adel und Heer großes Interesse hatten. Der internationale Handel förderte auch die Geldwirtschaft, und die Sultane prägten eigene Münzen. Die Tanka genannte Silbermünze war die Hauptwährung des Sultanats.

Weitgehende Toleranz fördert das friedliche Zusammenleben

Obwohl die höchsten Ämter den Muslimen vorbehalten blieben, konnten Hindus Karriere machen. Zahlreiche Verwaltungsposten besetzte z.B. der Sultan mit Hindus. So soll der Schatzkanzler Ala-ud-dins Hindu gewesen sein. Manchen Hindu-Kunsthandwerkern erließen die Sultane wegen ihrer besonderen Leistungen sogar die Sondersteuer, und sie erhielten steuerfreien Grundbesitz.

Die Armee bildete die wichtigste Stütze der Macht. Hier dienten neben Türken, Afghanen und Persern auch Hindus und stellten den größten Teil der Infanterie. Neben ihrer persönlichen Leibgarde stationierten die Sultane große Verbände in der Hauptstadt und im Garnisonsdienst in den wichtigen Festungen. Auf Feldzügen konnte die Truppenstärke auf über 200 000 Mann ansteigen, wobei diese Zahl auch Diener, Händler und Handwerker einschloss. Die Truppen wurden im Wesentlichen durch das so genannte *Iqta*-System finanziert. Dabei standen dem Befehlshaber, aber auch einfachen Soldaten, die Einkünfte eines bestimmten Gebietes zu, je nach ihrem Rang konnte das ein Dorf oder eine ganze Provinz umfassen. Die

Inhaber der größeren *iqtas* mussten selbst zusätzliche Truppen aufstellen und unterhalten. Der Sultan bestimmte, wie lange jemand über diese Einkünfte verfügen durfte, eine Vererbung der Ansprüche gab es nicht.

1316 starb Ala-ud-din Khalji, und auch auf seinen Tod folgten die üblichen Wirren und Kämpfe um die Nachfolge. Dies nutzten die unterworfenen Hindu-Fürsten, um sich weitgehend aus der Abhängigkeit zu befreien, und ein entsetzter muslimischer Chronist vermerkte, dass die Hindus, „die vorher so unterdrückt waren, dass sie nicht einmal Zeit fanden, ihren Kopf zu kratzen, jetzt neue Kleider trugen, auf Pferden ritten und ihre Pfeile verschossen".

Neue Dynastie am Ruder

1320 übernahm die Dynastie der Tughluqs in Delhi die Macht, und als Mohammed Ibn Tughluq 1325 den Thron bestieg, erreichte das

Triumph der neuen Religion
Zum Bau des Portals der Quwwat-ul-Islam-Moschee und anderer muslimischer Bauten verwendeten die Muslime Steine zerstörter Hindu-Tempel. Die Quwwat-ul-Islam-Moschee gehört seit 1993 zum Weltkulturerbe.

Sultanat seine größte Ausdehnung. Mohammed unterwarf die Könige Südindiens endgültig. Sein Reich umfasste nun bis auf wenige Ausnahmen den größten Teil des Subkontinents. Im Norden drang er bis an den Himalaja vor, er plante sogar einen Feldzug nach Nordostiran. Um dieses Vorhaben zu finanzieren, erhöhte er in dem fruchtbaren Landstrich zwischen den Flüssen Yamuna und Ganges die Steuern der Bauern. Dies rief jedoch die entgegengesetzte Wirkung hervor: Der erbitterte Widerstand endete in einer Bauernrevolte, bei der auch Steuerbeamte ihr Leben verloren, und die Bauern verließen ihr Land, sodass es zu Hungersnöten und großen Steuerausfällen kam.

Mohammed gelang es mit großer Mühe, die Rebellion niederzuschlagen. Sein nächster Schritt sollte dazu dienen, die Macht des Sultanats in Zentralindien und im Süden zu festigen. Er wollte die Gebiete enger an sein Reich binden und eine bessere Kontrolle ausüben und verlegte deshalb 1327 die Hauptstadt von Delhi in das 40 Tagesreisen südlich gelegene Daulatabad. Von diesem Umzug war allerdings nicht nur der gesamte Hofstaat betroffen, nach dem Willen des Sultans sollten sich auch die meisten Einwohner Delhis in die neue Hauptstadt begeben. Da das aber nicht auf allseitige Zustimmung stieß, setzte der Sultan drastische Zwangsmaßnahmen ein, die viele Menschen das Leben kosteten. Angeblich war Mohammed Ibn Tughluq den Einwohnern von Delhi nicht wohl gesonnen, da sie ihn in einem Brief übel beschimpft hatten. Als er nun von seinem Palast auf die weitgehend leere Stadt schaute, soll er ausgerufen haben: „Jetzt fühle ich mich wohl und ruhig!“ Das ganze Unternehmen endete wegen der Widerstände und ungeheuren Kosten in einem Misserfolg, der die Finanzen des Reiches stark belastete. Einige Jahre später kehrte der Hof nach Delhi zurück.

Um die bereits angeschlagenen Finanzen zu sanieren, kam Mohammed ibn Tughluq auf die Idee, statt der auf Silber und Gold basierenden Währung Münzen aus Messing und Kupfer mit einem festgesetzten Kurs einzuführen. Doch diese ließen sich so leicht kopieren, dass bald erhebliche Mengen falscher Münzen in Umlauf kamen. Die Folge war ein finanzielles Chaos.

ZEITZEUGEN

Audienz am Hof des Sultans

„Am Festtag wird der Palast mit Teppichen ausgelegt und in kostbarster Weise geschmückt … Der allerhöchste Thronsitz an der Stirnwand des Audienzsaals ist aus purem Gold, und seine Füße sind mit Juwelen besetzt … Auf den Thron wird das Sitzpolster gelegt und über dem Haupt des Sultans der mit Juwelen verzierte Sonnenschirm aufgespannt. Während er den Thron besteigt, rufen die Hofbeamten: ‚Im Namen Gottes!‘ …

Nach der Begrüßung wird den Gästen ein Mahl entsprechend ihrem Rang vorgesetzt … An diesem Tag wird auch das Riesenrauchgefäß aufgestellt. Es ähnelt einem Turm und besteht aus reinem Gold … Hier zündet man Aloeholz, Ambra und Benzoeharz an, sodass der Rauch dieser Wohlgerüche den ganzen Audienzsaal erfüllt …“

Das Blatt wendet sich

Gleichzeitig traten weitere Probleme auf: Die Radjputen eroberten die Festung Chitor zurück, und auch andere Hindu-Fürsten, die die Oberhoheit des Sultanats stets nur widerwillig anerkannt hatten, erhoben sich. 1338 sagte sich überdies der muslimische Statthalter von Bengalen vom Sultanat los. Einige Jahre später starb Mohammed Ibn Tughluq und mit ihm verschwanden die hochfliegenden Pläne einer muslimischen Herrschaft in ganz Indien. Die meisten der in den letzten 50 Jahren eroberten Gebiete errangen ihre Unabhängigkeit wieder, und das Sultanat von Delhi verlor seine Vorherrschaft über den Subkontinent.

Alte Traditionen
Da beim Bau der Moscheen zahlreiche Hindu-Handwerker mitarbeiteten, flossen in die künstlerische Ausgestaltung häufig indische Motive ein.

Sturm aus der Steppe – Dschingis Khan

Zu Beginn des 13. Jh. einte Dschingis Khan die Mongolen unter seiner Herrschaft. Bald darauf begannen seine Heere ihren unaufhaltsamen Vormarsch durch ganz Asien.

„Nachdem er sich die Völker mit den Filzzelten untertan gemacht hatte, sammelten sie sich im Tigerjahr an der Quelle des Onon und pflanzten die neunzipfelige weiße Fahne auf. Danach gaben sie ihm dort den Titel Khan.“ Mit diesen Worten beschreibt die *Geheime Geschichte der Mongolen* den großen Kuriltai in den Steppen der Mongolei im Jahr 1206. Bei dieser Adelsversammlung beschlossen die Stammesführer, Temudschin zum Dschingis Khan und damit zum Herrscher aller Stämme der mongolischen Steppe zu ernennen. Bis zu diesem Zeitpunkt hatte Temudschin bereits ein hartes Leben hinter sich, und wenig deutete bisher auf seine späteren Erfolge als mächtiger Kriegsherr hin oder gar darauf, dass sein Name einmal die Welt erzittern lassen sollte.

Temudschin kam um 1155 als Sohn des adligen Stammesführers Yesügei aus dem Clan der Bordschigid auf die Welt. Der Clan gehörte der nomadischen Stammesgruppe der Mongchol – oder Mongolen – an, die in der

Mongolische Kriegskunst
Die mongolischen Reiterheere gliederten sich in schwere und leichte Kavallerie. Nachdem der Pfeilhagel der berittenen Bogenschützen dem Feind erste Verluste beigebracht hatte, stürzten sich die schwer gepanzerten Reiter in die Schlacht.

Hintergrundbild: Obwohl durch die Eroberungen Dschingis Khans gewaltige Schätze in den Besitz des Herrschers gelangten, war er persönlich dem Luxus und der Verschwendung abgeneigt.

Skulptur in der Steppe
Um 1220 gründete Dschingis Khan im Orchontal die mongolische Hauptstadt Karakorum. Die steinerne Schildkröte gehört zu den wenigen erhaltenen Überresten der einst prachtvollen Stadt.

Steppenregion zwischen den Flüssen Onon und Kerulen ihre Schaf-, Rinder- und Pferdeherden weidete. In dieser Gegend lebten zahlreiche weitere mit den Mongolen eng in Sprache und Lebensweise verwandte Stämme wie die Merkit, Keräit, Naiman oder die Tatar. Später gerieten sie alle unter die Herrschaft der Mongolen und bezeichneten sich dann selbst als Mongolen.

BITTERE LEHRJAHRE

Das Leben in den Steppen war unbarmherzig. Die harten klimatischen Bedingungen, die Sorge um die lebenswichtigen Herden sowie Raubzüge und Kämpfe um die Macht bestimmten den Alltag der Nomaden. Darunter litt Temudschin besonders nach der Ermordung des Vaters durch die Tatar. Ohne das Oberhaupt zerfiel der Stamm, und die Gefolgsleute suchten sich neue, mächtige Schutzherren. Temudschin blieb mit Mutter und Brüdern auf sich allein gestellt und der Willkür von Mensch und Natur fast schutzlos ausgesetzt. Die *Geheime Geschichte* schildert dramatisch die zahlreichen Gefahren und Abenteuer der kleinen Gruppe. Der Kampf ums nackte Überleben zwang sie, wilde Früchte und Pflanzen zu sammeln und sich durch Jagd und Fischfang zu ernähren. Sie wurden Opfer von Raubüberfällen, und Temudschin konnte sich einmal nur durch eine waghalsige Flucht aus der Gefangenschaft retten.

In dieser schwierigen Lebensphase verlor er seine Herkunft und die damit verbundenen Machtansprüche nicht aus den Augen. Bald eilte ihm ein Ruf als wagemutiger Kämpfer voraus, und es gelang ihm mithilfe alter Freunde seines Vaters, geschickter diplomatischer Schachzüge und zahlreicher Kämpfe, allmählich die Zahl seiner Gefolgsleute zu erhöhen und seine Position zu stärken. Stamm um Stamm musste sich beugen, bis er 1206 als unumstrittener Khan die Huldigung der Steppenstämme entgegennehmen konnte.

NUR FÄHIGKEIT ZÄHLT

Nun machte sich Dschingis Khan daran, das Gefüge der Stämme zu reorganisieren. Er ordnete sein Heeresaufgebot nicht mehr nach Stämmen, sondern teilte es in feste Einheiten zu 10, 100, 1000 und 10 000 Mann ein. Die Soldaten mussten sich einer strengen Disziplin unterwerfen, und das unerlaubte Wechseln von einer Einheit in die andere stand unter härtester Strafe. Den Rang eines Kriegers bestimmte nicht mehr automatisch Herkunft oder Stand, sondern allein Einsatzbereitschaft und Fähigkeit. Durch persönliche Leistung konnte jeder Mongole höchste Kommandopositionen erreichen.

Die aus 10 000 Mann bestehenden Einheiten hießen *tümen*, ihre Führung übertrug Dschingis Khan besonders vertrauten Gefolgsleuten. Ein *tümen* bildete die Garde des Khans, daneben stellte eine auserlesene 1000-köpfige Kampftruppe seine persönliche Leibgarde. Sie zogen nur in den Kampf, wenn Dschingis Khan sich persönlich auf einen Feldzug begab.

Motiv des Schreckens
Die Keramikkachel aus dem islamischen Raum zeigt einen mongolischen Reiter. Die wilden Krieger und der durch sie verbreitete Schrecken beeindruckten im 13. Jh. auch die europäischen Künstler zutiefst.

Das Zusammenleben innerhalb des neuen Steppenreichs regelte die *Jassa*. Diese von Dschingis Khan erstellte Gesetzessammlung enthielt zahlreiche Verordnungen und Verhaltensvorschriften, von denen manche sehr modern anmuten: „Aus der Hinterlassenschaft eines Mannes, der ohne Erben starb, soll der Khan nichts nehmen, sondern sein Besitz soll dem zufallen, der ihn gepflegt hat."

Religiöse Vielfalt

Gleichzeitig schrieb die *Jassa* die religiöse Toleranz fest. Seit Jahrhunderten standen die Nomadenstämme der Steppen durch die Seidenstraße in engem Kontakt mit China und der vorderasiatischen Welt. Daher bekannten sich manche zum Buddhismus, andere zu bestimmten Formen des Christentums. Dschingis Khan selbst interessierte sich zwar für fremde Religionen, doch er verehrte weiter die alten mongolischen Götter. Er glaubte fest, unter dem persönlichen Schutz des höchsten Gottes Tengri, des Himmels, zu stehen. Um sich die Gunst der Götter stets zu sichern, umgab er sich mit zahlreichen Schamanen und Wahrsagern. Als er aber der Intrigen eines Hofschamanen gewahr wurde, scheute er bei aller Ehrfurcht vor dem Übernatürlichen nicht davor zurück, diesen töten zu lassen.

Nachdem er seine Macht im Innern gefestigt hatte, richtet Dschingis Khan seinen Blick nach außen. Im Süden des damaligen mongolischen Reiches erstreckte sich das in zwei große Herrschaftsgebiete aufgeteilte, wohlhabende China. In Peking regierte die ebenfalls von Steppennomaden abstammende Jin-Dynastie, weiter südlich herrschten hingegen die einheimischen Song.

Die Kaiser von China betrachteten sich seit jeher als Oberherren über die „nördlichen Barbaren", und so forderte der Jin-Kaiser Tribut von Dschingis Khan. Diese hochmütige Haltung sollte allerdings bald angesichts der unaufhaltsamen mongolischen Reiterheere in nackte Verzweiflung umschlagen. Um den Zugang zum Reich der Jin von Westen her zu sichern, musste Dschingis Khan zunächst das im heutigen Gansu gelegene Tangutenreich Xixia erobern.

Hartes Steppenleben
Die Männer Dschingis Khans waren auf die Strapazen der lang andauernden Feldzüge gut vorbereitet. Reiten, Jagen sowie der Umgang mit Pfeil und Bogen gehörten von Kindesbeinen an zu den festen Bestandteilen der Lebensweise der Steppennomaden.

Hintergrundbild: Im Gegensatz zu den sesshaften Völkern, den „Brettertürenleuten", lebten die Mongolen in Filzzelten. Diese Jurten haben sich seit den Zeiten Dschingis Khans kaum verändert.

1209 setzte er seine Krieger in Marsch und schloss bald die Hauptstadt der Tanguten ein. Die im Belagerungskrieg unerfahrenen Mongolen konnten sie jedoch nicht erobern, sodass der Tangutenherrscher einen Friedensvertrag mit den Mongolen schließen konnte.

Der Angriff auf China beginnt

1211 brach Dschingis Khan in Begleitung seiner Söhne Tschagatai, Dschutschi, Ögödei und Tolui in Nordchina ein. Gemeinsam vernichteten sie die Armeen der Jin in offener Feldschlacht. Nun konnten die Jin nur noch auf ihre stark befestigten Städte vertrauen. Mittlerweile standen allerdings in der chinesischen Belagerungskunst geschulte Männer im Dienst der Mongolen, mit dem Erfolg, dass keine Befestigung dem massiven Einsatz von Wurfmaschinen, Brand- und Sprengsätzen widerstehen konnte. Die Mongolen eroberten Stadt um Stadt und standen bald vor der Metropole Peking.

Da gelang es dem Kaiser, ein Waffenstillstandsabkommen mit Dschingis Khan auszuhandeln. Mit Beute schwer beladen, darunter Sklaven, Pferde und zahllose Reichtümer, zogen die Mongolen ab. Letztlich hatte der chinesische Kaiser nur eine Atempause teuer erkauft, denn bald flammten die Feindseligkeiten erneut auf, und 1215 fiel Peking nach langwieriger Belagerung in die Hände der Mongolen.

Nun wandten sich die Mongolen nach Westen. 1218 eroberten sie das um den Balchaschsee gelegene Reich der ebenfalls mongolischen Kara-Kitai und gelangten so an die Grenze des Herrschaftsgebiets des türkischen Chwarismschahs Mohammed Ala Ad Din, das das gesamte Mittelasien und Teile des Iran und Afghanistans umfasste. Hier lagen entlang der alten Seidenstraße die berühmten Städte Buchara und Samarkand mit ihren prächtigen Moscheen und Palästen.

Dschingis Khan beabsichtigte zunächst nicht, den mächtigen Chwarismschah anzugreifen, vielmehr empfing er eine Handelsdelegation des Schahs mit der gebührenden Gastfreundschaft. Um die diplomatischen und die Handelsbe-

Auch Mauern schützen nicht
Nur wenn sich eine Stadt sofort ergab und die Bevölkerung sich den Mongolen unterwarf, konnte sie auf Schonung hoffen. Trafen die Mongolen wie im Fall von Buchara auf zähen Widerstand, zerstörten sie die Stadt und kannten keine Gnade für die Verteidiger.

ziehungen zwischen beiden Reichen zu verstärken, machte sich eine mongolische Gesandtschaft auf den Weg zum Chwarismschah. Doch diese wurde, möglicherweise mit Billigung des Schahs, von Inal Khan, dem Gouverneur der Stadt Otrar, ausgeplündert und getötet. Als die Botschafter Dschingis Khans Genugtuung für diesen Übergriff forderten, schor man ihnen die Haare und schickte sie zurück.

Die Sieger kennen keine Gnade

Darauf gab es nur eine Antwort: Krieg! Innerhalb kürzester Zeit stand Dschingis Khan 1219 mit über 150 000 Mann an den Grenzen des Reiches von Chwarism. Ein Teil des Heeres bestand aus tausenden chinesischen Belagerungsspezialisten. Der Vormarsch der einzelnen Heeresteile erfolgte mit größter Geschwindigkeit und von unterschiedlichen Richtungen aus, sodass es dem Chwarismschah vorkam, als seien die Mongolen plötzlich überall. Seine Truppen zogen sich hinter die starken Mauern der Städte zurück und hofften, so den Angriff der Mongolen abwehren zu können. Doch Dschingis Khan schlug schnell und erbarmungslos zu. Selbst gut befestigte Städte wie Buchara oder Samarkand erstürmten die Mongolen innerhalb kürzester Zeit. Die Verteidiger von Buchara versuchten den Belagerungsring zu durchbrechen, wurden jedoch vor den Mauern der Stadt niedergemacht. Danach ereilte das Strafgericht Dschingis Khans die Einwohner der Stadt, viele ließ er töten oder als Gefangene verschleppen. Ähnlich erging es Samarkand.

Innerhalb kürzester Zeit brach unter den Schlägen Dschingis Khans das Reich des Chwarismschahs zusammen; er selbst kam bei der Flucht an der Küste des Kaspischen Meeres um. Sein Sohn Jalal Ad Din versuchte weiter Widerstand zu leisten, doch in einer Schlacht am Indus unterlag er Dschingis Khan und konnte sich nur durch einen gewagten Sprung mitsamt seinem Pferd in den Fluss retten. 1224 kehrte Dschingis Khan in die Mongolei zurück. Drei Jahre später starb er an den Folgen eines Jagdunfalls.

Im Zuge der Verfolgung des Chwarismschahs war eine mongolische Heeresabteilung über den Kaukasus bis nach Südrussland gezogen und hatte an der Kalka 1223 ein russisches Heer vernichtet. Die Mongolen zogen sich zwar wieder zurück, doch sie hinterließen einen Vorgeschmack auf das, was Russland noch erwarten sollte.

1229 ernannte ein Kuriltai Dschingis Khans Sohn Ögödei zum Nachfolger. Selbstbewusst nahm er den Titel eines Khagan, des Großkhans, an und setzte die Eroberungspolitik seines Vaters fort. 1235 trat der Kuriltai erneut zusammen und beschloss einen Feldzug nach Westen – Europa ahnte noch nichts von den dunklen Wolken, die sich drohend über ihm zusammenbrauten.

Die Beute gehört dem Sieger
Die Gefolgsleute Dschingis Khans wurden für ihre Treue und ihren Kriegseinsatz mit reichen Schätzen aus den eroberten Ländern belohnt.

ZEITZEUGEN

Das Grab des Dschingis Khan

Der persische Historiker Raschid Ad Din berichtet über den Tod Dschingis Khans während des Feldzugs gegen die Tanguten:

„… Doch Dschingis Khans Krankheit verschlimmerte sich von Tag zu Tag. So hielt der Herrscher seinen Tod für unabänderlich. Er befahl seinen Fürsten: ‚Macht meinen Tod nicht bekannt, weint und klagt in keiner Weise, damit der Feind nichts davon erfährt. Wenn aber der Herrscher der Tanguten und die Bewohner der Stadt diese zur festgesetzten Zeit verlassen, so tötet sie alle zusammen.'

Am 15. Tag des mittleren Herbstmonats im Schweinejahr verließ er die vergängliche Welt und hinterließ Thron, Schätze und Herrschaft seinem berühmten Stamm. Die Fürsten verheimlichten seinen Tod, seinem Befehl folgend, solange die Tanguten ihre Stadt noch nicht verlassen hatten. Dann töteten sie alle. Hierauf nahmen sie seinen Leichnam und machten sich auf den Rückweg. Unterwegs töteten sie jedes Lebewesen, das ihnen begegnete, bis sie den Leichnam in ihr Heimatland gebracht hatten …

In der Mongolei gibt es einen großen Berg mit Namen Burkan Kaldun … Hier lebt das Volk der Taidschigut. Dschingis Khan hatte diesen Platz persönlich für sein Begräbnis ausgewählt und befohlen: ‚Hier soll der Platz für mein und meiner Sippe Gräber sein.'

Als man ihn nun beweinte, wiederholten die Leute, die diese Worte damals gehört hatten, sie. So wählten die Prinzen und Fürsten, seiner Anordnung folgend, diese Stelle für sein Grab aus. Man sagt, dass in eben dem Jahr, als man ihn dort beisetzte, in der Steppe eine unüberschaubare Menge von Bäumen und Gras wuchs. Jetzt ist dieser Wald so dicht, dass man ihn nicht mehr durchqueren kann. Den ursprünglichen Wald und den Platz seines Grabes kennt man nicht mehr."

Das Weltreich der mongolischen Khane

Das mongolische Weltreich erstreckte sich in seiner Blütezeit von Russland bis nach Korea. Doch schon bald hatten die Khane den Zenit ihrer Macht überschritten.

Der mächtigste Herrscher
Kublai Khan war wie Batu ein Enkel Dschingis Khans. In seinem Reich in Ostasien standen mehr als 200 000 Pferde allein für die Beförderung der kaiserlichen Post zur Verfügung.

Im Jahr 1236 sammelte sich in den weiten mongolischen Steppen ein gewaltiges Heer von über 120 000 Mann. Die aus allen Teilen des Mongolenreiches zusammengezogenen Truppen standen unter dem Kommando eines Enkels von Dschingis Khan namens Batu und des Feldherrn Sübedei und brachen Richtung Westen auf. Unterwegs vernichteten sie das Reich der Wolgabulgaren und unterwarfen die in den südrussischen Steppen lebenden türkischen Kiptschaken, die zu tausenden in Ungarn Zuflucht suchten.

Damit war der Weg zum Angriff auf die Fürstentümer Russlands frei. Eine russische Stadt nach der anderen fiel den brandschatzenden Mongolen zum Opfer. Die Befestigungen von Rjasan, rund 300 km südöstlich von Moskau, beschossen sie 1237 5 Tage lang mit schweren Katapulten und drangen dann in die Stadt ein. „Kein Auge blieb übrig, um die Toten zu beweinen …, manche wurden gepfählt, anderen trieb man Holzstücke unter die Nägel …, Priester wurden lebendig verbrannt …“, berichtete ein erschütterter Chronist. Ebenso fielen das damals noch unbedeutende Moskau und das 200 km östlich gelegene, schwer befestigte Wladimir, auf „das die Steine der Katapulte wie Regen fielen“. Bei einer zweiten Angriffswelle brach am 6. Dezember 1240 die Verteidigung des altehrwürdigen Kiew, „der Mutter der russischen Städte“, zusammen. „Viele Sturmböcke donnerten Tag und Nacht unaufhörlich gegen die Mauer …, Pfeile verdunkelten den Himmel …, und es gab ein erbittertes Gemetzel …“

Sinnlose Zerstörung

Vom ehemaligen Glanz Kiews blieben nach der Brandschatzung durch die Mongolen nur noch Trümmer und Leichen übrig. Sechs Jahre später schrieb der Reisende Piano Carpini beim Anblick der Stadt: „Als wir durch jenes Land reisten, fanden wir unzählige Schädel und Knochen toter Menschen über die Felder verstreut. Denn es war eine sehr große und ungeheuer dicht bevölkerte Stadt gewesen, die nun fast völlig vernichtet ist.“

Dass dieser und andere Berichte von der mongolischen Zerstörungswut keine Übertreibungen darstellen, zeigen archäologische Funde aus Kiew. Hier fand man Skelette der von den Mongolen getöteten Bewohner der Stadt. Unter einer Kirche hatten einige Menschen in verzweifelter Hast begonnen, einen Fluchttunnel zu graben, jedoch vergebens, sie starben unter den Trümmern des einstürzenden Kirchenbaus.

Nun richteten die Mongolen ihren Blick auf Ungarn, da sich dessen weite Ebenen hervorragend als Basis für weitere Vorstöße nach

Mittel- und Westeuropa nutzen ließen. Um den Hauptangriff zu decken, wandte sich ein Teil des Heeres Richtung Polen. Die Kunde von den Verheerungen der Mongolen hatte sich inzwischen rasch im Westen verbreitet, und man traf fieberhafte Abwehrmaßnahmen. Herzog Heinrich II. von Schlesien bot ein Heer von Rittern des Deutschen Ordens, polnischen Rittern und zahlreichen weiteren Kräften auf, und am 9. April 1241 trafen die gegnerischen Truppen bei Liegnitz in Polen aufeinander.

Europa in Gefahr – die Mongolen auf dem Weg nach Westen

Gleich zu Beginn des Kampfes wurden die abendländischen Ritter von einer typischen mongolischen Kriegslist verwirrt. Die Mongolen hatten nämlich Brände auf dem Schlachtfeld gelegt und griffen im Schutz des dichten Rauches an. Dem dichten Pfeilhagel folgte ein vorgetäuschter Rückzug, dem die Ritter in die Falle gingen. Der Sieg der Mongolen war vernichtend, Heinrich II. selbst fiel, und mit ihm bedeckten zwischen 30 000 und 40 000 gefallene Mitstreiter das Schlachtfeld. Anschließend fielen sie plündernd in Mähren ein, um sich dort der Hauptarmee anzuschließen.

Getreu ihrer Devise „getrennt marschieren, vereint schlagen" rückten die anderen Teilheere der Mongolen mittlerweile von unterschiedlichen Richtungen auf die Städte Gran und Buda vor und stellten das ungarische Heer König Bélas IV. bei Mohi. Nur wenige Tage nach der Schlacht von Liegnitz erlitt es dasselbe Schicksal wie die deutsch-polnischen Ritter.

Schicksal in Gottes Hand?

Am Vorabend der Schlacht begab sich Batu auf eine Anhöhe, um wie gewöhnlich den Gott Tengri anzurufen, damit er den Mongolen den Sieg verleihen möge. Nur der Fluss Sajó trennte die beiden Heere, und die ihn überspannende Brücke bewachten die Ungarn mit lediglich 1000 Mann. Noch in der Nacht griffen die Mongolen die Brücke an.

Keine Mauer schützt
Bei ihrem ersten Sturmangriff auf Russland belagerten und eroberten die Mongolen 1238 auch Koselsk.

Unter der Führung des Herzogs von Slawonien, Koloman, verteidigten die Ungarn sie erbittert, und es gelang diesem sogar, einen hohen mongolischen Offizier mitsamt seinem Pferd von der Brücke in den Fluss zu stürzen. Doch die Mongolen drängten unter dem Feuerschutz von Katapulten, die auch Explosivgeschosse schleuderten, weiter vor.

In der Zwischenzeit überquerte ein mongolischer Stoßtrupp den Fluss an anderer Stelle und fiel von der Flanke über die völlig

überraschten Ungarn her. Es folgte ein blutiges Gemetzel an den unterlegenen Ungarn und ihren Verbündeten. Ein Augenzeuge schrieb, „dass ihre Leichen überall lagen wie Felsen in einem Steinbruch …“

Dem ungarischen König gelang zwar die Flucht, doch die Mongolen setzten ihm erbarmungslos nach und machten außerdem Anstalten, in das Herzogtum Österreich einzufallen. Dann aber zogen sie sich vollkommen unerwartet zurück. Europa hatte schaudernd das schier unaufhaltsame weitere Vordringen der fremden Reiterheere erwartet, doch so plötzlich wie dieses rätselhafte Volk aus dem Nichts aufgetaucht war, verschwand es ohne erkennbaren Grund wieder in den Steppen Zentralasiens.

Täuschungsmanöver

Die zahlreichen Siege der Mongolen beruhten auf ausgeklügelten Taktiken, die sich seit Jahrhunderten in der Kriegführung der Steppenstämme Zentralasiens herausgebildet hatten. Um eine möglichst große Kriegerzahl vorzutäuschen, setzten die Mongolen Puppen auf Pferde oder an nächtliche Lagerfeuer. Bestimmten Marsch- oder Kampfformationen gaben sie anschauliche Namen wie „dichtes Gras“ oder „Bohrer“. Oft wandten sie den „Kampf der Hunde“ an: Ein Teil des Heeres täuschte dann bei einem feindlichen Angriff eine Flucht vor. Wenn die nachsetzenden Feinde daraufhin in Unordnung gerieten, machten die eben noch fliehenden Mongolen plötzlich kehrt und gingen selbst zum Angriff über. Gleichzeitig brach ein anderer im Hinterhalt lauernder Teil des mongolischen Heeres hervor, sodass die Feinde in der Falle saßen. Dabei ließen die Mongolen dem umzingelten Feind immer einen Fluchtweg offen. So kämpfte er nicht in höchster Verzweiflung und konnte, sobald er fliehen wollte, ohne große eigene Verluste niedergemacht werden.

Überlegene Taktik der Steppennomaden

Von den Chinesen hatten die Mongolen eine hoch entwickelte Belagerungstechnik übernommen. Da die gefährlichsten Arbeiten immer in Reichweite der Gegner ausgeführt werden mussten, zwangen die Mongolen die zahlreichen im Verlauf eines Feldzugs gemachten Gefangenen dazu, die Arbeiten zu übernehmen. Zum Erfolg der Mongolen trug der für damalige Zeiten ungewöhnliche rasche Vormarsch und eine strikt eingehaltene Disziplin der Heere bei. So konnten die mongolischen Anführer schnelle, genau aufeinander abgestimmte Truppenbewegungen durchführen, die denen ihrer Feinde weit überlegen waren. Die nötigen Befehle gab man über Signalpfeile, Fahnen- oder Lichtzeichen; den Angriff signalisierten auf Kamelen reitende Kesselpauker.

1241 starb der Großkhan Ögödei, und da Batu bei der Wahl des neuen Khagan in Karakorum anwesend sein wollte, brach er den Westfeldzug ab. Europa konnte aufatmen, war

Fest im Sattel
Aufgrund ihrer überlegenen Reitkünste waren die Mongolen den schwerfälligen Ritterheeren Europas haushoch überlegen.

es doch knapp einer Katastrophe entgangen: Hätte Batu seinen Vormarsch in Europa fortgesetzt, so hätte dies einen entscheidenden Einfluss auf den Lauf der Geschichte dieses Kontinents gehabt.

Himmel oder Hölle?

Dabei gaben die zu Beginn des 13. Jh. spärlich nach Europa gelangten Nachrichten über die Mongolen durchaus Anlass zur Hoffnung. Man glaubte, es handle sich um den legendären Priesterkönig Johannes, der mit seinem Heer aus den Weiten Asiens aufgebrochen war, um den Christen im Kampf gegen den Islam beizustehen. Doch nach den grausamen Feldzügen der Mongolen in Russland, Ungarn und der Vernichtung des deutsch-polnischen Ritterheers in der Schlacht von Liegnitz verkehrte sich die anfängliche Freude ins Gegenteil. Die fremden Reiterheere schienen geradewegs aus der Hölle zu kommen und den Weltuntergang einzuläuten.

Die Mongolen bezeichneten sich nach einem ihrer Teilstämme gelegentlich auch als Tataren, und wegen des rein zufälligen Gleichklangs setzten abendländische Chronisten sie bald mit dem antiken Tartarus, der Hölle, gleich. Deshalb betrachtete man sie mehr als Teufel denn als Menschen und bezichtigte sie auch des Kannibalismus. Gleichzeitig machte sich Neugier breit, und um mehr von diesem geheimnisumwitterten Volk und seinen Absichten zu erfahren, schickte die Kurie bereits einige Jahre später päpstliche Gesandtschaften an den Hof des Großkhans.

Reiche Gelage
Derartige kunstvolle Trinkgefäße fanden bei den reichen Gelagen der Khane Verwendung. Großkhan Ögödei bekannte in einem Selbstzeugnis, dass er dem Traubenwein in seinem Leben zu sehr zugesprochen hatte.

Auch bei den Nomaden herrscht keine Einigkeit über die Nachfolge

Dschingis Khan hatte sein Reich bereits vor seinem Tod unter seinen Söhnen aufgeteilt. Eines dieser Ulus genannten Teilreiche umfasste die Mongolei mit der Hauptstadt Karakorum, dem Sitz des Großkhans. Diesem schuldeten die Herrscher der anderen Ulus Rechenschaft und mussten auf seinen Befehl Truppen für die Feldzüge stellen. Während der Eroberungsphase waren die Grenzen der Teilreiche noch nicht klar voneinander abgesetzt. Nach dem Tod Ögödeis wählte man seinen Sohn Göjük zum Großkhan. Dies führte zu Spannungen

Standpunkt

Mongolen – blutrünstige Krieger oder bedeutende Staatsmänner?

Chronisten sämtlicher Kulturen, die mit den Mongolen in Berührung kamen, übertrafen sich in ihren Schilderungen der von den Mongolen begangenen Grausamkeiten.

Die mongolische Kriegführung unterschied sich vor allem im Ausmaß ihrer Verwüstungen von den sonst üblichen Methoden der mittelalterlichen Kriegführung. Die zahlreichen Massaker an der Zivilbevölkerung erklären sich zum einen aus dem Wunsch, Panik zu verbreiten. Zum anderen wollten die Mongolen bei ihrem Weitermarsch niemanden zurücklassen, der ihnen in den Rücken fallen konnte. Die dabei ausgeübte Grausamkeit gehörte zu ihrer psychologischen Kriegführung. Der Schrecken sollte den Feind bereits vor den ersten Kampfhandlungen lähmen und ihn zur kampflosen Unterwerfung bewegen.

Nach der Eroberung regierten die mongolischen Khane ihre Teilreiche oft mit großem Geschick und Toleranz. Als Fremde blieben sie jedoch auf die Hilfe ausländischer oder einheimischer Berater und Beamter angewiesen. Bereits Dschingis Khan folgte dem Rat des Chinesen Yelü Chucai, in den eroberten Ländern Abgaben in vernünftiger Höhe zu erheben, anstatt diese hemmungslos auszuplündern.

Die tiefe Verwurzelung der mongolischen Eroberer in ihrer nomadischen Kultur verhinderte allerdings die wirkliche Einbindung der Unterworfenen in die Staatsführung der Khane.

Stolzer Khan
Die chinesische Zeichnung zeigt Batu. Der Khan der Goldenen Horde regierte von 1229 bis 1255.

unter den Mitgliedern des Herrscherhauses, die fast zu einem Bürgerkrieg geführt hätten. Doch dann wurde 1251 mit Möngke ein Enkel Dschingis Khans unter allgemeiner Zustimmung zum Großkhan ausgerufen.

Steppenmetropole

Unter seiner Herrschaft erlebte die Steppenstadt Karakorum eine Blütezeit, in der sich die ganze bunte Vielfalt des mongolischen Weltreichs spiegelte. Zahlreiche gefangene Handwerker aus ganz Asien und Europa, darunter Chinesen, Tibeter, Russen, Ungarn, Franzosen, Perser und Deutsche, lebten in den einzelnen Stadtvierteln. Im Gegensatz zu anderen Gefangenen war ihr Los erträglich, da die mongolischen Herren ihre Arbeit sehr zu schätzen wussten. In dem weiträumigen, von einer Mauer umgebenen Stadtgebiet gab es viele Viertel. Die Chinesen und Muslime bewohnten Steinhäuser, während die Mongolen das Leben in den traditionellen Jurten bevorzugten. Jede Religionsgemeinschaft verfügte über eigene Gotteshäuser und Gebetsstätten. So gab es neben ungefähr zehn buddhistischen Tempeln mit großen Buddhastatuen aus Ton auch eine christlich-nestorianische Kirche sowie zwei Moscheen.

Die im chinesischen Stil erbauten Wohnstätten des Adels stellten allein die ungeheure Pracht des Palastes des Großkhans in den Schatten: „Dieser Palast ist wie eine Kirche gebaut, er hat ein Mittelschiff und zwei Seitenschiffe hinter zwei Säulenreihen ... Der Khan sitzt am Nordende auf einem erhöhten Platz, sodass er von allen gesehen werden kann. Zwei Treppen führen zu ihm hinauf... Der Palast ist von Norden nach Süden gerichtet ..."

Auch die Ausstattung des Gebäudes beeindruckte die Zeitgenossen. In einem Innenhof befand sich ein von Meister Guillaume Boucher aus Paris unter Mitarbeit von 50 tibetischen, chinesischen und mongolischen Helfern gefertigter Silberbaum, den ein Trompete blasender Engel krönte. Im Innern des Baumes verbargen sich vier in Tiergestalten endende Röhren. Aus ihren Mäulern sprudelten nach einem Trompetensignal des Engels alkoholische Getränke hervor. Neben Wein war bei den Nomaden die vergorene Stutenmilch Kumys sehr beliebt.

Andere Länder, andere Sitten

Viele Berichte über die Lebensweise der Mongolen stammen aus der Feder europäischer Gesandter. Zu den bekanntesten Besuchern am Hof des Großkhans gehörten die Franziskanermönche Piano Carpini und Wilhelm von Rubruk. Piano Carpini traf 1246 im Auftrag des Papstes Innozenz IV. nach langer und gefahrvoller Reise in Karakorum ein. Wilhelm von Rubruk erreichte als Gesandter des französischen Königs Ludwig IX. im Jahr 1254 den Hof des Großkhans Möngke. Die Gesandten sollten möglichst viel über die Mongolen herausfinden und prüfen, ob sie zum christlichen Glauben bekehrt werden konnten.

Für die Mongolen selbst stellten die europäischen Gesandtschaften keine Besonderheit dar, da fremde Botschafter aus allen Teilen Asiens zum Alltag am Hof von Karakorum zählten. Ganz anders erging es da den Europäern, wie dies den Worten von Rubruk deutlich zu entnehmen ist: „... am dritten Tag trafen wir auf die Tataren. Mir war, wie ich in ihre Mitte trat, richtig, als setzte ich den Fuß in eine andere Welt ..."

Im Allgemeinen empfingen die Mongolen die Gesandten freundschaftlich, doch hochfahrendes Auftreten konnte gefährlich werden. Der mongolische Statthalter des Kaukasusgebiets trug sich wegen des in seinen

Die Macht der Kultur
Die Mongolen übernahmen viele Motive und erlernten viele Techniken der unterworfenen Kulturen und mischten sie mit eigenen Elementen.

Hintergrundbild: Manche Khane bekannten sich zum Islam, beteten in Moscheen wie der Jame-Moschee in Yazd, und die Khane der Goldenen Horde pflegten enge Verbindungen zu Ägypten.

Augen ungebührlichen Benehmens mit dem Gedanken, seine europäischen Besucher zu häuten und dann mit Stroh ausstopfen zu lassen. Der Dominikaner Ascelinus und seine Begleiter hatten die mongolische Gastfreundschaft wohl zu sehr strapaziert und entgingen nur knapp dem Tod.

Überhaupt zeigten sich die Mongolen von den europäischen Abordnungen nicht sonderlich beeindruckt und machten ihren Standpunkt deutlich klar: In einem Schreiben des Großkhans an Papst Innozenz IV. forderte er diesen sowie alle Könige Europas auf, zu ihm zu kommen und ihm zu huldigen, da er sie andernfalls als Feinde behandeln würde.

Bagdad fällt

Unter Großkhan Möngke setzten die Mongolen ihre Eroberungszüge fort. Sie bekämpften die im südlichen China nach wie vor herrschende Song-Dynastie, und Hülägü, der Bruder Möngkes, bereitete einen Großangriff auf den Vorderen Orient vor. 1255 stand er mit einem riesigen Heer bei Samarkand und drang von dort aus in den Iran ein. 1258 fiel nach 50-tägiger Belagerung, in der „die Stadt erfüllt war vom Donner und Blitz aufschlagender Steine und brennender Naphthageschosse", die Kalifenresidenz Bagdad. Damit befand sich fast der gesamte Vordere Orient in mongolischer Hand. Kurz darauf starb der Großkhan Möngke, und es kam erneut zu Streitigkeiten um die Nachfolge.

Die Nachfolger Dschingis Khans teilen das Weltreich auf

Möngkes Bruder Kublai brach das Gesetz Dschingis Khans, indem er sich 1260 selbst zum Großkhan ausrief. Gleichzeitig wandelten sich die einzelnen mongolischen *Ulus* in praktisch unabhängige Reiche. Im Vorderen Orient herrschten als Nachfolger Hülägüs die Ilkhane, im Herzland Zentralasiens entstand das Reich Tschagatai. Die Mongolei, Tibet und China gehörten Kublai, und Russland befand sich im Besitz der Goldenen Horde. Sie verdankte ihre Bezeichnung dem mongolischen Wort *orda* für Heerlager und der mit Gold verzierten Prachtjurte des Khans. In dieser hatte absolute Ruhe zu herrschen, und niemand durfte ohne Erlaubnis eintreten. Wer zur Audienz vorgelassen wurde, kniete beim Gespräch mit dem Khan auf dem Boden, während ein Schreiber das Gespräch aufzeichnete. Der Khan selbst saß dabei mit seiner Lieblingsfrau auf einem erhöhten Podest.

Batu herrschte von der an der Wolga gelegenen Stadt Saraj über sein russisches Reich. Hier empfing er die russischen Fürsten, die ihre Tribute abzuliefern hatten und dafür vom Khan bestimmte Regierungsprivilegien erhielten. Sie hatten sich mit der mongolischen Oberhoheit abgefunden, zumal sie weiterhin ihre eigene Kultur pflegen konnten. Trotzdem schnitten die Jahrhunderte der Mongolenherrschaft Russland von der Entwicklung im Westen ab, was später nur sehr schwer aufzuholen war.

Die durch das Reich der Goldenen Horde verlaufenden großen Handelsrouten bescherten ihm großen Wohlstand. In einem der wichtigsten Umschlagplätze, der Stadt

Grabmal eines Khans
Unter dem Ilkhan Öldschäitü, dessen Mausoleum im iranischen Sultaniye steht, erlebte die persische Kultur einen Höhepunkt. Während seiner Herrschaft verfasste Raschid Ad Din eine unübertroffene Geschichte der Mongolen.

Land der Wunder
Die Karte zeigt Khanbalik, die Hauptstadt Kublai Khans, und einen Teil seines riesigen Herrschaftsgebietes.

Saraj, trafen sich Kaufleute aus aller Herren Länder: „Saraj ist eine sehr schöne Stadt …, hier leben verschiedene Völkerschaften … Jede Nation bewohnt ihr eigenes Quartier mit besonderen Basaren …“, weiß der arabische Reisende Ibn Battuta von Saraj zu berichten.

Eine neue Dynastie in China

Einen fast legendären Ruf errang, nicht zuletzt wegen des berühmten Reiseberichts Marco Polos, das Reich Kublai Khans. Dieser setzte 1274 „die Herrscherstadt“ Khanbalik, nahe des heutigen Peking, an die Stelle Karakorums und nannte seine Dynastie Yuan, Uranfang. Fünf Jahre später konnte er den Krieg gegen die Song siegreich beenden und China unter seiner Herrschaft einigen. Weitere kriegerische Unternehmungen wie die geplante Eroberung Japans oder Javas scheiterten, und auch seine militärischen Expeditionen nach Birma oder Vietnam endeten mit einem mageren Ergebnis. Die Mongolen hatten mit den für sie ungewohnten Anlandungsmanövern mit Schiffen oder den Märschen durch heiße, undurchdringliche Dschungelgebiete die Grenzen ihrer militärischen Fähigkeiten erreicht.

Trotzdem erlebte China unter der Herrschaft Kublai Khans eine Blütezeit, und zahlreiche fremde Reisende, Fachleute und Händler kamen in das offene, kosmopolitische Land. Die Zivilverwaltung lag zumeist in den Händen von Muslimen aus Mittelasien oder anderen Ausländern. Zu ihnen gehörte der berühmte Marco Polo, der bei seinem Aufenthalt in China zeitweilig hohe Ämter bekleidete. Als Amtssprache diente die persische Sprache. Marco Polos Berichte zeichneten ein farbiges Bild der Herrschaftszeit Kublai Khans und versetzten Europa in Erstaunen. Er behauptete, dass „alle Kaiser dieser Welt und alle Könige, auch wenn sie alle zusammen wären, keine solche Macht haben, wie Kublai, der Herr aller Tataren der Erde ist …“

Seine ungeheure Macht stellte der Khan auch öffentlich gern zur Schau: Auf Kriegszügen und Jagden ließ er sich gern in einer prunkvollen Riesensänfte transportieren, die von vier reich geschmückten Elefanten getragen wurde.

Vierklassige Gesellschaft

Die Mongolen führten in China ein strenges System der sozialen Trennung ein und verboten u. a. die Heirat zwischen Mitgliedern der einzelnen Gruppen. An der Spitze der gesellschaftlichen Hierarchie standen die Mongolen, gefolgt von den in der Verwaltung tätigen Ausländern, den „Klassenleuten“. Die auch Hanjen genannten Nordchinesen standen über den Nanjen, den Südchinesen. Die Angehörigen dieser vier Klassen teilten sich je nach Herkunft in verschiedene Untergruppen auf. Aufgrund dieser sozialen Diskriminierung hatten Chinesen nur selten hohe Amtsbefugnisse inne. Auch die Rechtsprechung bekräftigte diese Unterschiede: Wenn ein Mongole einen Chinesen tötete, musste er nur eine Geldbuße entrichten. Im umgekehrten Fall drohte dem Chinesen die Todesstrafe.

Kurzlebige Blüte

Kublai selbst regierte zwar als Kaiser von China, die chinesische Sprache beherrschte er aber kaum. Trotzdem galt sein Interesse der chinesischen Kultur, er förderte die chinesische Gelehrsamkeit, und die kaiserlichen Prinzen erhielten eine chinesische Erziehung.

Obwohl sich die mongolischen Teilreiche nicht immer wohl gesinnt gegenüberstanden, war die Verbindung zwischen Ost und West über die transasiatischen Handelsrouten eng wie selten zuvor. Der Seehandel nach Südostasien, Indien und Persien blühte ebenfalls auf. Neben Gewürzen und Seide gelangten damals auch zahlreiche chinesische Erfindungen wie das Papier, der Kompass, der Buchdruck und nicht zuletzt das Schießpulver nach Europa. China erlebte zu jener Zeit einen wirtschaftlichen Aufschwung, und die Mongolen führten das Papiergeld als eine im ganzen Reich verbindliche Währung ein.

Die wilden Krieger versagen

Der Khan profitierte von hohen Steuereinnahmen. Da diese jedoch vor allem auf den Chinesen lasteten und sie zudem zahllose Arbeitsdienste an staatlichen Bauprojekten und für die große Armee schultern mussten, wuchs der Unmut unter den Einheimischen. Besonders unerträglich waren die Lebensbedingungen der Salinenarbeiter, und so kam es zu Beginn des 14. Jh. zu ersten Aufständen gegen die Mongolen. Den Kern dieses Widerstands bildeten Geheimgesellschaften oder Sekten wie die des Weißen Lotos. Sie fanden durch die zunehmende Verarmung der einfachen Bevölkerung regen Zulauf. Dazu gesellte sich nun eine wirtschaftliche Verschlechterung durch die Entwertung des Papiergelds, zunehmende Korruption der Beamtenschaft und seit 1327 wiederholte, schlimme Überschwemmungen des Gelben Flusses. Verheerende Hungersnöte waren die Folge. Die mongolischen Khane bekamen die Lage nicht in den Griff, und 30 Jahre später war die Zeit der Mongolenherrschaft in China beendet.

Gesang und Tanz
Die etwa 40 cm große Tonfigur zeigt einen Schauspieler der Yuan-Zeit, in die auch die Anfänge der Pekingoper fielen. Gleichzeitig entstand eine reiche umgangssprachliche Volksliteratur aus Erzählungen und Romanen.

Auf den Spuren der grossen Handelsstrassen

Der gegenseitige Austausch von Handelsgütern stellt eine der ältesten und wichtigsten wirtschaftlichen Tätigkeiten der Menschheit dar. Ihr Anfang reicht bis in die Steinzeit zurück, denn seit jeher versuchten die Menschen weltweit, in den Besitz von Gütern und Rohstoffen zu gelangen, die sie selbst nicht produzieren konnten oder die in ihrer Umwelt nicht zu finden waren. Im Lauf der Zeit entstand so ein dichtes Netz von Nah- und Fernhandelswegen zu Wasser und zu Land, die vor der Entdeckung Amerikas Europa, Asien und Afrika eng miteinander verknüpften.

Da vom reibungslosen Ablauf des Handels auch die Herrscher profitierten, standen die Handelswege und die reisenden Kaufleute unter ihrem besonderen Schutz. Als Gegenleistung verlangten sie besondere Zölle.

Transkontinentaler Handel

Als längste transkontinentale Route verband die Seidenstraße China mit dem Vorderen Orient und Europa. Daneben führte von den südchinesischen Häfen ein Seehandelsweg über die südostasiatische Inselwelt nach Indien und weiter nach Arabien und in den Persischen Golf. Der Vordere Orient bildete gleichzeitig die Drehscheibe für die nach Afrika führenden Handelsstraßen – quer durch die Sahara, an der Küste Nordafrikas oder zu Schiff entlang der ostafrikanischen Küste. Erst mit den Entdeckungsreisen im 15. Jh. verlagerte sich der europäische Handel mit Asien und Afrika auf die Seerouten, die alten Handelsstraßen wurden teilweise überflüssig.

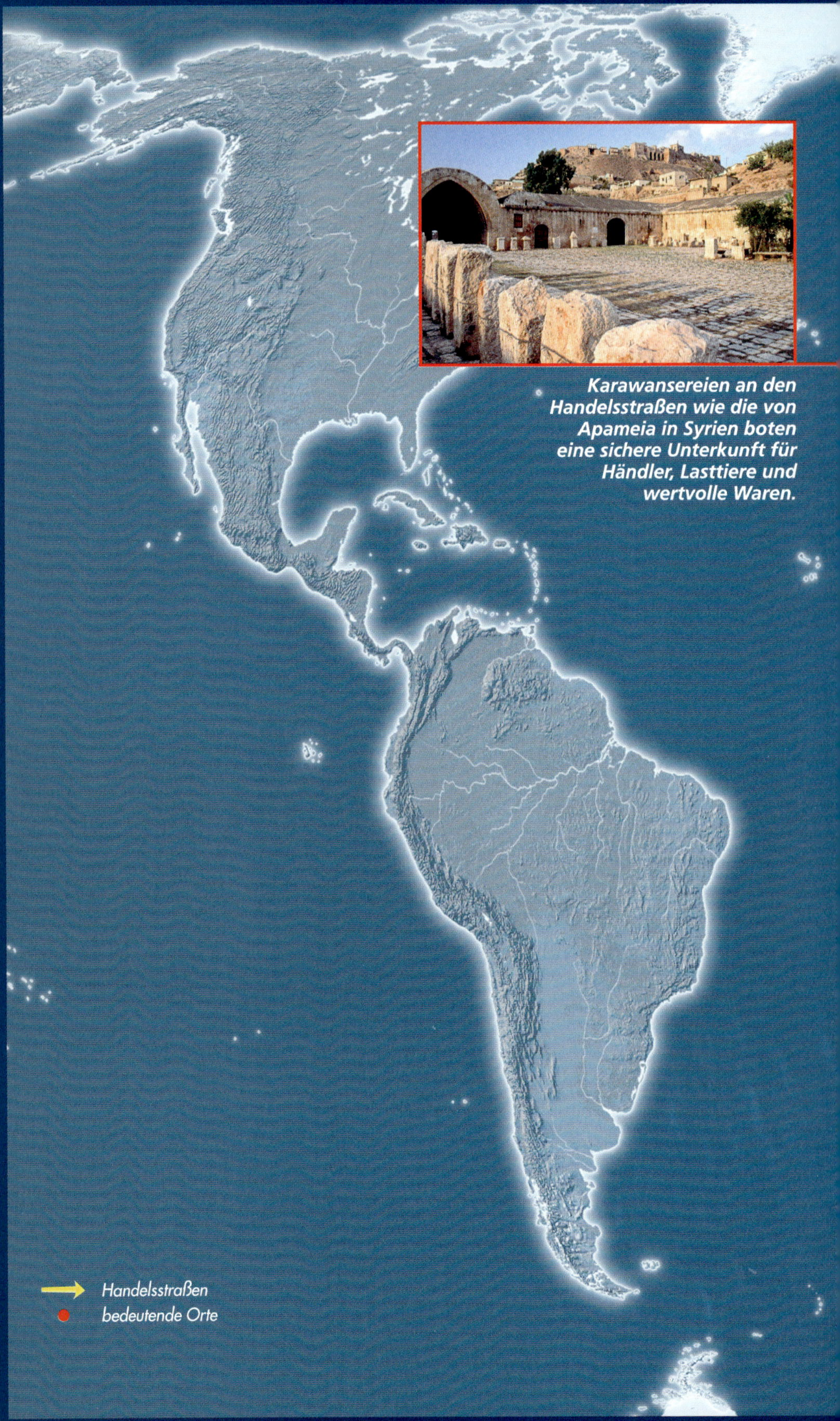

Karawansereien an den Handelsstraßen wie die von Apameia in Syrien boten eine sichere Unterkunft für Händler, Lasttiere und wertvolle Waren.

Die Miniatur zeigt die Ankunft indischer Händler mit ihren teils lebenden Waren im Hafen von Hormus an der Küste Irans.

Entlang der Seidenstraße blühten zahlreiche Städte wie Gaochang. Nach Aufgabe der Handelsrouten versanken sie allmählich im Sand der Wüste.

Die große Oasenstadt Timbuktu war der wichtigste Umschlagplatz für den Handel mit Gold und Salz in Westafrika.

Arabische Händler wickelten den größten Teil des Handels zwischen Indien und dem Vorderen Orient ab.

ALLE WUNDER DIESER WELT

Beim Gewürzhandel waren die Gewinnspannen der Kaufleute trotz des großen Risikos so hoch, dass man sie spöttisch „Pfeffersäcke" nannte – vielleicht in Anspielung auf ihre durch den Wohlstand bedingte Leibesfülle.

Pferde aus dem westlichen Zentralasien stellten in China ein extrem teures Luxusgut der Oberschicht dar.

Auf den großen Handelsrouten beförderten die Karawanen und Schiffe die unterschiedlichsten Güter. Meist handelte es sich nicht um Dinge des täglichen Bedarfs, die überall hergestellt werden konnten, sondern um ausgesuchte Luxuswaren. Nur für diese der jeweiligen Oberschicht vorbehaltenen Waren lohnten sich die langen, riskanten Handelsfahrten, denn die Abnehmer am Zielort waren bereit, extrem hohe Preise zu zahlen, sodass die Gewinnmargen entsprechend hoch ausfielen.

Seide, Gewürze und Waffen

Einer der wichtigsten und wertvollsten Exportartikel Chinas blieb im Mittelalter die Seide, obwohl das chinesische Seidenmonopol bereits im 6. Jh. fiel und die Kenntnis der Seidenraupenzucht in den Westen gelangte. Seither wurde Seide auch in Vorderasien und im Mittelmeerraum erzeugt. Daneben begehrten die Menschen in Europa und im Vorderen Orient auch Porzellan, Heilmittel und Salz aus China.

Entlang der Seidenstraße blühte zudem der Waffenhandel, da die großen Städte im Nordostiran und im westlichen Zentralasien für ihre Stahlwaffen weithin berühmt waren. Südostasien exportierte vor allem exotische Hölzer, Gewürze und Heilpflanzen aller Art, darunter Muskatnüsse, Sandelholz und Gewürznelken. Im Gegenzug lieferten die indischen Schiffe Stoffe und hochwertige Stahlwaren. In den Westen brachten die Inder vor allem Edelsteine und Pfeffer.

Europäer und Araber benötigten das Gold aus Afrika vor allem für die Prägung von Münzen. Mit dem wirtschaftlichen Aufschwung nahm die Geldwirtschaft an Bedeutung zu.

Weißes und gelbes Gold

Aus dem Innern Afrikas gelangten hauptsächlich Gold, Sklaven und Elfenbein an die Ostküste des Kontinents. Dort übernahmen arabische Händler die Waren zum Weitertransport.

In Westafrika verkehrten die Karawanen quer durch die Sahara und tauschten das lebensnotwendige Salz des Nordens gegen das im Süden gefundene Gold.

Links: Zwei nestorianische Mönche hatten in ihren Wanderstäben versteckte Eier des Seidenspinners von China in den Westen geschmuggelt.

Rechts: Im mittelalterlichen Europa unterschied man bei den fremdartigen Gewürzen kaum zwischen Würz- und Heilmittel.

Karawanen und Schiffe

Das weit verzweigte, Kontinente überspannende Handelsnetz hätte ohne geeignete Transportmittel nie entstehen können. Auf der Seidenstraße legte keine Karawane die riesige Entfernung zwischen China und der Mittelmeerküste in einem Stück zurück. Die erste Karawane brachte die Handelsware zur nächstgelegenen Handelsstadt, wo sie eine andere Karawane zum Weitertransport übernahm. Dennoch blieben die zu überwindenden Entfernungen beträchtlich.

Vierbeinige Lastenträger

Die Landrouten verliefen oft durch extrem unwegsames Gebiet, sodass zuverlässige, genügsame Lasttiere unabdinglich waren. In Zentralasien nutzten die Händler hauptsächlich Kamele, mitunter auch Yaks. Beide verfügten über genügend Kraft und Ausdauer, um die Waren über einen langen Zeitraum tragen zu können. Pferde dienten meist nur als Reittiere für die Kaufleute und die Wachmannschaften. In Nordafrika setzte man für die Durchquerung der Sahara nur Dromedare als Last- und Reittiere ein. Mit Eseln beförderte man lediglich kleinere Lasten über relativ kurze Strecken. In den Urwald- und Savannengebieten Afrikas gab es keinerlei geeignete Tragtiere, und so traten lange Kolonnen menschlicher Träger an deren Stelle.

Auf hoher See

Wesentlich bequemer und schneller als bei den Überlandrouten konnten die Kaufleute über die Seeverbindungen in relativ kurzer Zeit weite Strecken zurücklegen. Im gesamten Indischen Ozean dominierten die arabischen Händler den Warentransport, aber auch indische und chinesische Handelsschiffe befuhren die Routen.

Die dreieckigen „Lateinsegel" der arabischen Schiffe erleichtern das Kreuzen gegen den Wind wesentlich. Ähnliche Schiffe befahren heute noch das Rote Meer.

In der Wüste wie auf dem Meer war eine möglichst genaue Standortbestimmung mithilfe von Astrolabien lebenswichtig. Alle Reisenden richteten sich nach den Sternen, dem Sonnenstand und auffälligen Wegmarken.

Auf den Basaren der großen Handelsstädte des Orients stapelten sich alle erdenklichen Waren aus der gesamten Alten Welt. In den Karawansereien wie dieser in Bagdad fanden die Kaufleute Unterkunft.

Unten: Oft übernahmen wie hier in China ortskundige einheimische Führer die Aufgabe, die durchziehenden Karawanen gegen Bezahlung über eine bestimmte Wegstrecke zu begleiten.

Links: Wagen fanden auf den transkontinentalen Routen keine Verwendung, da sie zu sperrig und anfällig für Reparaturen waren, die man auf so langen Reisen nicht hätte durchführen können.

HANDEL, RELIGION UND WISSENSCHAFT

Wegen seiner engen Handelsbeziehungen zum Osten verbreiteten sich vor allem über Venedig die aus dem Orient stammenden Erfindungen und wissenschaftlichen Erkenntnisse innerhalb Europas.

Durch arabische Manuskripte gelangte das Geheimnis der Zusammensetzung von Schießpulver auch nach Europa. Den hierfür benötigten Salpeter bezeichneten die Araber als „chinesischen Schnee".

Der seit vielen Jahrhunderten Europa, Asien und Afrika umspannende Austausch von Handelsgütern hatte auch die Verbreitung unterschiedlicher Religionen sowie wissenschaftlicher Erfindungen und Entdeckungen zur Folge. Entlang der Seidenstraße brachten Pilger und Missionare das nestorianische Christentum, den persischen Manichäismus und vor allem den Buddhismus bis weit nach Zentralasien und China. Überall entstanden in den Handelsstädten zahlreiche buddhistische Heiligtümer und Tempel.

Gleichzeitig gelangten in Vorderasien und Indien beheimatete Schriftsysteme nach Zentralasien und wurden von den hier lebenden Völkern übernommen. Arabische Händler hingegen verbreiteten den Islam an der gesamten ostafrikanischen Küste, in Nordafrika und auf der südostasiatischen Inselwelt.

Technologietransfer

Über die Handelsrouten gelangte auch das Wissen über technische Neuerungen in andere Länder. Neue Methoden der Stahlherstellung gelangten z.B. von Indien aus in die islamische Welt. Auch in Afrika erfuhr die Eisentechnologie in den südlich der Sahara gelegenen Gebieten einen großen Aufschwung.

Europa profitierte ebenfalls vom ständigen Austausch mit den fremden Kulturen. Durch Vermittlung der Araber und Mongolen erhielt man hier Kenntnis von zahllosen chinesischen Erfindungen. Dazu gehörten u.a. die Verarbeitung von Gusseisen, die Papierherstellung, der Buchdruck, das Schießpulver und der Kompass. Diesen wichtigen technologischen Errungenschaften verdankte Europa seinen späteren Aufstieg zur weltbeherrschenden Macht.

Entlang der Seidenstraße finden sich die Spuren der einst dort blühenden buddhistischen Kultur wie die Stupas von Dunhuang in Turkestan.

Der jüdische Apotheker betreibt sein Geschäft in Spanien. Über die Handelswege fand auch das Wissen der hoch entwickelten persisch-indischen Medizin Eingang in Europa.

Die teuren und seltenen Heilpflanzen aus fernen Ländern bewahrte man auch in Persien in getrockneter oder pulverisierter Form in besonderen Gefäßen auf.

Der Ruf der Ferne

Marco Polos Berichte von seinem Aufenthalt in China und den dortigen Lebensgewohnheiten riefen bei seinen Zeitgenossen großes Staunen hervor.

Darstellungen wie diese Weltkarte Idrisis erweiterten den völkerkundlichen und geographischen Horizont Europas beträchtlich.

Der Wunsch, fremde Völker zum christlichen Glauben zu bekehren, veranlasste Mönche wie Wilhelm von Rubruk zum Aufbruch ins Unbekannte.

Im Verlauf seiner langen Reisen suchte Ibn Battuta auch die an der ostafrikanischen Küste gelegene prächtige Handelsstadt Kilwa auf.

Auf den großen Handelsrouten reisten neben den Handelskarawanen diplomatische Gesandtschaften und Pilger. Manche hinterließen ausführliche Berichte ihrer zahlreichen Abenteuer und Erlebnisse und malen in ihren Reiseschilderungen ein buntes Bild der Verhältnisse und Bräuche in fernen Ländern. Das regte andere Entdecker dazu an, sich ebenfalls auf den Weg zu machen.

Die vor allem von den mongolischen Khanen gewährleistete Sicherheit der Handelsstraßen innerhalb ihres Machtbereichs erlaubte während des 13. Jh. ein relativ gefahrloses Reisen. Krankheiten, extreme klimatische Bedingungen und unwegsame Gebiete stellten trotzdem nicht zu unterschätzende Gefahrenquellen dar.

Weltreisende im Mittelalter

Zu den ausführlichsten Berichten gehören die der päpstlichen Gesandten Wilhelm von Rubruk und Piano Carpine, die am Hof der mongolischen Großkhane lebten. In umgekehrter Richtung reisten mongolische Delegationen nach Westen und erreichten Frankreich und England. Dort erregten sie verständlicherweise großes Aufsehen. Bereits Jahrhunderte zuvor gelangte der chinesische Pilger Faxian entlang der Seidenstraße bis nach Nordindien. Zu Schiff kehrte er dann über Südostasien in seine Heimat zurück.

Am Reisebericht des bekanntesten westlichen China-Reisenden, des Venezianers Marco Polo, entzündete sich die Phantasie Europas. Deutlich weiter als Marco Polo reiste allerdings der Araber Ibn Battuta. Er erkundete in der ersten Hälfte des 14. Jh. von Nordafrika aus weite Teile Afrikas, Arabiens, Zentralasiens, Indiens, Südostasiens und Chinas und hinterließ eine umfangreiche, äußerst aufschlussreiche Reisebeschreibung.

Die arabische Kartographie erreichte nicht zuletzt wegen der zahlreichen Handelsreisen bereits im Mittelalter einen hohen Stand. Die Karte, bei der der Süden oben liegt, zeigt das Rote Meer und die Städte Medina und Mekka.

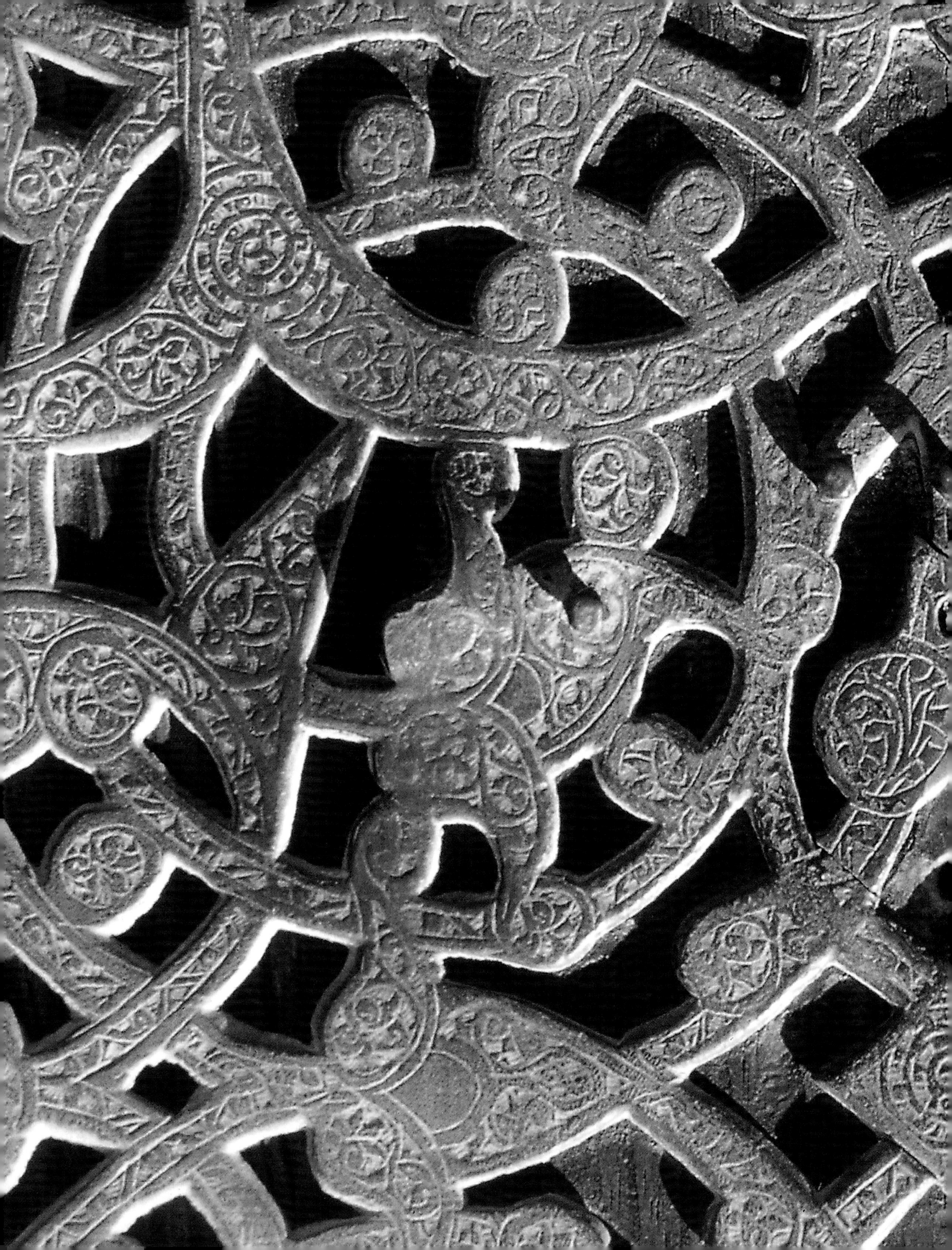

AFRIKA

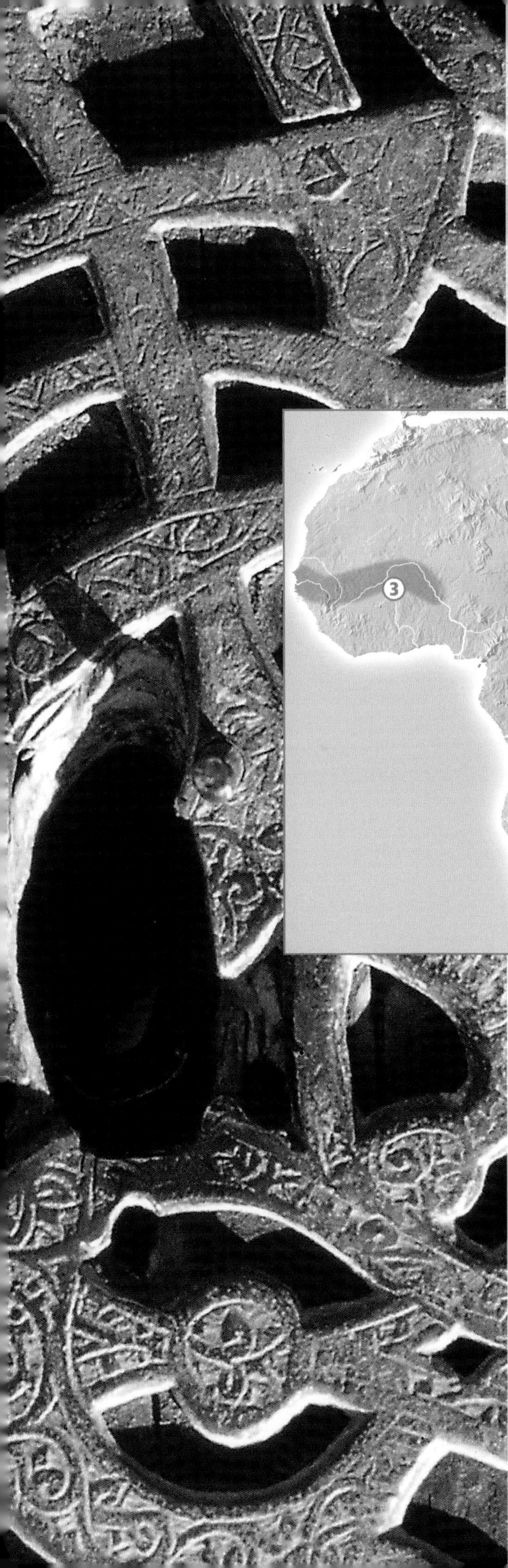

① Kilwa – Sultanat vor der Küste Ostafrikas (um 1200–14. Jh.)
Seite 130

② Am Horn von Afrika – das christliche Äthiopien (um 1200–1332)
Seite 134

③ Sagenhafter Reichtum – das Handelsreich Mali (13.–14. Jh.)
Seite 140

④ Das Nomadenreich Kanem (13.–14. Jh.)
Seite 147

⑤ Die Mamelucken – vom Sklaven zum Herrscher (1250–14. Jh.)
Seite 151

⑥ Gold- und Viehhandel – Blütezeit von Simbabwe (13.–14. Jh.)
Seite 156

Kilwa – Sultanat vor der Küste Ostafrikas

Ein kleiner Inselstaat im Osten Afrikas entwickelte sich zu einem Wirtschaftsgiganten auf dem Schwarzen Kontinent. Die Herrscher von Kilwa nutzten die Gunst der Verhältnisse und häuften unvorstellbare Reichtümer an.

Import aus Fernost
Die grazile chinesische Vase des 13. Jh. stammt aus dem Palast des Sultans von Kilwa. Sie bezeugt die intensiven Handelskontakte zwischen Ostafrika und dem Reich der Mitte.

Näherten sich im 13. und 14. Jh. Seefahrer mit ihren Schiffen vom Indischen Ozean her dem afrikanischen Kontinent, so bot sich ihnen an der Küste des heutigen Tansania ein atemberaubender Anblick. Schon von weitem konnten sie auf einer vorgelagerten Insel die Umrisse einer grandiosen Stadtanlage erkennen. Besonders stachen die glänzende Kuppel einer großen Moschee, der imposante Palast des Sultans und die wehrhaften Befestigungsbauten ins Auge. Alle Häuser schienen überdies aus solidem Stein errichtet zu sein.

Kleiner Ort – ganz gross

Gingen die Ankömmlinge dann in dem gut ausgebauten Hafen an Land, befanden sie sich sofort inmitten eines bunten Treibens. Auf den Märkten und Plätzen wimmelte es von Kaufleuten und Händlern aus aller Herren Länder – einheimische Afrikaner, Araber, Perser, Inder und sogar Chinesen – betrieben eifrig ihre diversen Geschäfte. Die liefen gut, denn der Wohlstand in der Stadt ließ sich nicht verbergen.

Das vielfältige Warenangebot versetzte so manchen in Verwunderung. Wer wollte, konnte sich mit kostbarem Elfenbein, mit Weihrauch, exotischen Gewürzen, wertvollen Hölzern und auch mit Sklaven eindecken. Darüber hinaus fand ein schwungvoller Handel mit Edelmetallen und Juwelen statt. Und schließlich rühmte man die Stadt weithin als wichtigen Umschlagplatz für Gold.

Die abgelegene Stadt, an der sich dieses afrikanische Wirtschaftswunder abspielte, hieß Kilwa, und ihr Name war, jedenfalls in den Kreisen der Kaufleute und der Finanzwelt, in aller Munde. Weil es auf dem Schwarzen Kontinent noch andere Orte mit diesem Namen gab, hatte man das betriebsame Handelszentrum mit dem Zusatz *Kisiwani* versehen. Zusammen bedeutete dies nichts anderes als „Kilwa auf der Insel". Vor 700 Jahren kam dieser Name einem internationalen Gütesiegel gleich. Heute zeugen von der einstigen Größe der Handelsmetropole an der Küste Ostafrikas nur noch einige Ruinen.

Im Brennpunkt des Geschehens

Fast 200 Jahre lang spielte Kilwa Kisiwani im Mittelalter eine herausragende Rolle, doch über seinen Aufstieg und seine Entwicklung weiß man erstaunlicherweise kaum etwas. Allein die arabischen und portugiesischen Chroniken bieten zusammen mit den ausgegrabenen Funden einige Einblicke.

Offenbar hatten sich schon Jahrhunderte vor dem Aufstieg Kilwas Menschen auf der kleinen Insel niedergelassen. Doch lange dämmerte sie im historischen Halbschlaf vor sich hin, bis eine plötzliche Veränderung der politischen Großwetterlage die Küsten Ostafrikas in den Brennpunkt des Geschehens rückte. Nach ihren Eroberungen seit der Mitte des 7. Jh. dominierten die Araber und vor allem ihre Kaufleute weite Regionen rings um das Mittelmeer. In Nordafrika verfügten sie über wichtige politische und wirtschaftliche Stützpunkte, und bald begannen sie sich für das östliche Afrika zu interessieren. Die dortigen Küsten boten nämlich beste geostrategische Bedingungen für den Ausbau der Handelskontakte in den Mittleren und Fernen Orient.

Ein Eldorado für Abenteurer

Folgerichtig gründeten die Araber an Afrikas Ostküste im Verlauf des 8. und 9. Jh. eine ganze Kette Handelsniederlassungen mit äußerst klangvollen Namen. Die nördlichste dieser frühen islamischen Siedlungen befand sich bei Mogadischu, die südlichste in Sofala, dem Endpunkt innerafrikanischer Karawanenstraßen an der Küste von Mosambik. Dazwischen lagen so bekannte Stätten wie Mombasa oder die Insel Sansibar.

Die Aussicht auf Reichtum lockte in der Folgezeit viele Menschen in diese Gegend. Manche kamen sogar mit dem erklärten Willen, sich hier festzusetzen und dauerhaft die Kontrolle über die wirtschaftlichen Ressourcen zu gewinnen.

Vor allem persische Kaufleute nahmen schließlich das Heft in die Hand. Einer alten Chronik zufolge riss der Perser Ali 956 die Herrschaft in Kilwa an sich und sicherte sich

Eindrucksvolle Reste
Die Große Moschee war der bedeutendste Sakralbau von Kilwa. Die Sultane ließen sie zwischen dem 13. und 15. Jh. erbauen.

Sicherheit geht vor
Die Sultane schützten die Stadt mit einer massiven Festung vor möglichen Feinden. Zugleich wollten sie damit ihre Macht und ihren Reichtum demonstrieren.

damit einen besonders attraktiven Standort. Angeblich erreichte er mit seinem Vater und seinen fünf abenteuerlustigen Söhnen Afrika und gründete überall an den Küsten zahlreiche Handelskontore. Auf seinen Spuren folgten viele weitere persische Händler.

Um 1200 gelang es einer persischen Familie aus der Dynastie der Schirazi, sich an die Spitze des Stadtstaates Kilwa zu setzen. Auch soll die Machtübernahme ganz friedlich vonstatten gegangen sein: Der Familienchef Al Hasan regelte die Angelegenheit völlig pragmatisch und kaufte die Herrschaft dem bis dahin regierenden Sultan gegen die Lieferung wertvoller Kleider ab.

Anschließend ging es mit Kilwa allerdings rasant bergauf. Die persischen Einwanderer erwiesen sich als Glücksfall, denn sie verfügten über ein ausgeprägtes kommerzielles Know-how. Schließlich kamen sie aus einem Land mit glorreicher Vergangenheit und wertvollen Erfahrungen auf dem Gebiet des Handels und der Wirtschaft. Davon sollte jetzt der Osten Afrikas und insbesondere die Stadt Kilwa profitieren.

Ein gutes Geschäft sorgt für gefüllte Kassen

Die Schirazi machten sich sofort an die Arbeit. Sie erwarben die Nachbarinsel Mafia, sie prägten eigene Münzen und stürzten sich voller Elan in den Ausbau des Handelsimperiums. Voller Zufriedenheit konnte der Sultan bald in seinem aus 100 Sälen bestehenden Palast die Abrechnungen studieren. Der Export von Gold, Elfenbein, Eisen und Sklaven aus Afrika nach Indien oder China sorgte dafür, dass in den Kassen von Kilwa niemals Ebbe herrschte. Zugleich entwickelte sich Kilwa zum Anlaufpunkt für Importwaren aus dem Fernen Osten wie Textilien aus Indien oder wertvolles Porzellan aus China. Seine herausragende Position im Interkontinentalhandel konnte Kilwa auch wahren, als zu Beginn des 14. Jh. die Schirazi von der Familie der Mahdali abgelöst wurden.

Kein Mauerblümchen

Besonders lukrativ gestaltete sich der Handel mit Gold. Um ihn entsprechend zu fördern, bauten die Fürsten von Kilwa den Hafen von Sofala zu einer Drehscheibe für den Weitertransport des begehrten Edelmetalls aus, das man bevorzugt aus den Goldminen Südafrikas bezog. Die Herrscher von Kilwa hatten keinerlei Skrupel, ihren enormen Reichtum auch nach außen hin zur Schau zu stellen. Sie verwandelten die Stadt auf der Koralleninsel in ein wahres Schmuckstück. Kein fremder Besucher konnte sich ihrer Faszination entziehen. Ein Chronist hob bewundernd die Maßnahmen des Sultans Suleyman Hasan zur Verschönerung und Sicherung der Stadt hervor: „Er baute eine steinerne Festung und Mauern, Türme und vornehme Häuser, wo doch bis zu dieser Zeit die Stadt aus Holz gebaut war."

Kilwa hat allerdings nicht allein wegen seiner äußeren Pracht und wegen seiner wirtschaftlichen Leistungsfähigkeit tiefe Spuren in der Geschichte Afrikas hinterlassen, denn gleichzeitig ging eine enorme kulturelle Ausstrahlung von dem kleinen Inselstaat aus. Als ein Schmelztiegel des Handels erwarb Kilwa einen beinahe modern anmutenden internationalen Anstrich. Afrikaner lebten hier eng zusammen mit Arabern, Persern, Indern und Chinesen. Anfangs muss hier eine unvorstellbare Sprachverwirrung geherrscht haben, die die Kontakte untereinander erheblich erschwerte.

MAN VERSTEHT SICH

Um diesem Dilemma abzuhelfen, setzte sich bald eine einheitliche Handelssprache durch und dehnte sich rasch auf die gesamten ostafrikanischen Küstengebiete aus. Das offizielle Verständigungsmittel Kisuaheli stellt eine Mischung der Sprache der afrikanischen Bantu mit arabischen, indischen und persischen Sprachelementen dar. Der Name leitet sich von *suaheli*, der arabischen Bezeichnung für die Bewohner der Küsten Ostafrikas, ab.

Nach einer politischen Großmachtstellung haben die Herrscher von Kilwa nie gestrebt. Ihr unmittelbarer Einflussbereich ging zu keinem Zeitpunkt über Kilwa und das benachbarte Mafia hinaus. Zeitweise standen zwar Sansibar und die Komoren unter dem Einfluss Kilwas. Ansonsten genügte es den Sultanen, sich an den stetig zunehmenden Reichtümern zu erfreuen, und sie dachten nicht daran, sich auf riskante außenpolitische Unternehmungen einzulassen.

Im Innern herrschte Ruhe und Ordnung. Der Sultan regierte uneingeschränkt, und weil auch die Bevölkerung von dem großen Wohlstand profitierte, erhoben sich keinerlei kritische Stimmen. Einer der berühmtesten Fürsten aus der Mahdali-Dynastie trug den blumigen Beinamen „Vater der Geschenke“. Da wussten die Menschen gleich, dass sie bei ihm gut aufgehoben waren und nicht zu kurz kommen würden.

Wichtige Symbole
Als Zeichen ihrer Souveränität und Machtfülle prägten die Sultane von Kilwa eigene Münzen. Die meisten bestanden aus Kupfer.

EINE HERVORRAGENDE BILANZ

Erst im Verlauf des 14. Jh. überflügelte ein ehrgeiziger Konkurrent aus der afrikanischen Nachbarschaft Kilwa Kisiwani und beendet die Glanzzeit der Handelsmetropole an der Küste Tansanias. Es blieb ihm der Ruhm, denn niemals zuvor oder danach hat eine so kleine afrikanische Stadt einen so großen internationalen Einfluss ausüben können.

Auf großer Fahrt
Mit solchen auch Dau genannten Zweimastschiffen mit Trapezsegeln transportierten die arabischen Händler ihre Waren auf dem Indischen Ozean.

Am Horn von Afrika – das christliche Äthiopien

Die Zagwe-Dynastie und die salomonische Dynastie erneuerten das christliche Reich in Äthiopien im weitgehend islamisch beherrschten Nordosten Afrikas.

Zwischen 1205 und 1209 erreichten mehrere prunkvolle Gesandtschaften des äthiopischen Königs Lalibela den Sultanshof in Kairo und erregten dort ungeheures Aufsehen. Lalibela wollte mit der zur Schau gestellten Pracht der islamischen Welt vor Augen führen, dass das christliche Äthiopien seine alte bedeutende Stellung wieder eingenommen hatte.

Das neue Selbstbewusstsein des Reiches am Horn von Afrika spiegelte sich auch in der Drohung des Königs wider, den Blauen Nil durch einen Damm zu sperren, um dem Sudan und Ägypten buchstäblich das Wasser abzugraben. Obwohl die ägyptischen Sultane sicher kaum an eine Verwirklichung dieses Planes glaubten, so mussten sie doch von nun an mit der neuen Macht im Süden rechnen.

Alte Traditionen
Die afrikanischen Wurzeln sind trotz des starken christlichen Einflusses in der äthiopischen Kunst und Kultur deutlich sichtbar geblieben.

Verlust von Ansehen und Macht

Um das Jahr 1000 war das Prestige des einstmals mächtigen äthiopischen Reiches von Aksum an einem Tiefpunkt angelangt. Zeitgleich mit dem Aufstieg des Islam auf der Arabischen Halbinsel schmolz die Macht Aksums mehr und mehr zusammen. Die Araber brachten die Schifffahrt auf dem Roten Meer unter ihre Kontrolle und brachen auf diese Weise die Handelsvormacht Aksums. In den folgenden Jahrhunderten verloren die Äthiopier auch die Herrschaft über die Küstengebiete sowie über die in das Innere Afrikas führenden Handelsrouten. Feindliche Stämme griffen sogar die Stadt Aksum selbst an und zerstörten sie teilweise. Vom einst machtvollen Reich blieb nur ein kläglicher Rumpfstaat, dessen Herrschaftsgebiet kaum über die Stadtgrenzen reichte. Trotzdem lebte unter den Äthiopiern die Erinnerung an die einstige Größe Aksums und seine Tradition weiter, und deshalb sollte in Aksum auch später wieder die Krönungszeremonie der äthiopischen Herrscher stattfinden.

Eine neue Dynastie bringt Äthiopien zum Blühen

Zur mächtigsten Kraft im Land stiegen im 11. Jh. die kuschitischen Agaw auf. Das in der südlich von Aksum gelegenen Region Lasta beheimatete Volk gehörte seit langem zum äthiopischen Reich und hatte sich im Lauf der Zeit der herrschenden christlich-aksumitischen Kultur angepasst.

Mitte des 12. Jh. übernahm bei den Agaw die so genannte Zagwe-Dynastie die Herrschaft und legte den Grundstein für das nun neu entstehende äthiopische Reich. Als berühmtester König dieser Dynastie regierte Lalibela seit Beginn des 13. Jh. Er ließ der Kirche reiche Ländereien und Geschenke zukommen und galt daher wie die meisten

Mitglieder seiner Dynastie als Heiliger. Bereits den Moment seiner Geburt und seine Kindheit umranken Legenden. Da ihn angeblich „Bienen bei seiner Geburt umschwärmten, um ihm zu zeigen, wie man richtig regiert …", gab man ihm den Namen Lalibela, der so viel bedeutet wie „Die Biene erkennt sein Königtum".

GLAUBE VERSETZT BERGE

Bald nach seiner Inthronisation verlegte der Monarch seine Hauptstadt ins 300 km südlich von Aksum gelegene Roha; erst später nannte man die Stadt ihm zu Ehren in Lalibela um. Im Lauf seiner Regierungszeit ließ er hier elf Kirchen direkt aus dem Felsen hauen.

Ihre einzigartige Bauweise ließ diese Kirchen rasch bis weit über die äthiopischen Grenzen berühmt werden. Zunächst legten Arbeiter das von Erde bedeckte Gestein frei. Dann machten sich die Baumeister und Steinmetzen daran, die jeweilige Kirche komplett aus dem Felsen herauszuschlagen:

Gewaltige Arbeitsleistung
Um die Kirchen Lalibelas aus dem gewachsenen Felsen zu schlagen, wurden alle verfügbaren Steinmetzen des Landes sowie Handwerker aus Ägypten und dem Heiligen Land herbeigeholt.
Die Fassaden der Felsenkirchen von Lalibela zeigen deutlich die Hinwendung der Baumeister zu den aksumitischen Vorbildern.

> **HINTERGRUND**
>
> **Negus Negesti – Titel äthiopischer Herrscher**
>
> Die äthiopischen Herrscher führten den stolzen Titel Negus Negesti – „König der Könige" – und werden daher oft als Kaiser bezeichnet. Sie führten ihren Machtanspruch auf ihre Abstammung von Menelik I. zurück, dem Sohn Salomos und der Königin von Saba.
>
> Der Legende nach brachte Menelik I. die Bundeslade aus Jerusalem nach Äthiopien und galt seitdem als Gründer der äthiopischen Herrscherdynastie. Darauf spielt die Siegelinschrift des Negus Negesti an: „Es siegte der Löwe vom Stamm Juda".
>
> Im frühen 14. Jh. wurden die Abstammungslegende und -folge schriftlich niedergelegt.

Selbst die Altäre sind Teil des ursprünglichen Felsgesteins. Lalibela beabsichtigte, Roha in ein Pilgerziel für die Christen Afrikas zu verwandeln, weil Jerusalem so weit entfernt lag. Wie in der Heiligen Stadt gab man daher verschiedenen Plätzen biblische Namen.

Fragwürdige Machtübernahme

Mitte des 13. Jh. kam es innerhalb der Zagwe-Dynastie vermutlich zu Streitigkeiten um die Nachfolge. Gleichzeitig entstand im Land eine starke, von der Kirche unterstützte Opposition. Obwohl die Zagwe-Könige sich stets für die Kirche und Äthiopien eingesetzt hatten, betrachtete die Priesterschaft sie seit jeher als Usurpatoren, die sich ihre Macht widerrechtlich angeeignet hatten.

Um 1270 konnte der Mönch Tekla Haimanot angeblich den letzten Zagwe-König dazu bewegen, die Macht freiwillig abzutreten. Andere Quellen berichten von einem gewaltsamen Machtwechsel, zumal der letzte Zagwe-Herrscher Bedingungen an seinen Rücktritt knüpfte: Ein von den Zagwe gewählter Fürst sollte unter dem neuen König von Äthiopien die Herrschaft in Lasta ausüben. Als Zeichen seiner niedrigeren Rangstellung sollte „der Herrscher von Äthiopien auf einem goldenen Thron sitzen, der Herrscher von Lasta hingegen auf einem silbernen, und er wird das Recht auf silberne Insignien der Herrschaft besitzen".

Rückgriff auf einen biblischen Vater

Ob friedlich oder gewaltsam, die Macht in Äthiopien übernahm nun ein aus dem südöstlichen Bergland von Schoa stammendes Herrschergeschlecht. Die semitisch sprechenden Amharen spielten von nun an die führende Rolle in Äthiopien.

Die neue Dynastie leitete ihre Abstammung in direkter Linie von den Königen von Aksum und damit von König Salomo her, und die Machthaber bezeichneten sich als Kaiser. Yekuno Amlak, der erste Kaiser dieser

„Der Heilige Bund"
Durch die 1270, im „Jahr des Heiligen Bundes", erfolgte Krönung Kaiser Yekuno Amlaks wurde die tiefe Verbindung zwischen Krone und Kirche in Äthiopien ein fester Bestandteil des Königtums.

salomonischen Dynastie, regierte von 1270 bis 1285 und verlegte das Zentrum des Reiches noch weiter nach Süden, um der wachsenden islamischen Bedrohung zu begegnen.

ABSOLUTE GEWALT

Bereits die Zagwe-Herrscher hatten Äthiopien in zahlreiche Lehen aufgeteilt und an ihre Untertanen vergeben. Sie unterstanden der Oberhoheit des Königs bzw. später des Kaisers, und er bestimmte in höchster Instanz über die weltlichen als auch die kirchlichen Angelegenheiten des Reiches.

Die praktische Machtfülle eines Herrschers hing allerdings von seiner jeweiligen Persönlichkeit ab. Eine spätere Chronik berichtet von einem Kaiser, dass „große Angst und große Furcht unter allem Volk in Äthiopien war wegen der Strenge seiner Justiz und seiner autoritären Herrschaftsführung".

Die Zagwe-Könige unternahmen einmal im Jahr eine Reise durch ihr Reich, um die Regionen und ihre Verwalter zu kontrollieren, Recht zu sprechen und Streitigkeiten beizulegen. Bald entwickelte sich diese alljährliche Rundreise zu einem nomadischen Wanderleben, bei dem der Kaiser ständig mitsamt seinem Hofstaat, der Verwaltung, der Justiz und den Heerführern von einem Ort zum nächsten zog und nicht mehr über eine feste Residenz verfügte.

KAISER AUF REISEN

Erforderlich machte diese mobile Regierungsweise die gebirgige Landschaft Äthiopiens, denn nur so konnte der Kaiser die Verbindung zu den einzelnen Landesteilen leicht aufrechterhalten und auf die häufigen feindlichen Angriffe rasch reagieren. Die salomonischen Kaiser behielten diese Tradition bei und reisten mit gewaltigem

Sichtbares Glaubenszeichen
Das Handkreuz stammt aus dem 13. oder 14. Jh. Der äthiopische Kunstschmied schmückte das Eisenkreuz mit Goldeinlagen. Die Gläubigen trugen solche Kreuze bei bedeutenden Kirchenprozessionen.

Die Ausstrahlung Ägyptens
In der kirchlichen Kunst Äthiopiens sind die engen Verbindungen zum koptischen Christentum Ägyptens gut erkennbar.

Gaben der Frommen
In der bunten und reichhaltigen Ausstattung der Kirchen mit Kultgerät wie z.B. diesen Öllampen, drückte sich die tief verwurzelte Gläubigkeit des äthiopischen Volkes aus.

Pomp und Aufwand. Sobald ein geeigneter Platz in einer Ebene gefunden war, wuchs innerhalb kürzester Zeit eine gewaltige Zeltstadt empor, die sich über mehrere Kilometer erstreckte.

Eine Umfriedung aus Dornenhecken trennte die im Zentrum gelegenen kaiserlichen Zelte ab. Wachen gewährten nur Mitgliedern des Hofstaats oder privilegierten Personen Einlass an zwölf schmalen Zugängen.

In speziellen Kirchenzelten feierten der Kaiser und sein Gefolge die Gottesdienste. Vor einem ruhten vier angekettete Löwen, die als traditionelles Symbol des äthiopischen Kaisertums die Herrscher begleiteten.

Seine Audienzen hielt der Herrscher in einem gewaltigen weißen Zelt ab, dabei blieb sein Thron stets hinter einem Schleier verborgen. Die Untertanen bekamen ihn nur an den hohen Festtagen zu Weihnachten oder Ostern zu Gesicht.

Neben dem kaiserlichen Hofstaat verfügte jeder hohe Würdenträger seinem Rang entsprechend über ein mehr oder weniger zahlreiches Gefolge. Sie alle mussten untergebracht, transportiert und versorgt werden, und so drängten sich in der Zeltstadt neben tausenden von Menschen unzählige Trage- und Lasttiere. Die umliegende Region musste Schlachtvieh, Getreide und Feuerholz in ausreichendem Maß bereitstellen.

Die Nachfolger des Metropoliten kommen aus Ägypten

Neben dem Herrscher hatte die Kirche die größte Macht im Land inne. Als Oberhaupt fungierte der Metropolit oder *abuna* – „unser Vater". Er unterstand dem Patriarchen der koptischen Kirche in Alexandria, und dieser wählte einen Nachfolger unter ägyptischen religiösen Würdenträgern aus, wenn der äthiopische Kaiser ihn darum bat.

Die äthiopischen Christen erkannten seit der von Ägypten ausgegangenen Missionierung des Landes zu Zeiten des Reiches von Aksum den Führungsanspruch der Patriarchen von Alexandria an. Mönche übersetzten zahlreiche koptische Werke über jüdische und christliche Geschichte in die äthiopische Kirchensprache Geez. Besondere Bedeutung erlangte das in der ersten Hälfte des 14. Jh. übersetzte Buch *Fetha Negast* – „Gesetz der Könige". Es basierte auf biblischen Texten und legte die allgemeinen Rechtsvorstellungen wie die von Gott gegebene Stellung des Kaisers oder das Recht auf Sklavenhaltung fest. Auf dieses Buch griffen die Kaiser während der folgenden Jahrhunderte zurück, wenn sie Recht sprachen.

Wem gehört das Land?

Der Wohlstand des Landes beruhte auf seiner günstigen geographischen Lage als Handelsdrehscheibe zwischen Innerafrika, Ägypten und dem Roten Meer. Daneben war die Landwirtschaft der wichtigste Wirtschaftszweig. Die vulkanischen Böden Äthiopiens garantierten einen hohen Ernteertrag. Der Großteil des bebauten Landes und der damit verbundenen Abgaben und Arbeitspflichten gehörten dem Kaiser und seiner Familie, der Kirche oder dem Adel. Theoretisch vergab der Kaiser das Land nur auf Zeit an seine Untertanen, aber besonders im Fall der Kirche und der Klöster gingen diese Übertragungen tatsächlich in den Besitz der Kirche über. Die Bestätigung der Nutzungsrechte erfolgte durch die Nachfolger eines Herrschers rein formal. Nur ein geringer Teil der Nutzflächen gehörte einfachen bäuerlichen Familien und wurde vom Vater auf den Sohn weitervererbt.

Die hohe landwirtschaftliche Produktion erlaubte den Unterhalt eines starken Heeres, das besonders in Kriegszeiten über 100 000 Mann umfasste. Der andauernde Kriegszustand mit den islamischen Sultanaten im Küstengebiet östlich von Äthiopien machte eine derartige Streitmacht dringend erforderlich. Einen gewissen Schutz bot das gebirgige Land, und zudem profitierte Äthiopien von der heillosen Zerstrittenheit der Sultane. Oft suchten im Streit gegen ihre Nachbarn unterlegene islamische Herrscher sogar Schutz am Hof des äthiopischen Kaisers.

Bedrängt von allen Seiten

Zu Beginn des 14. Jh. hatte Äthiopien keinen leichten Stand, da das Sultanat von Ifat seit 1285 eine gewisse Vorrangstellung erreicht hatte und bis ins östliche Schoagebirge vorgedrungen war. Gleichzeitig legten die ägyptischen Mamelucken-Sultane große Feindseligkeit an den Tag. Sie verwehrten die Entsendung der koptischen Metropoliten und töteten äthiopische Gesandte, sodass das Land oft über Jahre hinweg keinen *abuna* hatte.

Ein energischer neuer Kaiser

Mit dem Kaiser Amda Seyon I. bestieg 1314 wieder ein kraftvoller Herrscher den äthiopischen Thron. Er stabilisierte das Reich und läutete eine wirtschaftliche und kulturelle Blütephase ein. Als der Sultan von Ifat den aus Kairo heimkehrenden kaiserlichen Gesandten foltern ließ, schlug Amda Seyon I. 1328 mit aller Macht zurück und besiegte ihn.

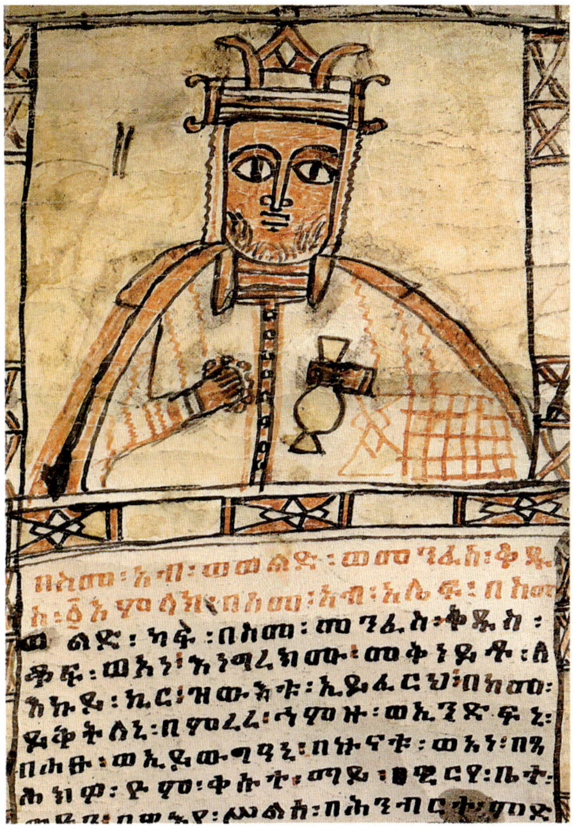

Die „heilige Sprache"
Die Geez genannte semitische Sprache war die Hoch- und Schriftsprache des alten Aksum. Sie wurde in einer eigenen, von einem südarabischen Vorbild abgeleiteten Schrift geschrieben. Im 13. Jh. verschwand das Geez als Umgangssprache, als Kirchensprache lebt es jedoch bis heute fort.

Der Nachfolger Sabr Ad Din setzte den Kampf fort, doch er war dem äthiopischen Kaiser nicht gewachsen. Amda Seyon I. überrumpelte einen Verbündeten Sabr Ad Dins und zwang ihn, in einer falschen Nachricht dem Sultan die Niederlage der Äthiopier mitzuteilen. Sofort machte sich Sabr ad-Din daran, ins scheinbar schutzlose Äthiopien einzufallen. Doch eine kampferprobte Elitetruppe, „die Wölfe des Kaisers", konnte die zahlenmäßig überlegenen Krieger Sabr Ad Dins aufhalten, bis der Kaiser mit der Hauptarmee eintraf. 1332 endete die Schlacht für die Muslime mit einer vernichtenden Niederlage.

Obwohl die Kämpfe mit den muslimischen Sultanaten andauerten, festigte die Herrschaft Amda Seyons und die der nachfolgenden Kaiser endgültig die Stellung des christlichen Äthiopien inmitten einer islamisch dominierten Umwelt.

Sagenhafter Reichtum – das Handelsreich Mali

Gold und fähige Herrscher machten aus Mali eines der bedeutendsten Imperien des mittelalterlichen Afrika.

Viel wussten die Europäer im 13. und 14. Jh. von Afrika nicht. Für die meisten Menschen stellte der Schwarze Kontinent ein Buch mit sieben Siegeln dar. Nur ein Name ließ Gelehrte, Kaufleute und gekrönte Häupter jedes Mal gespannt aufhorchen, sobald er erwähnt wurde. Denn Mali war ihnen natürlich ein Begriff: Bei diesem Reich handelte es sich doch um das riesige Land, das von der Westküste Afrikas 2000 km ins Landesinnere reichte. Und dort regierte der sagenumwobene, unermesslich reiche König Kankan Musa, warf sein Geld mit vollen Händen aus dem Fenster, ohne dabei ärmer zu werden, und baute unzählige Moscheen. Hatte er nicht auch eine spektakuläre Pilgerreise nach Mekka, der heiligen Stätte des Islam, unternommen?

Die Araber hatten Afrika hingegen schon längst entdeckt. Nach dem Tod des Propheten Mohammed schwärmten sie im 7. Jh. auch ins nördliche Afrika aus und erreichten bald die Straße von Gibraltar. In ihrem Sog fand der Islam rasch Verbreitung und erreichte die Völker und Stämme jenseits der Sahara. Die ganze Region bezeichneten die Araber als „Sudan", was in ihrer Sprache nichts anderes als das „Land der Schwarzen Menschen" bedeutete.

KLEINE ANFÄNGE

Das Volk der Mandingo, aus dem später die Gründer des Imperiums von Mali hervorgehen sollten, wandte sich bereits um die Mitte des 11. Jh. dem Islam zu und lebte lange Zeit im Windschatten der Weltgeschichte. Bis ins 13. Jh. hinein besiedelte der Stamm ein winzig kleines Territorium im Gebiet des oberen Niger, im heutigen Westen Malis. Niemand ahnte damals, dass es sich hierbei um die Keimzelle einer einzigartigen Machtfülle handelte.

Die Vorherrschaft in dieser Region übte zu jener Zeit das Reich Gana aus. Sein Wohlstand beruhte nicht zuletzt auf der Ausbeu-

Vogelperspektive
Erst aus der Luft erschließt sich die Weiträumigkeit der 150 m langen und 20 m hohen Moschee von Djenné.

Imposantes Gebäude
Djenné gehörte seit Kankan Musa zum Reich von Mali. Die aus Lehm gefertigte Große Moschee zeugt von der Bedeutung des Islam in Mali. Ihre Mauern müssen aufgrund der klimatischen Verhältnisse ständig ausgebessert werden. Diese Bautechnik erregte bereits im 14. Jh. das Interesse der Besucher.

ZEITZEUGEN

Reiseberichte des Ibn Battuta über Mali

Der marokkanische Reisende Ibn Battuta hielt sich 1353 8 Monate lang in Mali auf. Über die Speisegewohnheiten des Volkes notierte er: „Zehn Tage nach unserer Ankunft aßen wir eine dicke Suppe, die aus der Kafipflanze zubereitet und von diesem Volk allen anderen Mahlzeiten vorgezogen wird. Am folgenden Tag waren wir sechs jedoch alle krank, einer von uns starb."

An lobenswerten Sitten hebt er hervor: „Sie sind selten ungerecht und haben eine größere Abneigung gegen Ungerechtigkeit als jedes andere Volk. Es gibt vollständige Sicherheit. Weder der Reisende noch der Einheimische hat Räuber, Diebe oder Wegelagerer zu fürchten. Die Schwarzen ziehen die Güter der verstorbenen Weißen nicht ein, auch wenn es sich um riesige Schätze handelt."

tung der üppigen Goldvorkommen und auf der Kontrolle der einträglichen Karawanenwege. Zu Beginn des 13. Jh. vertrieben ihre südlichen Nachbarn, die gefürchteten Soso, die Ganaer. Dann machten sich die Führer der ebenso kriegerischen wie geschäftstüchtigen Soso siegessicher daran, ihre Herrschaft auszuweiten. Doch es sollte ihnen nicht vergönnt sein, der afrikanischen Geschichte nachhaltig ihren Stempel aufzudrücken, denn nun begann die große Zeit von Mali.

EINE LICHTGESTALT

Der Aufstieg des bescheidenen Volkes der Mandingo zur absoluten Führungsmacht in Afrika ist untrennbar mit Sundjata verbunden. Dieser umtriebige Sohn eines lokalen Dynasten aus dem Clan der Keita entwickelte sich zu einer wahren Lichtgestalt. Schon bald umhüllte eine Flut von Legenden und Mythen seine Taten und Leistungen. Bis zum Alter von 7 Jahren, so erzählte man sich, sei er gelähmt gewesen. Auf wundersame Weise geheilt, setzte er sich als Erwachsener gegen missgünstige und intrigante Verwandte durch und übernahm die Führung der Mandingo. Anschließend vollbrachte er mit einer starken Armee sein eigentliches Meisterstück: Er besiegte im Jahr 1235 den großen

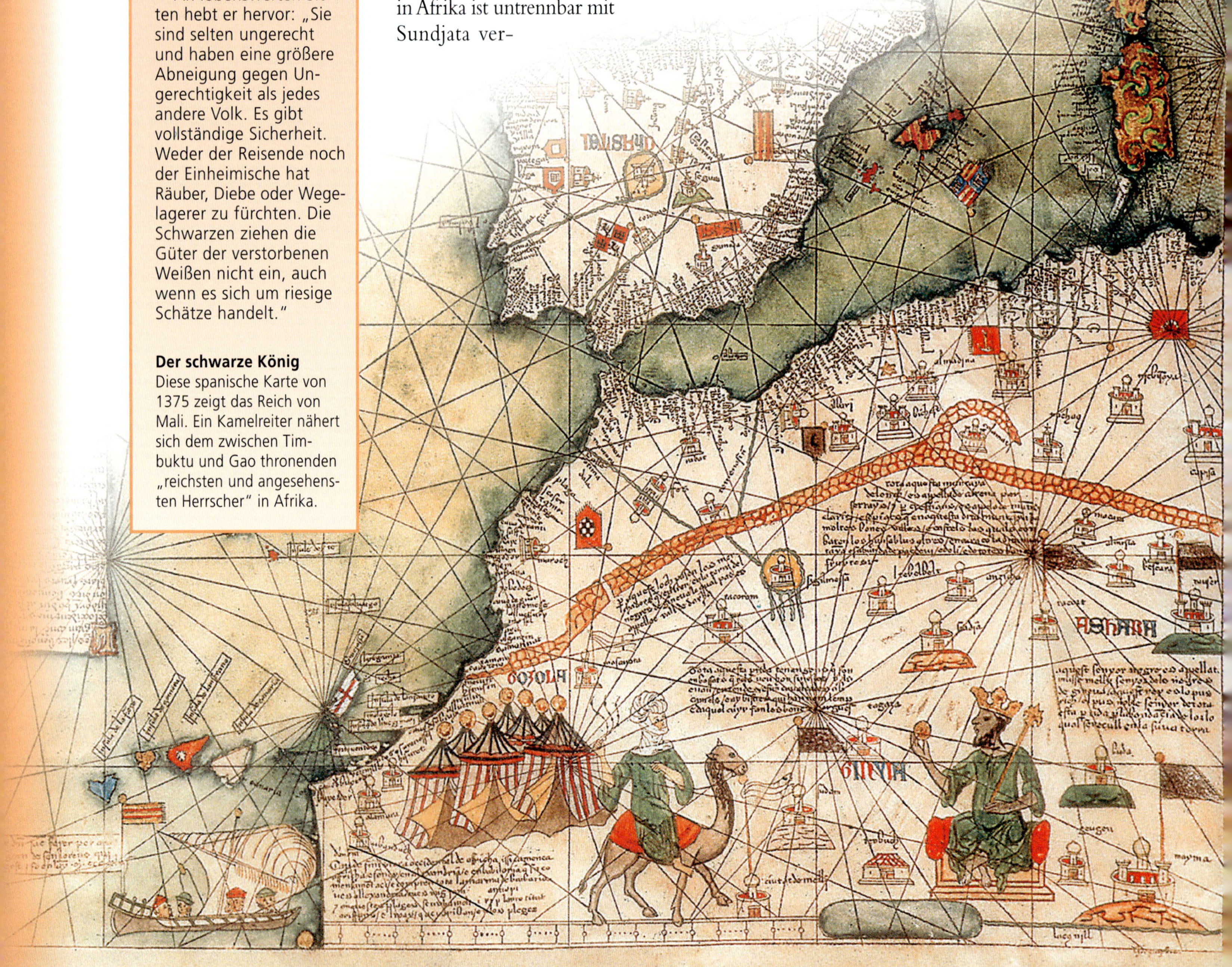

Der schwarze König
Diese spanische Karte von 1375 zeigt das Reich von Mali. Ein Kamelreiter nähert sich dem zwischen Timbuktu und Gao thronenden „reichsten und angesehensten Herrscher" in Afrika.

Soso-König Sumanguru und ließ dessen Hauptstadt völlig zerstören.

Damit war der Erfolgshunger Sundjatas aber noch lange nicht gestillt. Innerhalb weniger Jahre eroberten seine Truppen weite Gebiete in Westafrika zwischen den Flüssen Gambia, Fouta Djalon und Niger. Im Norden erstreckte sich sein Einflussgebiet bis zur wichtigen Karawanenstadt Walata. Der kleine Clanführer Sundjata stieg zum mächtigen Herrn über ein großes Reich auf, das nun den Namen Mali trug.

Sundjata organisiert die Macht in seinem neuen Reich

In der Folgezeit stellte er eindrucksvoll unter Beweis, dass er sich nicht nur im Handwerk des Kriegers bestens auskannte. Denn von seiner im heutigen Guinea gelegenen Residenz Niani aus regierte er mit Klugheit und Verstand sein riesiges Reich. Später kam als Metropole noch die Stadt Kangaba hinzu.

Das Schicksal von Gana und Soso vor Augen, fragte sich Sundjata, warum es diesen Mächten nicht gelungen war, sich auf Dauer an der Spitze zu halten. Was ließ sie scheitern? Der König von Mali kam zu der Überzeugung, dass sie sich zu sehr um ihre eigene Herrschaft und zu wenig um die von ihnen unterworfenen Stämme gekümmert hatten. Also bestimmte Sundjata, dass die besiegten Völker Mali zwar hohe Tribute leisten und die Stammeshäuptlinge dem König von Mali einen persönlichen Treueid leisten mussten, doch ansonsten beließ er ihnen sämtliche Freiheiten. Dieses Vorgehen entwickelte sich zum imperialen Erfolgsrezept, denn die unterworfenen Stämme machten Sundjata keinerlei Schwierigkeiten, solange sie ihre eigenen Angelegenheiten in ihrem Sinne regeln durften.

Glänzende Zukunft

Dies gab Sundjata die Möglichkeit, sich in aller Ruhe der Aufgabe zu widmen, Mali nicht nur in den politisch einflussreichsten, sondern auch wirtschaftlich bedeutendsten Staat in Afrika zu verwandeln. Dazu gehörte natürlich insbesondere die Ausbeutung der reichen Edelmetallvorkommen. Die ergiebigen Goldminen von Galam, Bambuk und Bouré-Mali bildeten – wie schon im Reich von Gana – die Grundlage des außergewöhnlichen Wohlstands von Mali, und davon bekamen bald die Menschen im fernen Europa Wind. Die Hauptstadt Niani entwickelte sich rasch zu einem Brennpunkt und Umschlagplatz des mittel- und nordafrikanischen Handels. Endlose Karawanen bewegten sich zum „Nabel der Welt", wie euphorische Zeitgenossen die Stadt Sundjatas zu bezeichnen pflegten. Sie kamen aus dem Norden, aus dem Osten, manche sogar aus dem fernen Arabien, und auf den Märkten der Stadt boten die Händler eine schier unüberschaubare Warenfülle an.

Ein Schock wird überwunden

Sundjata konnte viele Jahre lang mit Befriedigung auf dieses rege Treiben schauen, denn die üppigen Einnahmen aus den Goldminen und der gigantische Zufluss an Zöllen und Tributen füllten die königlichen Kassen stets bis zum Rand.

Doch dann erschütterte eine Schreckensnachricht das malische Wirtschaftsparadies: König Sundjata ertrank im Fluss Sankarani, ganz in der Nähe von Niani. Sein Tod 1255 ließ die Menschen ratlos zurück. Wie sollte es ohne den Gründer des malischen Imperiums weitergehen? Ihre Befürchtungen erwiesen sich

Eigenwilliger Kopfschmuck
Die aus Djenné stammende Figur eines Mannes, auf dessen Stirn sich eine Schlange windet, zeugt von den Fertigkeiten der Künstler von Mali.

Malischer Reiter
Figuren wie dieser Reiter schmückten im alten Mali Altäre und Schreine. Wahrscheinlich gehört er zum Mythos des Nommo, einer populären Göttergestalt.

als berechtigt, denn die Nachfolger Sundjatas stammten zwar wie er aus der traditionsreichen Familie der Keita, doch sie verfügten weder über die Autorität noch über die Fähigkeiten und Qualitäten des Reichsgründers. So kam es immer wieder zu Eifersüchteleien und Intrigen.

Ein Sklave an der Macht

30 Jahre nach seinem Tod bedurfte es der harten Hand eines ehemaligen Sklaven der königlichen Familie namens Sakura, um das schlingernde Staatsschiff von Mali wieder auf Kurs zu bringen. Das gelang ihm mit großem Erfolg, er konnte den Herrschaftsbereich sogar noch vergrößern und auf die bedeutsame Berber- und Karawanenstadt Timbuktu ausweiten. Dank ihrer günstigen Lage im Schnittpunkt wichtiger Handelswege kamen hier Waren aus dem Saharagürtel und aus weiten Gebieten Mittelafrikas zusammen.

Unternehmen Atlantik

Die kurze Schwächeperiode nach dem Tod Sundjatas beeinträchtigte die führende Position Malis in Afrika nicht nachhaltig. Die Nachfolger des 1300 auf dem Rückweg von einer Pilgerfahrt nach Mekka ermordeten Sakura stammten wieder aus der königlichen Keita-Familie. Besonders verwegene Pläne verfolgte ein Herrscher namens Mohammed. Er wollte sich als Entdecker einen Namen machen und deshalb den weiten Ozean erkunden. Das „äußerste Ende des Atlantiks“ wollte er erreichen, heißt es in einem arabischen Bericht. 200 Schiffe schickte er 1310 auf die Reise, doch nur ein einziges kehrte zurück.

Aber der ehrgeizige König gab nicht auf. Eine zweite Mali-Expedition mit diesmal 2000 Schiffen startete unter seinem Kommando. Das gewagte Unternehmen scheiterte ebenso kläglich, niemand sah die Schiffe und den König je wieder. Den Wagemut und die Risikobereitschaft der Monarchen von Mali beweist das Atlantik-Abenteuer indes äußerst anschaulich.

Ein perfekter Herrscher

Die beste Zeit stand Mali nun erst noch bevor: Der große Kankan Musa beerbte den unglücklichen Mohammed und betrat die Bühne der afrikanischen Geschichte. Dieser zweifellos bedeutendste Herrscher des mittelalterlichen Afrika regierte das Großreich von Mali immerhin 25 Jahre lang von 1312 bis 1337. Sowohl die einheimischen als auch die arabischen Chroniken überschlagen sich in Lobpreisungen bei der Beurteilung seiner Herrschaft. So wird er als ein „tugendhafter, frommer und gottesfürchtiger König“ beschrieben und ließ angeblich täglich einen seiner Sklaven frei, um dem sich selbst gesetzten Anspruch zu genügen, jeden Tag eine gute Tat zu vollbringen.

Musa dehnte das ohnehin bereits riesige Reich von Mali weiter aus. Bei seinem Tod erstreckten sich die von Mali kontrollierten Gebiete vom Atlantik bis zum Ostteil des Nigerbogens. Und zur gleichen Zeit nahm der Wohlstand der Bevölkerung unaufhaltsam zu. Das lag insbesondere an Musas Förderung des Transsaharahandels. Mit strategisch geschultem Blick ließ der König die Endpunkte der Straßen durch die große Wüste besetzen. Auf diese Weise entging dem malischen Zoll keine Kokosnuss, kein Elfenbein und kein Tierfell.

Goldenes Händchen

Wichtigster Einnahmeposten aber blieb das Gold. Musa betrieb das Geschäft mit dem begehrten Edelmetall in großem Stil. Neue Quellen erschloss er durch die Anbindung der Stadt Djenné, die die Goldproduktion im Gebiet der heutigen Elfenbeinküste und des heutigen Ghana beherrschte. Über venezianische und genuesische Handelsniederlassungen an den Küsten Nordafrikas gelangte das Gold nach Europa, wo damals wegen eines einsetzenden wirtschaftlichen Booms ein hoher Bedarf an diesem Edelmetall zur Prägung von Goldmünzen bestand. Durch den Handel mit den Europäern stieg der Reichtum von Mali ins Unermessliche. Als profitabel erwies sich außerdem der Ausbau der Handelsbeziehungen mit den Mamelucken in Ägypten. Der arabische Schriftsteller und Diplomat Al Omari kannte nur Superlative, als er kurz nach dem Tod Musas notierte: „Der Herrscher von Mali ist der bedeutendste der schwarzen muslimischen Könige. Sein Land ist das größte, seine Armee die stärkste. Er ist der mächtigste, der reichste, der begütertste, der bei seinen Feinden gefürchtetste und der befähigste, überall Wohltaten auszuteilen."

Verschwenderische Pilgerreise nach Mekka

Die für die Empfänger erfreuliche Angewohnheit des Königs, in großzügiger Weise Wohltaten zu verteilen, zeigte sich vor allem bei seiner berühmten Pilgerreise nach Mekka. Er trat sie 1324 an und folgte damit dem Beispiel vieler seiner Vorgänger. Musas Wallfahrt geriet zu einem Spektakel, wie es die Welt noch nicht gesehen hatte. Die Teilnehmerzahl am Pilgerzug des schwarzen Herrschers schwankt in zeitgenössischen Berichten zwischen 8000

Die Heilige Hütte von Kangaba
Kangaba war eine der Residenzen der Keita-Dynastie. Die Hütte diente der Verehrung der Herrscherfamilie. Das Dach wird bis heute alle 7 Jahre erneuert.

und 60 000. Kankan Musa habe angeblich noch in seinem Palast gesessen, als die Spitze der Karawane bereits im 800 km entfernten Timbuktu angekommen war. Über Timbuktu, Teghaza und Tuat erreichte die Karawane Ägypten. Nie werden die Bewohner Kairos den Tag vergessen haben, als der König von Mali in der Hauptstadt des Landes am Nil Station machte. 100 Ladungen Gold sollen in seinem Reisegepäck verstaut gewesen sein, und er zögerte nicht, die Menschen an seinem materiellen Glück Anteil haben zu lassen. Al Omari berichtete, dass er „über Kairo die Wogen seiner Freigebigkeit ausgoss".

Seltsamer Zwilling
Die Bronzefigur verkörperte für die nichtmuslimischen Einwohner in Mali bestimmte Ahnen. Über magische Rituale trat man mit ihnen in Verbindung.

Freigebigkeit und Inflation

Musa warf mit Gold geradezu um sich. Erst freuten sich die Menschen, dann aber bekamen sie die Gesetze der Marktwirtschaft zu spüren. Der König von Mali brachte nämlich so viel Gold unter die Einwohner Kairos, dass die Preise rapide stiegen und sich der Kurs für Gold dramatisch verschlechterte. Al Omari erlebte, dass da „einer ein Hemd oder einen Mantel oder eine Robe oder ein anderes Gewand kaufte und dafür 5 Dinare bezahlte, obwohl es nicht einmal 1 Dinar wert war".

Musa kümmerte sich indessen nicht um die negative Wirkung seiner spendablen Aktion auf die ägyptische Volkswirtschaft und zog weiter Richtung Mekka. Dort angekommen, legte er seinem Naturell entsprechend die Verpflichtung des gläubigen Muslims, Almosen zu vergeben, wiederum sehr großzügig aus: 20 000 Goldstücke soll er in der heiligen Stadt zurückgelassen haben. Auf dem Rückweg ist ihm dann allerdings wohl das Gold ausgegangen. In Kairo musste sich der reichste Mann Afrikas Geld leihen, um den Rückweg nach Mali finanzieren zu können.

Der Wohlstand Malis hat an dieser kostspieligen Reise nicht gelitten. Dafür sorgten seine stabilen wirtschaftlichen Grundlagen. Sie ermöglichten es Musa auch nach seiner Rückkehr aus Arabien, energisch die Verbreitung des Islam in Angriff zu nehmen. Der größte Teil der bäuerlichen Bevölkerung im mittleren und westlichen Afrika hing damals noch ihren traditionellen religiösen Vorstellungen nach. Musa brachte aus dem Orient Dichter und Lehrer mit, die sich um die Bildung seines Volkes kümmern sollten. Zu diesem Zweck bezahlte er arabische Architekten, die in vielen Städten des Reiches Moscheen und andere sakrale Bauten errichteten. Die religiöse Kampagne König Musas zeitigte allerdings nur begrenzten Erfolg. Die Oberschicht des Reiches wandte sich zwar verstärkt dem Islam und der arabischen Kultur zu, die Bauern auf dem Lande aber folgten weiterhin ihren althergebrachten Sitten und Glaubensvorstellungen.

Der Mythos Mali lebt

Nach dem Tod Musas 1337 konnte Mali seine führende Rolle in Afrika zunächst bewahren. In der zweiten Hälfte des 14. Jh. eroberten malische Generäle unter der Keita-Dynastie sogar noch weitere Gebiete bis zum Tschadsee. Dann aber begann der allmähliche Niedergang, hervorgerufen durch interne dynastische Streitigkeiten und durch Angriffe der Tuareg und der Herrscher von Gao. Der Mythos von Mali blieb jedoch erhalten.

Zwei Jahre nach seinem Tod entstand auf Mallorca die erste von Europäern angefertigte Landkarte, die nicht nur das Gebiet Malis umfasste und bezeichnete, sondern auch einen schwarzen König auf einem Thron abbildete, ohne Frage den berühmten Kankan Musa. Damit man ihn auch wirklich erkannte, fügte der Kartenzeichner Angelino Dulcert die lateinischen Worte Rex Melli, also: „König von Mali", hinzu. Das Land im Herzen Afrikas rückte endgültig ins Blickfeld der Europäer.

Das Nomadenreich Kanem

Südlich der Sahara schufen die Könige von Kanem ein bedeutendes Reich. Sie herrschten über viele Nomadenstämme und kontrollierten den Salz- und Sklavenhandel.

Sultan Al Mustansir saß höchst gespannt in seinem prächtigen Palast in Tunis und blickte durch das Fenster auf das glitzernde Mittelmeer, als man ihm die Ankunft einer Delegation aus den Gebieten jenseits der großen Wüste meldete. Würdevoll, wie es dem Ansehen eines Mitglieds der berühmten Familie der Hafsiden zukam, begab er sich gemessenen Schrittes in den Hof. Dort hielt er, überwältigt von dem sich ihm bietenden Anblick, inne. Ehrfuchtsvoll begrüßten ihn die schwarzen Gäste in ihren bunten Gewändern, umgeben von ihren Kamelen und mit einer Fülle von Geschenken im Gepäck.

Der Monarch bewunderte die wertvollen Stoffe und edlen Hölzer, und er freute sich über die Sklaven, die nun in seinen Besitz übergehen sollten. In den Schatten stellte jedoch alles ein merkwürdiges Tier: eine lebende ausgewachsene Giraffe. Ein gut informierter Chronist beschrieb es als „ein Tier, dessen äußerliche Gestalt höchst ungleichmäßig war". Während er noch überlegte, was er mit diesem monströsen Präsent anstellen sollte, dankte der Sultan den Fremden freundlich für ihre großzügigen Gaben.

Durch die Wüste

Diese bemerkenswerte Szene spielte sich 1257 ab. Damals erreichten die Überbringer der Giraffe und der anderen Geschenke nach langer Reise Tunis. Ihre Heimat lag im fernen Kanem, südlich der Sahara in der Region nördlich des großen Tschadsees. Mit ihren Kamelen und der Giraffe im Schlepptau hatten sie unzählige Kilometer durch unwegsames Gelände zurückgelegt.

Aber schließlich kannten sie die alten Karawanenwege durch die Wüste ja bestens. Ihre Route führte sie zunächst durch das Gebiet von Kawar mit seinen vielen Oasen und Wasserstellen. Weiter ging es durch Fessan. In den Oasen dieser extrem trockenen Landschaft in der mittleren Nordsahara konnte man sich

Beschwerlicher Weg
Eine Karawane bewegt sich langsam durch die Wüste. Die Kamele sind schwer beladen mit Waren und brauchen für die Durchquerung der Sahara oft viele Wochen.

mit Datteln versorgen. Bei Tripolis endete die große Karawanenstraße. Nach der Wüste lag nun nur noch der fruchtbare Streifen der Mittelmeerküste vor ihnen bis zu ihrem Ziel Tunis.

Menschen, Kamele und Giraffe hatten die lange Reise in den Norden des afrikanischen Kontinents nicht ohne Grund unternommen. Sie kamen im Auftrag des Dunama Dibbalemi, seines Zeichens Herrscher über das Reich von Kanem, ruhmreicher Spross der Dynastie der Saifawa. Bereits 36 Jahre zuvor hatte der *mai*, wie der König offiziell hieß, die Herrschaft über die Stämme rund um den Tschadsee übernommen. Unter seinem strengen Regiment gelang es, die nomadischen Völker zu einem straff geführten Staat zu organisieren.

Das stellte schon insofern eine besondere Leistung dar, als auch die Saifawiden die Sesshaftigkeit nicht von der Pike auf gelernt hatten. So gab es während ihrer gesamten Herrschaft kein eigentliches Regierungszentrum, der Herrscher und seine politischen Mitstreiter reisten in Ausübung ihrer staatlichen Geschäfte ständig umher.

Ein leichtes Unterfangen war es nicht gewesen, sich im Konkurrenzkampf der vielen Stämme in der südlichen Saharazone durchzusetzen. Doch Dunama und seine Vorgänger ersannen sehr effektive Mittel, um Kanem als starken Machtfaktor in der Region zu etablieren. Zunächst kümmerten sie sich um den Rückhalt bei den Führern der großen Clans. Diese Aufgabe erledigten die Saifawiden mit Bravour: Die Stammesführer rangierten in der gesellschaftlichen Hierarchie von Kanem ganz weit oben.

Im Krieg bildeten sie eine elitäre Reitertruppe, in friedlichen Zeiten verantworteten sie die Verwaltung einzelner Teile des Kanem-Reiches. Zwölf Angehörige dieser Oberschicht berief der König in ein übergeordnetes politisches Gremium, in dem über wichtige politische und militärische Fragen beraten und entschieden wurde. Natürlich achtete der König penibel darauf, dass nichts über seinen Kopf hinweg geschah.

Als besonders wichtig erwies sich, das höchst bunte Völkergemisch in der Region des Tschadsees in den Jahrzehnten nach der Unterwerfung bei der Stange zu halten. Schließlich lag Kanem am Schnittpunkt vieler Karawanenwege und lockte seit Jahrhunderten die unterschiedlichsten Stämme an, sodass viele dieser Nomaden die begehrten Weideplätze bevölkerten.

VIELVÖLKERSTAAT

Studierte der König eine Liste jener zu seinem Reich gehörigen Völker, dann nahm dieser Vorgang viel Zeit in Anspruch. Da fanden sich neben den einheimischen Schwarzafrikanern die Tubus, das „Felsvolk" aus Tibesti in der mittleren Sahara, oder die weißen Nomaden aus Nordafrika, die ihre Heimat verlassen hatten, als im 7. Jh. die Araber eingedrungen waren.

Für Disziplin und Ordnung in dem multikulturellen Staat von Kanem sorgte an erster Stelle das Militär. Bis zu 100 000 Reiter

ALLTAGSLEBEN

Unterwegs mit der Karawane

Die Nomaden und Händler in Nordafrika verbrachten den Großteil ihres Lebens auf dem Rücken von Kamelen. Vor allem in der Sahara war das geduldige Wüstenschiff ein unverzichtbares Fortbewegungsmittel. Da die genügsamen Tiere über mehrere Tage ohne Wasser auskommen, kann man mit ihnen auch größere Distanzen problemlos überwinden.

Oft legten Händler oder Pilger in einer einzigen Woche eine Strecke von 330 km zurück. Wegen der vielfältigen Gefahren in der Wüste schloss man sich zu -Karawanen – „Kamelzügen" – zusammen.

Die klimatischen Verhältnisse machten Mensch und Tier schwer zu schaffen. Auf die unerträgliche Hitze des Tages folgte eine empfindlich kalte Nacht. In den Oasen fanden die Karawanen Lebensmittel und vor allem frisches Wasser.

Wertvolles Geschirr
Das Pferdegeschirr schmückte die bei den Feinden gefürchtete Reiterei von Kanem und später von Bornu. Es zeugt vom hohen Stand der Kunstschmiede jenseits der Sahara.

und doppelt so viele Fußsoldaten konnte der König bei Bedarf mobilisieren, wobei es nicht selten auch zu Zwangsrekrutierungen kam. Dementsprechend fürchteten die Nachbarvölker Kanem.

Tribute, Salz und Sklaven

Unter den Saifawiden mussten sich die Menschen im Reich von Kanem daran gewöhnen, regelmäßig Steuern zu zahlen. Für die Herrscher bildeten diese Tribute die wichtigste Einnahmequelle neben dem äußerst einträglichen Salz- und Sklavenhandel. Gerade bei den arabischen Fürsten in Nordafrika, Ägypten und im Vorderen Orient herrschte eine rege Nachfrage nach billigen Arbeitskräften. Unter der Regie von Kanem erlebte der Handel mit den schwarzen Sklaven damals einen immensen Aufschwung, der allerdings in hartem Wettbewerb mit den Rivalen Kilwa an der Ostküste Afrikas oder den benachbarten Haussa stand.

An Reichtum und Macht mangelte es den Königen von Kanem zu jener Zeit offensichtlich nicht. Trotzdem hielten es Dunama und seine Herrscherkollegen für notwendig, ihre Stellung in der nomadischen Gesellschaft auf ganz besondere Weise abzusichern, und inszenierten einen unglaublichen Kult um ihre Personen.

Personenkult im Staat der Nomaden

Merkwürdiges wissen die alten Chroniken über Audienzen beim Kanem-König zu berichten. Der Monarch zeigte sich so gut wie nie in der Öffentlichkeit, die Untertanen sahen ihn nur bei feierlichen Anlässen. Wenn er Gäste empfing, verbarg er sich stets hinter einem Vorhang. Die Bevölkerung sollte den

Ein begehrtes Gut
Der Handel mit Salz war einer der wichtigsten Wirtschaftszweige Kanems. Die Händler fanden im Norden immer Abnehmer und tauschten es gegen Luxuswaren aus Vorderasien.

Praktische Verpackung
Das Salz wurde gleich in den Salinen in Platten verpackt. Auf diese Weise konnte es bequem von den Kamelen transportiert werden.

Herrscher nicht als einen normalen Menschen betrachten, sondern ihn wie einen Gott verehren. Der König, so sagte man, sei der Ursprung von Leben und Tod, von Krankheit und Gesundheit.

Hinwendung zum Islam und Traum von einer Grossmacht

Die Erhebung des Königs in göttliche Sphären beruhte auf alten afrikanischen Traditionen. Dabei bekannten sich die Führer von Kanem, wie viele andere Fürsten auf dem Schwarzen Kontinent, längst zum Islam. 1085 wandte sich als erster Saifawiden-König Hume der Lehre Mohammeds zu. Nach ihren eigenen Angaben stammte die Saifawa-Dynastie nicht aus Afrika, sondern aus dem fernen Jemen. Zeitgenossen wissen von dem erstaunlichen Phänomen zu berichten, dass die Angehörigen dieser Dynastie im Lauf der Zeit mehr und mehr ihre rötliche Gesichtsfarbe verloren und zunehmend schwärzer wurden. Als fromme Muslime begaben sie sich auf die vorgeschriebenen Pilgerreisen nach Mekka und sorgten dafür, dass muslimische Gelehrte an den Tschadsee kamen.

Rätselhafte Figur
Die alten Völker um den Tschadsee waren nicht nur gute Geschäftsleute. Sie kannten sich auch im Metier der Kunst aus, wie diese Terrakottafigur aus Tago beweist.

Dunama Dibbalemi regierte Kanem von 1221 bis 1259 und übertraf mit seinem Ehrgeiz all seine Vorgänger. Als politisches Ziel verfolgte er, Kanem zu einer politischen und wirtschaftlichen Großmacht in Afrika aufsteigen zu lassen.

Zu diesem Zweck setzte er bald seine Armeen in Marsch und erhielt von seinen Generälen nur Erfolgsmeldungen. Im Norden eroberten die Soldaten die Region Fessan, wo Dunama die Stadt Traghen als neue Metropole ausstatten ließ. Im Westen gelang es, die Haussa zurückzuwerfen, und im Osten konnte man sich bis nach Wadai vorkämpfen.

Durch die Erfolge ermutigt, begann Dunama in größeren Dimensionen zu denken. Er träumte von einer wirtschaftlichen Allianz mit den wichtigen islamischen Mächten in Nordafrika, am anderen Ende des großen Karawanenweges durch die Sahara. Sein bevorzugter Ansprechpartner musste, wie der Wüstenkönig wusste, der Hafsiden-Sultan in Tunis sein. Mit ihm zusammen wollte er den gesamten Saharahandel kontrollieren – die Saifawiden von Süden, die Hafsiden von Norden aus.

Und genau aus diesem Grund sandte der *mai* von Kanem 1257 jene denkwürdige, mit Geschenken beladene Delegation zum Sultan nach Tunis, um ihn von der Machtfülle Kanems und einer fruchtbaren Zusammenarbeit zu überzeugen.

Die Wende

Die Bemühungen des Dunama Dibbalemi blieben nicht unbelohnt. Die auf so originelle Weise zustande gekommene Kooperation mit den Hafsiden zahlte sich für beide Seiten in klingender Münze aus. Das weckte neue Begehrlichkeiten, und so streckten die Herrscher von Kanem ihre Fühler in Richtung Ägypten aus. Die einträglichen Geschäfte mit dem Land am Nil kurbelten die wirtschaftliche Entwicklung weiter an. Nichts schien den weiteren Aufstieg von Kanem aufhalten zu können.

Doch dann, bald nach dem Ableben des großen *mai* Dunama Dibbalemi, kam die Wende. Die schwarzen Stämme wollten das bedrückende Joch der Herrschaft von Kanem nicht mehr ertragen. Es gärte bei den Tubu, den Sao und vor allem bei den Bulala aus der Gegend des Fitrisees. Aufstände und blutige Auseinandersetzungen erschütterten das Reich von Kanem.

Schließlich zog der *mai* Omar einen Schlusstrich und wanderte mit seiner Familie und seiner Administration nach Bornu aus. Diese Landschaft im Westen des Tschadsees bot bestes Weideland. Viele Nomaden aus Kanem folgten dem königlichen Emigranten, und bald entstand in Bornu ein neues Kanem-Reich, das lange Bestand haben sollte. An die früheren Glanzzeiten konnten die neuen Herrscher allerdings nicht mehr anknüpfen.

Die Mamelucken – vom Sklaven zum Herrscher

Unter der Herrschaft der Mamelucken erlebte Ägypten eine längere Phase politischer und wirtschaftlicher Stabilität dank der militärischen Erfolge seiner Elitesoldaten.

Der Tod kam beim Mittagessen. An jenem verhängnisvollen Tag im April 1250 hielt sich Sultan Turan-Schah in seinem Heerlager am Nil auf. In Kürze wollte er mit dem französischen König Ludwig IX., den man im Abendland den Heiligen nannte, über die Freilassung der gefangenen Kreuzritter und ein angemessenes Lösegeld verhandeln. Noch aber saß Turan-Schah ganz entspannt in seinem purpurfarbenen Rundzelt und wandte sich einem opulenten Mahl zu, um sich für die bevorstehenden Gespräche zu stärken.

Kaum hatte er das erste Stück Hammelbraten aufgespießt, da sah er sich von einer Schar bewaffneter Soldaten umstellt. Vielleicht ahnte er noch, dass man ihm nach dem Leben trachtete, doch da hatte ihm bereits einer der Attentäter seine Lanze in den Leib gerammt. Schwer verletzt floh Turan-Schah zum Nil, wo ihn die Häscher einholten und ihm den endgültigen Todesstoß versetzten.

Turan-Schah wird seine Mörder sicherlich erkannt haben, schließlich handelte es sich um seine eigenen Offiziere. Und diese Mamelucken beabsichtigten bereits seit geraumer Zeit, nach den Schalthebeln der

Elitetruppen
Langjähriges Kampftraining, Disziplin und Korpsgeist verwandelten die Mamelucken in hervorragende Kämpfer. Auch ihre Sultane waren echte Soldatenkönige und kämpften stets an vorderster Front mit.

Herrschaftlicher Luxus
Unter der Herrschaft der Mamelucken erreichte die Metallschmiedekunst eine große Blüte. Zahlreiche begabte Künstler produzierten prachtvolle Arbeiten wie diesen Wappenpokal.

Zahlungsmittel
Der Dinar stammt aus der Zeit Sultan Baibars. Die Mamelucken-Sultane prägten Gold-, Silber- und Bronzemünzen, und jeder Sultan verwendete ein besonderes Wappensymbol: Bei Baibars war es ein stolzierender Löwe.

Macht im Sultanat von Ägypten zu greifen.

Bei den Mamelucken handelte es sich nicht um Ägypter, sondern um die Nachkommen türkischstämmiger Bauernfamilien aus dem Bergland des Kaukasus. Wenn die sich nicht mehr in der Lage sahen, ihre Kinder zu ernähren, boten sie diese auf den Sklavenmärkten an, denn dort suchten regelmäßig vom Sultan beauftragte Agenten nach besonders kräftigen jungen Männern.

Sklaven mit Selbstbewusstsein

Mamlukun bedeutete „Sklaven, die ihrem Herrn gehören“, doch die Mamelucken waren durchaus keine gewöhnlichen Sklaven. Sie wurden in den Haushalt des Sultans aufgenommen und erhielten eine erstklassige militärische Ausbildung im Reiten und Kämpfen, um künftig als Soldaten in seiner Leibwache zu dienen. Sobald sie ihre Lehrzeit beendeten, gab ihnen der Sultan die Freiheit wieder. Die frisch gebackenen Elitesoldaten lebten in Kasernen auf der Nilinsel Ruda und besaßen bald ein ausgeprägtes Zusammengehörigkeitsgefühl.

Stets hatten die Mamelucken sich stolz und selbstbewusst präsentiert, nun aber fühlten sie sich zu Höherem berufen. Mit der Ermordung Turan-Schahs legten sie den Grundstein zu ihrer eigenen Machtergreifung, nur ein Hindernis stand noch im Weg, und das war ausgerechnet eine Frau.

Eine Frau von Format

Schadscharad Ad Durr, die einstige Lieblingsfrau aus dem Harem des 1249 verstorbenen Sultans Salih, hatte nach dem plötzlichen Tod des Herrschers dafür gesorgt, dass ihr Stiefsohn Turan-Schah den Thron besteigen konnte. Der junge Mann befand sich nämlich außer Landes, als sein Vater starb. Um ein gefährliches Machtvakuum in Ägypten zu verhindern, verstand es Schadscharad Ad Durr äußerst geschickt, den Tod ihres Ehegatten so lange vor der Öffentlichkeit geheim zu halten, bis Turan-Schah wieder in Kairo anlangte und die Thronfolge antreten konnte. Er machte sich aber bei den Untertanen in kürzester Zeit derart unbeliebt, dass die Mamelucken nur 2 Monate nach Turan-Schahs Machtübernahme beschlossen, den verhassten Herrscher aus dem Weg zu räumen.

Diesmal gab es keinen Nachfolger, und in Kairo machten sich Angst und Unruhe breit. Was würde geschehen? Würde ein Bürgerkrieg ausbrechen? Oder würden gar die Kreuzritter die Stadt überrennen? Erneut bewährte sich Schadscharad Ad Durr in dieser angespannten Lage: Sie übernahm selbst die Staatsgeschäfte. Ein ungeheurer Vorgang, denn noch nie hatte in Ägypten eine Sultanin regiert! Bald kehrte Ruhe ein, und sogar die Kreuzritter zogen bereitwillig ab, nachdem sie noch dazu für ihre gefangenen Soldaten ein hohes Lösegeld entrichtet hatten.

Auf wen die Wahl fällt …

Auf Dauer ließ sich ein Frauenregiment in einem Land, in dem ausschließlich Männer das Sagen hatten, nicht aufrechterhalten. Deshalb musste sich Schadscharad Ad Durr wohl oder übel einen Ehemann suchen, und als Kandidat kam nur ein Mitglied aus der mächtigen Offizierskaste der Mamelucken in Frage. So erwählte Schadscharad Ad Durr Aibek zu ihrem Gemahl, und er bestieg 1250 als erster Mamelucken-Sultan den ägyptischen Thron. Die Macht musste er sich allerdings mit seiner ambitionierten Gemahlin teilen.

Die Herrschaft eines Ausländers über Ägypten stieß allerdings auch auf wenig Gegenliebe und teilweise sogar auf den vehementen Widerstand der Bevölkerung. „Ägypten den Arabern" lautete die Parole, unter der es schon bald zu erbitterten Aufständen im ganzen Land kam. Den Mamelucken gelang es freilich, sie mit blutiger Härte zu unterdrücken.

Kaum hatte das Land zur Ruhe zurückgefunden, da kriselte es in der aus Vernunftgründen geschlossenen Ehe des Sultanpaares heftig. Als Aibek immer größeren politischen Ehrgeiz entwickelte, beschloss Schadscharad Ad Durr, den missliebigen Gemahl ein für allemal loszuwerden. Sie wollte keinesfalls in die zweite Reihe abgedrängt werden. Während Aibek nichts ahnend ein entspannendes Bad nahm, ertränkten ihn die Sklaven seiner Frau. Doch der Anschlag auf den Gatten ging nach hinten los. In den 7 Jahren seiner Herrschaft war es Aibek gelungen, eine große Schar treuer Anhänger um sich zu scharen, und die forderten nun lautstark Vergeltung für die Bluttat. Für Schadscharad Ad Durr hingegen regte sich kein Finger. Die machtbewusste Sultanin wurde verhaftet, ins Gefängnis geworfen und am 12. April 1257 zu Tode gesteinigt.

Im Berater des Sultans steckt der wahre Sultan

Als reine Verlegenheitslösung erwies sich die Wahl eines Sohnes Aibeks aus erster Ehe zum neuen Sultan, denn der junge Mann war erst 15 Jahre alt und mit seiner neuen Aufgabe hoffnungslos überfordert. Aus diesem Grund stellte man ihm den Mamelucken Kutuz als Mitregenten zur Seite. Der überaus fähige Mann konnte sich nur 2 Jahre später zum Alleinherrscher aufschwingen. Diesmal waren

Mausoleum der Mächtigen
Mehr als 200 Jahre herrschten die Mamelucken über Ägypten, bis die Osmanen das Land am Nil eroberten. Während ihrer Regierung entstanden in Kairo zahlreiche neue Moscheen und andere Bauwerke, darunter ein Mausoleum, in dem die Mamelucken-Sultane ihre letzte Ruhe fanden.

HINTERGRUND

Militärische Lehrbücher der Mamelucken

Der ungewöhnliche Erfolg der Mamelucken beruhte auf den militärischen Fähigkeiten, die sich die Soldaten durch hartes Training und das intensive Studium besonderer Handbücher zur Kriegführung erwarben.

Die illustrierten Lehrbücher informierten über die richtige Handhabung von Schwert und Lanze, die optimale Behandlung von Kampfwunden oder taktische Manöver wie z.B. den vorgetäuschten Rückzug mit erneutem Angriff.

Die Umsetzung der Theorie in die Praxis überwachte der Sultan oft persönlich, mitunter präsentierte man die Übungen auch der Öffentlichkeit. Nach abgeschlossener Ausbildung konnten die Mameluckenkrieger problemlos etwa 1000-mal am Tag mit einem 2 kg schweren Schwert Bleistäbe oder Lehmhaufen zerteilen.

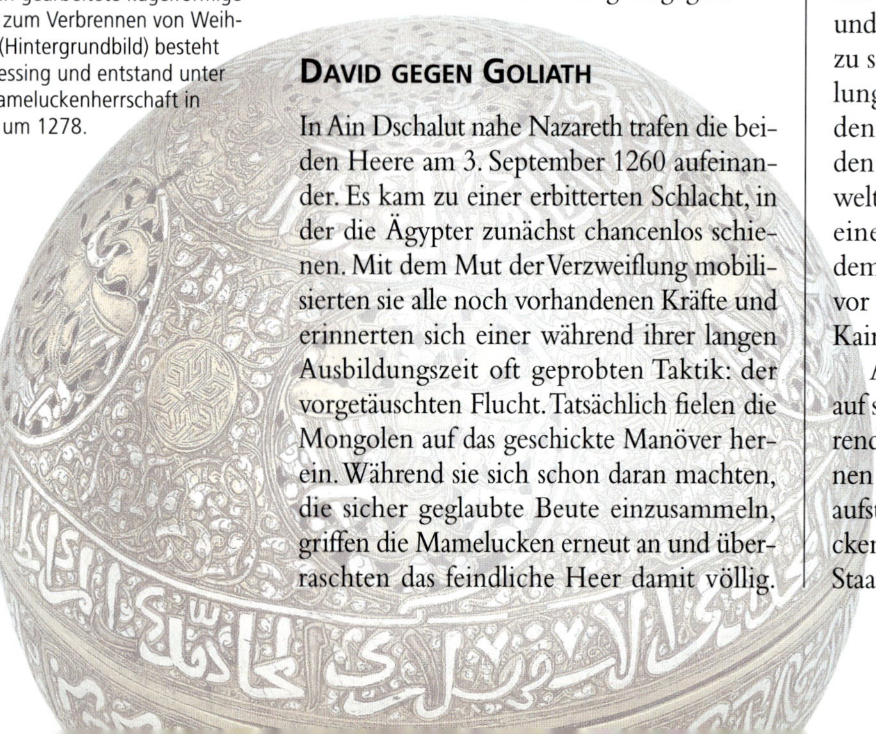

Für feinen Duft
Das fein gearbeitete kugelförmige Gefäß zum Verbrennen von Weihrauch (Hintergrundbild) besteht aus Messing und entstand unter der Mameluckenherrschaft in Syrien um 1278.

die Ägypter jedoch froh, einen starken und energischen Sultan an der Spitze zu wissen, mochte er nun ein Ausländer sein oder nicht. Dem Land am Nil drohte nämlich höchste Gefahr.

Die Mongolen auf der Schwelle

Ganz Ägypten zitterte vor den Mongolen, die schon zu Beginn des 13. Jh. unter dem legendären Dschingis Khan Angst und Schrecken verbreitet hatten. Nun schickte sich dessen Enkel an, in die Fußstapfen seines kriegerischen Großvaters zu treten. Möngke hatte erst unlängst Bagdad erobert und dort ein fürchterliches Blutbad angerichtet. Plündernd und brandschatzend waren die Mongolen durch die einstmals blühende Stadt gezogen und hatten zahllose Einwohner massakriert, darunter auch den Kalifen sowie die meisten Mitglieder seiner Familie. Damit ging 1258 die mehr als 500-jährige Herrschaft der Abbasiden zu Ende, und der Kalifenthron blieb vorerst vakant.

Inzwischen waren die Mongolen weiter nach Süden vorgedrungen, hatten 1260 Syrien eingenommen und standen vor den Grenzen Ägyptens. Lähmende Angst machte sich in Kairo breit, nur Sultan Kutuz behielt einen klaren Kopf, stellte in Windeseile ein schlagkräftiges Heer zusammen und marschierte mit seinen Mamelucken dem unheimlichen Feind todesmutig entgegen.

David gegen Goliath

In Ain Dschalut nahe Nazareth trafen die beiden Heere am 3. September 1260 aufeinander. Es kam zu einer erbitterten Schlacht, in der die Ägypter zunächst chancenlos schienen. Mit dem Mut der Verzweiflung mobilisierten sie alle noch vorhandenen Kräfte und erinnerten sich einer während ihrer langen Ausbildungszeit oft geprobten Taktik: der vorgetäuschten Flucht. Tatsächlich fielen die Mongolen auf das geschickte Manöver herein. Während sie sich schon daran machten, die sicher geglaubte Beute einzusammeln, griffen die Mamelucken erneut an und überraschten das feindliche Heer damit völlig. Der Erfolg sprach für sich. Der Befehlshaber der Mongolen fand in der Schlacht den Tod, und die noch übrig gebliebenen Krieger traten überstürzt und völlig kopflos einen ungeordneten Rückzug an.

Die tödliche Gefahr aus dem Osten war vorerst gebannt, und Kutuz sonnte sich, wenn auch nur kurz, im Glanz des Triumphes. Auf dem Rückweg nach Kairo kam es nämlich zu einem Streit zwischen ihm und Baibars, einem seiner fähigsten militärischen Befehlshaber. Baibars gelüstete selbst nach der Macht, und er forderte als Belohnung für seinen erfolgreichen Einsatz gegen die Mongolen die Herrschaft über Aleppo. Als Kutuz ablehnte, schlug die langjährige Treue seines Offiziers in unerbittlichen Hass um. Nur wenig später fiel Kutuz während einer Gazellenjagd einem finsteren Mordanschlag zum Opfer, und auch wenn die näheren Umstände des Attentats unklar sind, so steckte zweifellos Baibars hinter dem Attentat. Möglicherweise hatte er auch den gewaltsamen Tod Turan-Schahs auf dem Gewissen.

Der neue Sultan ernennt den neuen Kalifen

Noch am Tatort ließ sich der 37-jährige Baibars zum neuen Sultan wählen. Diesmal ging der Machtwechsel reibungslos vonstatten, und in Kairo angekommen gelang es Baibars schon bald, seine Position zu festigen und eine starke und loyale Leibgarde um sich zu scharen. Als eine seiner ersten Amtshandlungen setzte er einen neuen Kalifen ein, denn seit dem Blutbad von Bagdad fehlte den Muslimen ihr höchstes geistliches und weltliches Oberhaupt. 1261 betraute Baibars einen geflüchteten Abbasidenprinzen mit dem hohen Amt, und da Bagdad nach wie vor von den Mongolen besetzt war, wurde Kairo neuer Sitz des Kalifen.

Allerdings blieb das Amt des Kalifen fortan auf seine religiöse Funktion beschränkt, während Baibars in Ägypten zum unangefochtenen politischen und militärischen Oberhaupt aufstieg. Tatsächlich erwies sich der Mameluckensultan als kluger und weit blickender Staatsmann. Er erzielte mehrere militärische

Raststätten der Wüste
Vor allem der Handel mit Gewürzen brachte Ägypten unter den Mamelucken vorübergehend erheblichen Reichtum. Die wichtigsten Handelsstraßen verliefen durch das Land. Nachts fanden die Kaufleute eine sichere Unterkunft in einer der zahlreichen Karawansereien. Die ummauerten Herbergen fand man an allen Karawanenwegen.

Erfolge, indem er erneut die Mongolen zurückschlug und mehrere siegreiche Feldzüge gegen die Kreuzfahrerstaaten führte. 1268 fiel mit Antiochia die mächtigste christliche Stadt in seine Hände, und daraufhin erlahmte der Widerstand der Kreuzritter zusehends. Eine Burg nach der anderen ergab sich, bis von den Christen schließlich keine Bedrohung mehr ausging.

Doch Baibars Erfolgsserie endete damit keineswegs. Triumphe über die Rum-Seldschuken in Kleinasien, die Zerschlagung des gefürchteten islamischen Geheimordens der Assassinen sowie eine erfolgreiche Strafexpedition nach Nubien ließen ihn zu einem der mächtigsten Männer der damaligen Welt und Herrn eines riesigen Reiches werden.

Auf dem Höhepunkt seiner Macht ereilte auch Baibars 1277 ein gewaltsamer Tod. Er starb aller Wahrscheinlichkeit nach an Gift. Unklar ist freilich, ob er Opfer eines Anschlags oder eines dummen Versehens wurde. Es ist nämlich nicht auszuschließen, dass er selbst einen Giftbecher für einen Rivalen präpariert hatte und ihn dann irrtümlich selbst leerte.

Akkon fällt

Seinen Nachfolgern gelang es, das erfolgreiche Werk des Mamelucken-Sultans fortzusetzen. Der junge Sultan Khalil versetzte den Kreuzfahrerstaaten den endgültigen Todesstoß. Nachdem fanatische Christen eine Karawane friedlicher muslimischer Bauern überfallen und niedergemetzelt hatten, konnte ein Rachefeldzug nicht ausbleiben. Sechs Wochen lang belagerte Khalil Akkon, die letzte Bastion der Christen im Heiligen Land. Nach 100-jähriger Herrschaft ergaben sich die Bewohner 1291 den Truppen Baibars. Die Muslime plünderten die Stadt und machten sie dann dem Erdboden gleich.

Ende des 13. Jh. erreichten die Mamelucken-Sultane den Zenit ihrer Macht. Nach dem Fall Akkons brachen verstärkt interne Machtkämpfe aus, sodass in der Folge die meisten Herrscher nach nur kurzer Regierungszeit eines gewaltsamen Todes starben. Gleichzeitig brachen wieder einmal Hunger und Seuchen über Ägypten herein, die die Bevölkerungszahl im 14. Jh. erheblich dezimierten, die Wirtschaft ruinierten und das Land am Nil schließlich wieder in Bedeutungslosigkeit versinken ließen.

Gold- und Viehhandel – Blütezeit von Simbabwe

Im dichten Busch liegen die kolossalen Steinbauten einer sagenumwobenen Stadt. Bis heute erinnern die Ruinen an eine mächtige und geheimnisvolle Kultur im Süden Afrikas.

Rätselhafter Turm
Diente das konische Gebäude der Verteidigung, oder brannten hier Leuchtfeuer als Signal für vorbeiziehende Karawanen?

Die große Einfriedung
Die Steinmauern bezeugen die Fähigkeiten der Baumeister im Umgang mit dem harten Gestein ihres Landes.

Eine gewaltige Bergkette durchzieht das karge Land Simbabwe im Süden Afrikas von Nordost nach Südwest. Dabei erreicht der 500 km lange und bis zu 10 km breite Hochveld genannte Bergrücken Höhen von bis zu 1500 m. Und in diesem majestätischen, sommerfeuchten Hochland verbirgt sich ein jahrhundertealtes Geheimnis: Im dichten Buschwerk der trockenen südafrikanischen Steppe liegt eine steinerne Ruinenstadt, überragt von einem Bergtempel auf einer wild zerklüfteten Felskuppe. Die Bauwerke dieser mysteriösen Stadt entstanden vor über 800 Jahren, und die Mauern haben ihre Baumeister aus zugehauenen Steinen ganz ohne Mörtel aufgeschichtet.

Seit dem 13. Jh. war die sagenumwobene mittelalterliche Afrika-Metropole Groß-Simbabwe wegen ihrer reichen Gold- und Elfenbeinschätze im ganzen Süden des Kontinents bekannt. Die Ursprünge der später als die „Akropolis Afrikas" bezeichneten Stadt führen allerdings weit zurück in die wechselvolle Geschichte des südlichen Afrika.

Die Schätze erkennen

Ende des ersten Jahrtausends wanderten Volksstämme aus weiter nördlich gelegenen Gebieten in das von hohen Bergen umgebene Land ein. Angehörige des Bantu-Volkes, die so genannten Shona, besiedelten die Region zwischen den beiden großen Flüssen Limpopo im Norden und Sambesi im Süden Simbabwes. Nicht zufällig wählten die Nomadenstämme genau diese Region zur neuen Heimat, denn das äußerst milde und feuchte Klima des grünen Hochlandplateaus

versprach den Jägern und Sammlern reiche Beute. Daneben lockten die vielfältigen Rohstoffe der ansonsten kargen und unwirtlichen Region. Der Hochveld steckte voller begehrter und leicht abbaubarer Erze, die reichen Ertrag versprachen. Vermutlich bauten die Shona bereits um 1000 Eisen, Kupfer und Chrom ab, stellten daraus Waffen und Werkzeuge her und vertrieben sowohl die Erze als auch bereits verarbeitete Metallprodukte in den Nachbarregionen. Weitaus wichtiger für den Wohlstand und den Aufstieg Groß-Simbabwes erwiesen sich allerdings die unermesslichen Goldvorkommen.

Legenden schützen das Gold

Über Jahrhunderte konnten die Shona ihre Goldquellen geheim halten. Niemand außer ihnen wusste, wo sich die reichen Goldvorräte verbargen. Nur sie kannten die Quarzgänge, aus denen das wertvolle Berggold zu gewinnen war, und die Stellen, an denen das meiste Waschgold aus den Bergen in die Bäche und Flussbetten Simbabwes gespült wurde. Geschickt verstanden sie es, durch mystische Sagen ihr Geheimnis zu wahren. Neugierigen Fremden erzählten die Einheimischen Angst einflößende Geschichten, um sie vor weiteren Erkundigungen abzuschrecken. So erzählte eine Legende von einem Spukberg, der von einem vierbeinigen Topf mit goldgelber Glut umlaufen werde. Wer immer es wage, sich dem Berg zu nähern, komme verrückt oder kahl rasiert zurück oder würde gar im Dunkel des Berges für immer verschwinden.

Goldgräber werden sesshaft

Im 13. Jh. entdeckten die bis dahin nomadisierenden Stammesverbände, dass das Klima der grasigen Hochebene für die Viehzucht besonders günstig war. Die Shona begannen sich in zunächst noch primitiven Lehmhäusern niederzulassen und in den riesigen Graslandschaften Viehzucht und Ackerbau zu betreiben. Vor allem die Rinderhaltung entwickelte sich zur wichtigen Lebensgrundlage, denn die Herden stellten Nahrung und Währung gleichermaßen sicher. Bald tauschten die Shona Rinder, Hirse, Baumwolle, Eisen, Gold, Salz und andere Güter gegen Tuche und Glasperlen aus Indien, arabisches Glas, persische Töpfe und chinesisches Porzellan. Diese begehrten Luxuswaren gelangten über arabisch-indische Händler entlang der Ostküste Afrikas in die etwa 50 km südlich von Beira gelegene Hafenstadt Sofala in Mosambik. Das Elfenbein stammte von einheimischen Jägern und Wildbeutern, die ihre Beute aus den benachbarten Bergen in die Hauptstadt Groß-Simbabwe brachten.

Der Wohlstand Simbabwes kannte zu Beginn des 13. Jh. keine Grenzen: Gold, Elfenbein, Ackerbau, Rinderherden und ein komplexes Handelsnetz ließen die Shona zu einer wohlhabenden und mächtigen Volksgruppe werden. Zwangsläufig veränderten sich die gesellschaftlichen Strukturen, und eine hierarchisch gegliederte Gesellschaftsform löste die alten Stammesverbände ab.

Wunder aus Stein
Wie von Zauberhand halten Millionen Steine seit Jahrhunderten völlig ohne Mörtel oder andere Bindemittel. Um die Steine zu brechen, wurden Granitfelsen mit Feuer erwärmt und dann mit Wasser übergossen, um den Stein zu sprengen. Diese Bruchsteine wurden dann auf mindestens einer Seite behauen.

Urbane Lebensweise

Aus den zunächst unbedeutenden Dörfern entwickelten sich plötzlich ansehnliche Siedlungen. Die größte und bis heute rätselhafteste Siedlung war die Hauptstadt des Shona-Reiches, Groß-Simbabwe. „Große Häuser aus Stein" bedeuteten in der Sprache der Shona die Worte *dzimba dza mabwe*.

Beeindruckendes Rund
Etwa 10 000 Handwerker, Bauern und Goldwäscher sorgten für die überwältigende Macht und Stärke Groß-Simbabwes. Obwohl heute nur noch ein Bruchteil der ursprünglichen Stadt zu sehen ist, lassen die erhaltenen Mauern und Türme den Reichtum vergangener Zeiten erahnen.

Seltsamer Vogel
Die Vogelgötter von Simbabwe waren halb Mensch, halb Tier und dienten als Vermittler zwischen Diesseits und Jenseits.

Die Ruinenstadt liegt in der Nähe von Masvingo, ungefähr 240 km südlich von Harare. Noch im 16. Jh. bestaunten portugiesische Seefahrer diese Steinhäuser, denn noch zu dieser Zeit lebte der größte Teil der Bevölkerung auf dem Schwarzen Kontinent üblicherweise in Lehmhütten mit Dächern aus Elefantengras und Blättern des Affenbrotbaums.

Im übrigen afrikanischen Raum war die Technik der Steinbehausung bis dahin völlig unbekannt, und so ist es bis heute ein Rätsel geblieben, wie die Baumeister der Shona im Mittelalter ihre Kenntnisse der Steinbearbeitung erlangten. Selbst die Nachfahren trauten später ihren Ahnen diese Fähigkeiten nicht zu. Sie setzten die Legende in die Welt, die Konstrukteure der Stadt- und Tempelanlagen seien weißhäutig gewesen, und heizten so die Sagenbildung um die Ruinenstätte gewaltig an.

Phantastische Deutung

Der deutsche Forscher und Entdecker Groß-Simbabwes Karl Gottlieb Mauch glaubte später sogar, in Groß-Simbabwe das biblische Reich der Königin von Saba gefunden zu haben. Von diesem Ophir genannten Land in Afrika steht schon in der Bibel geschrieben, es sei die kostbarste Goldgrube und Quelle von Elfenbeinen der Alten Welt gewesen. In dem von den Shona erwähnten Goldtopf vermutete Mauch die Bundeslade. Die Ruinen interpretierte er als Nachahmungen des Tempels und Palasts von Salomon.

Heute weiß man, dass die Ruinen die Überreste der untergegangenen afrikanischen Hauptstadt Groß-Simbabwe und keine Kolonialbauten frühchristlicher Europäer sind. Als Steinbrüche nutzten die Shona das örtliche Bergmassiv. Dort suchten sie nach glatt geschliffenen Steinblöcken und sammelten die von der Witterung ausgespülten oder absplitternden Granitquader.

Eine Stadt zur Demonstration von Macht und Stärke

Es ist kaum verwunderlich, dass die Herrscher von Groß-Simbabwe jene Quellen des wertvollen gleißenden Metalls gegen Unbekannte schützen wollten. Was wirkte abschreckender auf die möglichen Begehrlichkeiten als monumentale Steinmauern, riesige Tempel und wehrhafte Festungsanlagen, die bis heute Symbol von Macht und Stärke des südafrikanischen Goldlands sind?

Wie eine mittelalterliche europäische Stadt hatten die Shona-Architekten das Gebiet in verschiedene Komplexe geteilt. Am Fuß des Hügels schützte eine 10 m hohe und etwa 250 m lange elliptische Stadtmauer aus übereinander geschichteten Granitquadern die Einwohner von Groß-Simbabwe vor Eindringlingen und wilden Tieren. Innerhalb dieses kolossalen Mauersystems lebte die Elite der Shona-Metropole in festen Steinhäusern.

Besonderer Schutz für den Hof

Hier waren die Frauen und Kinder des Königs sowie sein Hofstaat untergebracht. Ein ausgetüfteltes Bewässerungssystem sicherte die Versorgung der Haushalte mit dem kostbaren Nass. Auch dem König stand innerhalb der Einfriedung eine feste Residenz zur Verfügung, doch er verbrachte vermutlich viel Zeit im Tempel hoch oben auf dem Berg, um zu den Göttern zu beten. Schließlich fungierte er gleichzeitig als Hohepriester der Geister und Seelen und galt als höchster Glaubensvertreter der Shona-Religion. Als *monomotapa* – „Herr der Bergwerke" oder „Herr der eroberten Länder" – stand er an der Spitze der Shona-Gemeinschaft und handelte im Namen ihres höchsten Schöpfergottes Mwari.

Der gesamte Bergkomplex bildete die Tempelanlage, in der der König und Hohepriester um Regen und Fruchtbarkeit betete und wo man Opfergaben für die Ahnen darbrachte. Ritzzeichnungen auf einem verputzten Altar stellen vermutlich die Seelen verstorbener Herrscher dar. Über eine schmale Stiege kehrte der König nach erfolgreichem Gebet unter Musik und den Huldigungen seiner Untertanen in seine Residenz im Tal zurück. Die kleineren Ruinen außerhalb der großen Einfriedung dienten als Behausungen bedeutender Beamter und Krieger.

Rätselhafte Vogelskulpturen

Die Mehrzahl der zeitweilig über 10 000 Bewohner von Groß-Simbabwe hauste dicht aneinander gedrängt in mit Stroh gedeckten Lehmhäusern. Dort befanden sich auch die Werkstätten vieler hochbegabter Handwerker, denn in den Ruinen von Groß-Simbabwe fand man zahlreiche Kunstwerke. So nutzten die Shona die Steinvorkommen des Landes nicht nur zum Bau ihrer eindrucksvollen Hauptstadt, sondern meißelten zauberhafte Steinskulpturen. Zu den berühmtesten gehören zarte Vogelfiguren aus Seifenstein mit ihren oft rundlichen Körperformen und filigranen Ritzzeichnungen.

Über die genaue Bedeutung dieser Vögel weiß man nichts. Wahrscheinlich stellten die stehenden und sitzenden Vogelskulpturen Kultgegenstände dar. Die insgesamt acht gefundenen Figuren repräsentieren vielleicht die Könige des Landes. Es könnte sich auch um Abbilder der in diesem Gebiet beheimateten Weißkopf-Fischadler handeln. Zudem galt der *shiri ya mwari*, der „Vogel Gottes", den Shona als Mittler zwischen Gott und den Menschen.

Berühmtheit aus Speckstein
Die in der Ruinenanlage von Groß-Simbabwe gefundenen Vogelskulpturen sind zum nationalen Symbol geworden: Dieses Exemplar diente als Vorbild für den Vogel auf der modernen Simbabwe-Flagge.

Eine Metropole versinkt

Warum die florierende afrikanische Metropole des Mittelalters nach 300-jähriger Blüte plötzlich in der Bedeutungslosigkeit versank, liegt bis heute im Dunkeln. Die Elfenbein- und Goldquellen waren längst nicht erschöpft. Eine Legende besagt, dass der im Norden regierende König Monompata die Herrscher von Groß-Simbabwe vertrieb und als Zeichen seines Sieges im ganzen Land große Feuer anzünden ließ. Gleichzeitig habe er den Handel mit den Häfen der Ostküste an sich gerissen, was Groß-Simbabwe in den wirtschaftlichen Ruin trieb. Der Niedergang ließ sich nicht mehr aufhalten, als die ausgelaugten Böden dem Vieh und den Menschen keine Nahrung mehr liefern konnten. Daraufhin wurde die Stadt von den Bewohnern vollends aufgegeben.

AMERIKA

1 Blüte im Schatten – Chancay und Ica-Chincha (um 1150–14. Jh.)
Seite 162

2 Im hohen Norden – die Wanderungen der Inuit (13.–14. Jh.)
Seite 167

3 Fremde Nomadenvölker in Mittelamerika (13.–14. Jh.)
Seite 173

Blüte im Schatten – Chancay und Ica-Chincha

Auf dem Boden uralter untergegangener Kulturen blühten an Perus Küste 200 Jahre lang mehrere Stadtstaaten. Grundlage ihres Aufstiegs waren Handwerk und Handel.

Hungriges Äffchen
Die filigranen Holzschnitzarbeiten der Chancay stellen oft Naturmotive dar. Dieser Affe, der auf einer Holzstange sitzt, hält einen Maiskolben in der Pfote. Der Zweck der Skulptur ist nicht bekannt.

Die Heimkehr des Fürsten und seiner Familie war immer ein großes Ereignis. Während die Bootsleute mit ihren stoischen, unergründlichen Gesichtern routiniert das große Holzfloß in die Mündung des Chancay-Flusses lenkten, standen an den Ufern die wichtigsten Würdenträger in ihren prächtigsten farbigen Gewändern und mit üppig gearbeitetem Federputz auf den Häuptern, um den Heimkehrer gebührend in Empfang zu nehmen.

Der Fürst von Chancay, dem südlichsten Stadtstaat einer der vielen Küstenkulturen zwischen Tumbéz im Norden und der Gegend von Lima im Süden, hatte gemeinsam mit einigen engen Beratern und den erfahrensten und wohlhabendsten Händlern und Kaufleuten eine Reise unternommen, um neue Märkte für die Produkte seines Volkes zu erschließen. Denn der Reichtum und das Selbstbewusstsein von Chancay gründeten auf Handel und Handwerk.

Im Chancay- und dem benachbarten Chillón-Tal hatten sich um das Jahr 1150 einige Städte und Dörfer, darunter Pisquillo Chico, Lumbra und Zapallán, zu einem starken politischen Verband zusammengeschlossen. An der Spitze stand ein kleiner und elitärer Zirkel adliger Familien, und ein Fürst mit dem Titel Cuismancu hatte die Herrschaftsgewalt inne.

An der peruanischen Pazifikküste verläuft im Norden ein 200×150 km breiter, öder und trockener Sandgürtel. Etwa 30 Flusstäler unterbrechen ihn, und in diesen regelrechten Oasen entfalteten sich die meisten indianischen Kulturen der Vor-Inkazeit. Die Mehrzahl dieser Küstenkulturen, so auch Chancay, blieben auf ein einzelnes Tal oder höchstens noch das Nachbartal beschränkt. Chancay zählte in der zweiten Hälfte des 12. Jh. zusammen mit der Stadt Pachacamac zu den wichtigsten Kulturen im mittleren Küstenabschnitt, während im Norden im Moche-Tal das Reich der Chimú dominierte und weiter im Süden die Reiche von Chincha und Ica erblühten.

REINE HANDELSEXPANSION

Chancay besaß keine militärische Macht. Kriegerische Expansionen fanden nicht statt, und auch im Innern lag den Chancay wenig an großer Prachtentfaltung. Ihre im Vergleich zu manchen Nachbarkulturen anspruchslose Architektur wies neben zahlreichen kleinen Häusern aus Ziegeln und Schilfrohrdächern bestenfalls noch bescheidene Zeremonialplätze mit flachen Tempeln auf. Dafür brachten es die Bewohner dieser Region aber zu außergewöhnlichem Geschick in der Textil-

Prunkvolle Federputze und Stoffe gehörten zu den Statussymbolen der Chancay-Kultur.

Meister des Textilhandwerks
Neben Tüchern und Wandbehängen stellten die Chancay auch Stoffpuppen und ganze Stoffskulpturen mit mehreren Figuren her. Teilweise dienten sie wohl als Spielzeug, vielleicht aber auch zu rituellen Zwecken.

verarbeitung. Vor allem ihre Stoffe haben die Chancay-Kultur berühmt werden lassen und bezeugen die Kunstfertigkeit und den Reichtum des Indianervolks.

In den Tälern von Chancay und Chillón bauten die Bauern riesige Mengen Baumwolle an. Daraus fertigten die geschickten Textilhandwerker Gobelins und Tuche, aber auch zahlreiche Brokate und Stickereien. Zwei Techniken erlebten in Chancay eine besondere Blüte: Gaze und Stoffbemalung.

Bei der Gazetechnik werden Textilien in Maschen hergestellt, sodass sie elastischer und beweglicher als grob gewobene Stoffe werden. Zudem gelang es den Chancay mit natürlichen Materialien wie Mineralien oder Pflanzen über 120 Farben und Farbnuancen herzustellen. Die Farben waren zudem so haltbar und so gut imprägniert, dass sie nach 500 Jahren noch erkennbar waren.

Eine Kultur der Kunst

Die Stoffe aus Chancay dienten nicht nur als Bekleidung oder als Leichentücher, sondern auch zur reinen Dekoration. Ihre Wohnräume schmückten die Indianer gern mit Wandbehängen. Findige Händler vertrieben die Textilien entlang der Küste und weckten auch in den Nachbartälern eine Vorliebe für die Produkte der Chancay. Neben den Stoffwaren fand die Keramik begeisterte Abnehmer. Die typische Chancay-Keramik führten die Töpfer ausschließlich zweifarbig aus. Mit dem Pinsel trugen sie den braunschwarzen Dekor auf cremefarbenen, matten, porösen Grund auf. Während die handwerkliche Ausführung im Vergleich zu früheren Kulturen wenig perfektioniert erscheint, erwiesen sich die Chancay-Töpfer als Meister der gestalterischen Inspiration. Sie stellten häufig Menschen dar, und bei den Tiermotiven erfreuten sich Affen, Fische, Nagetiere und Vögel besonderer Beliebtheit. Weit verbreitet waren eine eiförmige Krugform und ein Gefäß mit weitem Hals in Form eines Menschenkopfs.

Sorge für die Toten

Aufgrund ihrer religiösen Vorstellungen vom Leben im Jenseits zelebrierte die Chancay-Gesellschaft einen aufwändigen Totenkult. Hoch gestellte Persönlichkeiten bestatteten die Indianer mit zahlreichen Grabbeigaben, vor allem mit Keramikgefäßen und ganzen Tellerstapeln, mehreren Leichentüchern und Wandbehängen.

Bisweilen begleiteten den Verstorbenen auch Opfertiere ins Jenseits. So deponierte man Hunde, Meerschweinchen oder sogar Lamas neben dem Leichnam. Leichentücher färbten oder bemalten die Chancay durchgängig mit der magischen Farbe Rot. Die Mumienbündel erhielten Scheinköpfe, meist maskenähnlich aus Holz oder Tuch, und trugen zum Teil auch menschliche Haare.

Fast 200 Jahre konnte sich das Chancay-Reich entfalten. Zu Beginn des 14. Jh. jedoch nahm der Druck von Norden und Süden zu. Im Norden verleibte sich das Chimú-Reich immer mehr Stadtstaaten ein und langte an den Grenzen der Chancay-Kultur an; im Süden stieg mit dem Zusammenschluss von Chincha und Ica ein weiterer Stadtstaat zu einem gefährlichen Handelsrivalen auf.

Die beiden südlich von Lima gelegenen Täler von Ica und Chincha waren die mit Abstand höchst entwickelten Gebiete jener Zeit. Seit etwa 1000 wuchsen auf dem Gebiet der untergegangenen Nasca- und Huari-Kultur mehrere ethnische Gruppen zusammen und entwickelten sich zu einer Kultur.

STANDPUNKT

Grab oder Kühlkammer?

Im Gebiet von Chancay finden sich unterirdische Hohlräume: tiefe Schächte, viereckige Kammern und flache Mulden. Lange vermutete man, es handle sich um Gräber.

Seit einiger Zeit glaubt man jedoch, die viereckigen Kammern könnten als Lager- und Kühlräume gedient haben, denn Chancay diente als wichtiger Stapel- und Umschlagplatz für den Handel zwischen den Küstenoasen und dem Gebirgshinterland.

Die Funde – Stoffreste, zerschlagene Keramik, zerbrochene Werkzeuge, Waffen, Schmuckstücke, aber auch Überreste mumifizierter Menschen – lassen beide Interpretationen zu.

Langsam entsteht ein Reich

Das Chincha-Reich bestand um 1160 aus mehreren großen Stadtzentren. In der Hauptstadt Tambo de Mora lebten etwa 15 000 bis 20 000 Menschen, vor allem Händler, Fischer und Bauern. Von diesem wichtigsten Handelsplatz im Chincha-Reich brachen die Kaufleute zur See oder auf dem Landweg zu ihren oft Jahre währenden Handelsfahrten auf. Zu den weiteren bedeutenden Zentren gehörten Lurin Chincha, La Centinela und Las Huacas, wo vor allem die Landwirtschaft sowie das Silber- und Textilhandwerk blühten. In all diesen Städten standen große *huacas* genannte Tempel und Paläste mit prachtvollen Friesen im Flachrelief.

Im Nachbartal Ica hatten die Städte eine ähnliche Entwicklung genommen. In der Hauptstadt Ica Vieja dominierte eine Ansammlung von Tempeln und Palästen das Stadtbild. Der größte Teil der meist bäuerlichen Bevölkerung lebte verstreut im umliegenden Land. Ica Vieja erstreckte sich in seiner Blütezeit über rund 1,5 km, die ebenfalls wichtigen Ica-Städte Pisco und Nasca bedeckten eine wesentlich kleinere Fläche.

Erst nach vielen Generationen fanden sich diese benachbarten Städte und Dörfer unter einer halbwegs einheitlichen Führung zusammen, und es entstanden eine übergreifende hierarchische Ordnung und ein politischer Apparat unter Führung einiger Adelsfamilien. Aus ihren Reihen bestimmten sie den Herrscher, der allerdings nicht über ein wirklich vereintes Volk regierte, sondern über einen Verband mehrerer Gruppen mit engen wirtschaftlichen und kulturellen Beziehungen.

Ab 1150 schälten sich Chincha und Ica als die dominierenden Zentren heraus und verschmolzen im Verlauf der nächsten Jahrzehnte miteinander. Aufgrund seiner Größe und seines Einflussgebietes, das bis ins mittlere Hochland der Anden reichte, gewann Chincha ein gewisses Übergewicht. In der Blütezeit im 14. Jh. umfasste das Reich eine Bevölkerung von etwa 150 000 Menschen.

Die Keramik der Ica-Chincha-Region übernahm zunächst die Bildwelten und Muster des untergegangenen Vorgängerreichs

Rätselhaftes Objekt
Nur im Küstenstaat der Ica-Chincha fertigten die Holzschnitzer diese seltsamen Grabbeigaben. Die schaufelähnlichen Holzgegenstände erinnern an Ruder oder Floßsteuer, vielleicht sollten sie aber auch zeremonielles Ackerbaugerät darstellen. Im oberen Teil tragen sie feinen geschnitzten Skulpturenschmuck; sie sind mehrfarbig bemalt und haben eine Länge von 2–3 m.

Langer Hals und Hakennase
Ein typisches Merkmal der Gefäße, Behälter und der Halterungen für Federwedel der Ica-Chincha-Kultur war der lange Hals mit dem stilisierten Kopfmotiv. Er findet sich auf Keramik- und Metallobjekten.

der Huari, bei den Gefäßformen und Motiven kamen jedoch zunehmend neue Varianten auf. Die Ica-Handwerker gaben ihren Gefäßen nach Jahrhunderten der Zweifarbigkeit plötzlich wieder drei, vier und schließlich fünf verschiedene Farben. Im Dekor standardisierten und stilisierten sie die figürlichen Motive zu ornamentalen, geometrischen Mustern, dies erklärt sich zumindest teilweise auch als Folge des wachsenden Produktionsdrucks.

Geplante Massenproduktion in Heimarbeit

Auch im Textilhandwerk der Ica-Chincha löste der Handelserfolg eine Art Massenproduktion aus, die aber strengen Reglementierungen unterworfen war: Die in Heimarbeit hergestellten Produkte der Weber beschlagnahmten Verwaltungsbeamte, denn die Lamaherden gehörten dem Staat. Die Stoffe dienten nicht nur dem Alltagsgebrauch, sondern erfüllten auch symbolische Funktionen bei Bestattungen, Opferungen oder politischen Zeremonien.

Man fertigte sie fast immer aus Alpakawolle, edle Gewänder bestanden aus Vikunjawolle – dem Haar der wilden Lamas – oder sogar aus Fledermaushaaren. Aus dem gröbsten Stoff *cosi* fertigte man Decken, die mittlere Qualität *ahuasca* fand für Kleidungsstücke Verwendung. Aus der besten Stoffart *cumpi* fertigten spezialisierte Handwerker feine bunte Tuniken für die Oberschicht, für Fürsten, Staatsoberhaupt und Priester. Fast alle heute geläufigen Webarten und Techniken kannten diese mittelalterlichen Spezialisten im Ica-Chincha-Reich bereits.

Der Küstenhandel florierte, die technisch ausgereiften Floßflotten der Chincha gelangten bis hinauf ins Chimú-Reich und an die Küste Ecuadors. Dort handelten die Indianer Salz und Kupferteile gegen Smaragde, Gold, Baumwolle und die für Zeremonien unabdingbaren Spondylusmuscheln. 20 % der Ica-Chincha-Bevölkerung gehörten dem Stand der Händler an. Sie besaßen bereits ein ausgefeiltes System an Waagen und Gewichten und organisierten den Warenumschlag teilweise mithilfe von Geld. Zu bestimmten Festen führten die Ica-Chincha zeremonielle Ruderregatten aus.

Gute Beziehungen zahlen sich aus

Ähnlich wie Chancay blieb auch das Chincha-Reich militärisch schwach und bezog seine Macht und seinen Einfluss im Wesentlichen aus seinen Handelsbeziehungen entlang der Küste und zwischen Küste und Hochland. Regelmäßige Lamakarawanen zogen ins Gebirge und tauschten dort Fisch, den Seevogelmist Guano, Baumwolle, Mais, Töpferware und Holzschnitzkunst gegen Gold, Silber, Kupfer und die begehrte Coca-Droge ein.

Diese frühen Handelsbeziehungen ins Hochland sollten die spätere freiwillige Unterwerfung unter das Inkareich erheblich erleichtern. Die Chincha leisteten den Eroberern aus Cuzco wenig Widerstand und genossen im Gegensatz zu anderen besiegten Völkern später etliche Privilegien.

Zierliche Standarte
Die Federbuschwedel fertigten die Ica aus Gold, Holz, Federn und Haar. Würdenträger trugen sie bei feierlichen Zeremonien als Symbol ihres Status.

Im hohen Norden – die Wanderungen der Inuit

Im letzten Jahrtausend wanderten die Vorfahren der Inuit als Robben- und Walfänger von Alaska bis an die Küsten Grönlands. Seither kämpfen sie gegen das kälteste Klima der Erde.

Wenn die Sonne des nördlichen Polarkreises im Winter für 3 Monate hinter dem Horizont verschwindet und die Temperaturen weit unter den Gefrierpunkt sinken, verwandelt sich der hohe Norden des amerikanischen Kontinents in eine kalte und endlos weiße Landschaft aus Schnee und Eis. Dann wird es für die Inuit Zeit, aufzubrechen und im arktischen Eis nach Nahrung zu suchen. Seit tausenden von Jahren gehen sie in den Wintermonaten bei bis zu – 50 °C auf die Suche nach neuen Jagdquellen. Im eisigsten Klima der Erde hatten sie nur eines im Sinn: Sie strebten danach, die lebensnotwendige Jagd auf Beutetiere respektvoll gegenüber der Tierwelt und in Harmonie mit der Natur zu gestalten.

Der Hunger treibt sie voran

Auf den Spuren der Wale und Seerobben, die das milde Klima des Pazifiks suchten, gelangten die ersten Eskimo vor etwa 4500 Jahren an die Küsten der sibirischen Arktis. Vom hohen Norden Asiens trieben sie die immer kürzeren Sommer und längeren Winter auf der verzweifelten Nahrungssuche allmählich weiter nach Westen, bis die wandernden Nomaden Sibiriens schließlich die tierreichen Küsten Nordkanadas zu ihrer neuen Heimat erkoren. Doch wie war es den Eiswanderern aus Sibirien gelungen, das tobende und eiskalte Nordmeer zu überqueren?

Rätselhafter Übergang

Wie konnten sie den Weg zwischen Asien und Nordamerika überwinden, zumal die Eskimo ihre Kajaks erst viele Jahrhunderte später für die Jagd auf ruhigen Gewässern entwickelten. Für die Eiszeitforscher gilt heute als sicher, dass in grauer Urzeit eine Landbrücke im Bereich der Beringstraße die Erdteile Asien und Amerika miteinander verband. Das unaufhaltsam vordringende Eis hatte große Wassermassen gebunden, sodass der Meeresspiegel im Bereich der sehr flachen Beringstraße um mehr als 100 m gesunken war und den Grund freigab.

Andere Experten vermuten, dass die Besiedlung Alaskas von Asien aus auf dem Wasserweg stattfand und die Inuit mit einfachen Booten langsam – von Insel zu

Edler Griff
Trotz eisiger Kälte verfügten die Inuit über ein hohes handwerkliches Geschick. Kunstvoll zierten Tier- und Menschenköpfe Alltagsgegenstände wie diesen Eimergriff aus Walrosszahn.

Einheit von Mann und Boot
Mit ihren wasserdichten Kajaks fuhren die Inuit zum Fischfang und zur Jagd weit hinaus aufs offene Meer.

Insel – weiter nach Westen vordrangen. In jedem Fall bestätigen sprachliche Gemeinsamkeiten zwischen sibirischen Eisnomaden und der arktischen Bevölkerung Kanadas, dass sich die Vorfahren der Inuit einst von Asien aus auf den Weg in die westliche Arktis machten. Zudem wird die Verwandtschaft mit den sibirischen Mongolen häufig an der Mongolenfalte, der für die Inuit typischen Augenlidfalte, festgemacht.

QUER ÜBER DEN KONTINENT

In einer ersten Wanderungswelle auf dem amerikanischen Kontinent zogen die Inuit vor etwa 2000 Jahren entlang der kanadischen Nordküste über die Hudsonbay bis zum Atlantischen Ozean. Als erstes bekanntes Volk entwickelten die Dorset in der zentralen und östlichen Arktis eine den klimatischen Verhältnissen angepasste Kultur. Beispielsweise belegen Funde aus der Zeit zwischen 900 v. Chr. und 1200, dass diese Kultur bereits einfache Kajaks aus Leder und Knochen zur Robbenjagd kannte.

Außerdem benutzten die Dorset in dieser frühen Kulturstufe bereits Schlitten: Der so genannte *Tunit* wurde allerdings von Menschenhand und noch nicht von den berühmten Schlittenhunden gezogen. Die Menschen galten als stark und ausdauernd und errichteten im Sommer Häuser aus Stein und Gras. Die Dorset-Inuit an den Küsten lebten hauptsächlich vom Fleisch der Robben und Wale, die sie mit Harpunenspitzen aus Stein erlegten. In den waldreichen Gegenden machten sie mit Pfeil und Bogen Jagd auf die amerikanischen Rentiere – die Karibus – und Moschusochsen.

ÜBER DISTANZ UND ZEIT VERÄNDERN SICH GEMEINSAMKEITEN

Eine zweite Wanderungswelle trug die Inuit-Stämme um 1200 in kleinen Nomadengruppen über die Weiten des nördlichen Kanadas hinaus bis nach Thule auf Grönland. Von hier stammte auch ihr Name Thule-Volk. Unermüdlich taten sie unterwegs neue Jagdgründe auf und vermieden auf diese Weise gleichzeitig den Kontakt mit ihren kriegerischen indianischen Nachbarn. Die friedfertigen Inuit waren an gewaltsamen

HINTERGRUND

Glänzende Aussichten – die Schneebrille der Inuit

Die Schlitzbrillen der Eskimo aus Holz oder Karibuknochen gehören zu den frühesten Zeugnissen eines Sonnenschutzes für die Augen. Die Inuit schnitzten und verzierten sie kunstvoll aus Materialien ihrer Umgebung. Die engen Sehschlitze ermöglichten blendungsarmes Sehen.

Es verwundert kaum, dass die Bewohner der Arktis diese Objekte erfanden, denn im hohen Norden reflektierten Schnee und Eis das Sonnenlicht bis zu 80 %. In dieser Intensität konnte es großen Schaden anrichten.

Gleichzeitig funktionierte die Schneebrille der Inuit wie eine Sehhilfe im modernen Sinn. Der Schlitz bündelte nämlich das einfallende Licht bereits vor dem Auge, wodurch es direkt auf das Zentrum der Netzhaut trat. Die Jäger der Inuit konnten so ihre Sehkraft optimieren und ihre Beute in der weißen arktischen Wüste schneller ausfindig machen.

Kunstvoller Lichtschutz
An der sorgfältigen Verarbeitung und der Liebe zu schönen Details kann man erkennen, wie wichtig diese Schutzbrillen den Inuit waren. Die frühesten stammen aus der Bering-Kultur.

Auseinandersetzungen nicht interessiert. In der Regel ließen sich die beiden kanadischen Urstämme in Ruhe, als Beleidigung empfinden die Inuit allerdings bis heute den Namen, mit dem die Abenaki-Indianer sie im Hinblick auf ihre Ernährungsweise tauften: *esquimantisk* bedeutet nichts anderes als „Rohfleischesser“. Sie selbst bezeichnen sich einfach und bescheiden als „Volk“ oder „Menschen“: *inuit*, Singular: *inuk*.

Dialektvielfalt

Mit der Zeit wurden die Inuit in verschiedenen Regionen des Nordens sesshaft. Im Süden Grönlands siedelten die Westgrönland-Eskimo und die Angmagssalik. In Nordamerika lebten die Labrador-Eskimo und in Nordkanada die Baffinland-Eskimo, die Iglulik, die Karibu-Eskimo, die Westalaska-Eskimo, die Chugush und die Beringstraßen-Eskimo. Den Westen von Alaska und den Osten Sibiriens bevölkern bis heute die Yuit. Sie sind zwar kulturell mit den Inuit verwandt und haben die gleichen Vorfahren, sprechen jedoch eine andere Sprache.

Die Sprache der Eskimo kannte eine Vielzahl von Dialekten. An der Beringküste spricht man bis heute das Yupik, entlang der arktischen Küste hingegen das Inupiat. Beide sind derart unterschiedlich, dass eine Verständigung zwischen den Angehörigen der Völker unmöglich ist. Die Dialekte entwickelten sich nur in mündlicher Überlieferung, da die Inuit über keinerlei Schrift oder Schreibmaterial verfügten.

Die Kälte gibt die Regeln vor

Alle Inuit-Völker ließen sich vorwiegend an der Küste nieder, denn das Meer lieferte ihre Hauptnahrung: Seehunde, Walrosse, Wale und Fische. Im Sommer und Herbst stellte die Nahrungssuche kein Problem dar. Für ihre Siedlungen suchten sie nach besonders ertragreichen Jagdgebieten entlang der Küste. Hier lebten sie in festen Behausungen oder Zelten, die sie teilweise in Erdlöchern errichteten. Sie bauten die einfachen Konstruktionen aus Treibholz, Walknochen, Weiden oder Rentierfellen. Erst im Winter wurden die festen Unterkünfte zum Hindernis. In dieser Zeit mussten die Inuit-Familien nämlich ihrer Beute in langen und eisigen Märschen folgen, um zu überleben.

Um 1200 verdrängte das Volk der Thule die Dorset und dehnte allmählich seine Kultur im hohen Norden aus. Den überlegenen und erfindungsreichen Thule gelang es, zunehmend flexibler auf die Wanderungen ihrer Nahrungsquellen zu reagieren. Um bei der Jagd auf Meeressäuger wie Robben, Walrösser und Wale erfolgreicher zu sein, schlossen sich die Inuit-Familien der Thule zu Jagdgemeinschaften von 20–100 Personen zusammen.

Jeder für jeden

Sobald sich der Winter ankündigte, wurden Kälte und Hunger das bindende Glied dieser Eskimosippen. Mit beispiellosem Gemeinschaftsgeist traten sie dann der menschenfeindlichen Natur entgegen. Das oberste Prinzip lautete: jeder für jeden. Jeder Einzelne war verantwortlich für das Überleben der ganzen Gruppe. Unter einem Dach vereint, organisierte sich die Großfamilie des Winters nach festen Prinzipien. Es existierte kaum eine Trennung zwischen Privat- und Gemeinschaftseigentum. Alles, vor allem die Nahrung, wurde geteilt; Kleidung, Jagdgeräte, Kajak, Schlitten, Amulette usw. standen im Familien- bzw. Privatbesitz.

Den Frauen gehörte das Kochgerät und die Tranlampe, auf der sie auch kochten. Wenn eine Frau ihren Mann verließ, was häufig vorkam, nahm sie ihre Gerätschaften einfach mit, denn sie stellten so etwas wie ihre Mitgift dar. Den Frauentausch praktizierten die Inuit häufig, und er führte keineswegs zu Streit und Eifersucht, sondern

Geduldige Jäger
Mit dem Eispickel bewaffnet, warteten die Inuit stundenlang an den Löchern im Packeis auf ihre Beute.

Wenig Privatbesitz
Nur wenige Alltagsgegenstände gehörten bei den Inuit dem Einzelnen. Kämme und Schmuck schnitzten sie aus Speckstein oder Elfenbein und verzierten sie meist mit Tierdarstellungen.

Harmlose Vertreter
In den Kunstobjekten der Inuit spiegelt sich die arktische Welt wider. Besonderen Respekt und Verehrung brachten die Menschen der Arktis dem Eisbären entgegen.

festigte die Männerfreundschaften. Wenn sich z.B. ein Inuit auf eine längere Jagdwanderung begab und seine schwangere Frau nicht mitnehmen konnte, vertraute er sie einem anderen Inuit an. Ähnlich unkompliziert regelten die Inuit den Bestand der Sippe. Kinder- und Altentötungen waren besonders im Winter, wenn die knappe Nahrung für viele reichen musste, an der Tagesordnung. Die Eskimo betrachteten dies nicht als unehrenhafte Tat, sondern als eine Selbstverständlichkeit.

Bei Zwillingen tötete man eher die Mädchen, da die Jungen ab einem Alter von 11 Jahren auf die Jagd gehen konnten. Die Mütter töteten ihre Kinder durch Aussetzen im Schnee oder durch Ersticken. Nur wenn ein Kind bereits kurz nach der Geburt einen Namen erhielt, ließ man es am Leben. Wenn eine Frau bei der Geburt ihr Leben verlor, wurde ihr Neugeborenes ebenfalls getötet, falls es niemand adoptieren wollte. Auch alte Menschen ließen sich auf eigenen Wunsch töten, um der Gemeinschaft nicht zur Last zu fallen.

Erfindungsreiche Arktisbewohner: Fertighaus aus Schnee

Der stete Kampf gegen die Kälte und die Gebote der Jagd führten dazu, dass die Inuit ihre Werkzeuge ständig weiterentwickelten, neue Überlebensstrategien suchten und dabei revolutionäre Erfindungen machten: Um auf den lebenswichtigen Beutezügen vor der eisigen Kälte Schutz zu finden, gleichzeitig aber flexibel zu bleiben, ersannen sie das Haus aus Eis. Die Inuit nannten es *iglu*, und es konnte überall in Windeseile errichtet werden. Man schnitt etwa 40 cm hohe, 60 cm breite und 50 cm dicke abgeschrägte Schneeblöcke aus einer Schneedecke und schichtete sie wie Backsteine spiralförmig in Ringen übereinander. Die Ringe wurden nach oben enger, sodass sie zum Schluss eine Kuppel bildeten. Die Ritzen dichteten die Inuit anschließend mit Schnee ab.

Der tunnelförmige Eingang des Iglus lag tiefer als der eigentliche Wohnraum, damit die Wärme nicht nach außen entweichen konnte. Denn schließlich steigt warme Luft immer nach oben und in diesem Fall also ins Iglu hinein. Einen derartigen Eingang bezeichnet man als Kältefalle, da durch das Loch keine warme Luft nach außen tritt und keine kalte Luft eindringen kann.

Innere und äussere Wärme

Das Innere der gemütlich warmen Schneehäuser richteten die Inuit als Wohnraum ein. Dazu gehörte eine Schlafbank entlang der hinteren Seite des Hauses; tagsüber konnte man sie als Arbeitstisch verwenden. Die Inuit-Frauen legten das Iglu mit Fellen aus, Beleuchtung lieferten geschnitzte Tranlampen aus Speckstein. Sie bildeten einen lebenswichtigen Licht- und Wärmespender. Als Heizmaterial fand Tran aus Seehundespeck Verwendung, den Docht drehten die Inuit aus Moos. Auch ihre Kochtöpfe meißelten sie ursprünglich aus Speckstein, erst der Handel mit den Europäern bescherte ihnen eiserne Töpfe.

In einem Iglu konnte es durch die Körperwärme der Bewohner oder durch mehrere Kochstellen bis zu 50 °C wärmer sein als außerhalb. Solange die Inuit zufrieden in ihren Iglus saßen und von den Vorräten eines erfolgreichen Beutezugs zehren konnten, galt die alte Inuit-Weisheit: „Wohl dem, der einen warmen Iglu, Öl in der Lampe und Frieden im Herzen hat.“

Die Frauen der Inuit kümmerten sich wie in anderen Gesellschaften um den Haushalt, das Kochen, das Talglicht und die Kinder. Sie nähten und reparierten die traditionelle Kleidung der Jäger. Für die meist doppellagigen Hosen und Mäntel benutzten sie die kälteabweisenden Felle und Pelze der Seerobben, Tierdärme und Fischhäute. Die oft harten Lederfelle machte man vor der Verarbeitung durch Kauen geschmeidig. Auf gleiche Weise stellten die Inuit-Frauen Stiefel und den aus der Inuit-Kultur stammenden Anorak – *anora*: Wind – her. Großes Geschick bewiesen sie auch beim Flechten von Körben aus Gras und bei der kunstvollen Verzierung von Waffen und Haushaltsgeräten.

Transport in der Arktis

Zeitweilig paddelten Frauen auch die Umiaks. Diese wendigen Mehrmann- und Transportboote setzten die Inuit zum Robbenfang und zur Waljagd ein. Dann hatten die Männer die Hände für ihre Harpunen und Speerschleudern frei. Der Walfang gehört zu den uralten Traditionen der Inuit. Legenden berichten von einer ursprünglichen Bruderschaft zwischen Mensch und Wal. Da das Fleisch eines erlegten Wales eine ganze Siedlung monatelang ernähren konnte, symbolisierte der Wal die Einheit von Mensch und Natur. Der Geist des erlegten Wales kehrte ins Wasser zurück und wurde – wie der Inuit selbst – wiedergeboren.

Im Sommer konnten die Inuit ihre Jagdbeute problemlos mithilfe ihre wichtigsten Fortbewegungsmittel transportieren, den Kajak- und den Umiakbooten. Bei den Kajaks handelte es sich um leichte Jagdboote, die aus einem mit Seehundefellen bespannten Holzrahmen bestanden. Sie hatten in der Mitte eine runde Öffnung und waren für einen oder zwei Benutzer gedacht. In Grönland und Alaska band man das Bootsfell bis um die Taille des Kajakfahrers, sodass das Boot praktisch wasserdicht wurde.

Der Umiak ist hingegen ein etwa 9 m langes und über 2 m breites offenes Boot. Seinen Holzrahmen bespannten die Inuit mit stabilen Walrosshäuten.

ALLTAGSLEBEN

Jagd auf Rentiere, Robben, Wale

Je nach Art der Beute ließen sich die Inuit unterschiedliche Jagdmethoden einfallen. Seehunden lauerten sie an deren Atemlöchern auf: Um atmen zu können, öffneten sich die Tiere Löcher im Eis. Da die Prozedur unglaublichen Lärm verursachte, bekamen sie kaum mit, was um sie herum passierte, und die Jäger konnten zuschlagen. Wenn ein Inuit ein älteres Atemloch fand, musste er, die Harpune in der Hand, nur warten, bis sich ein Seehund dem Loch näherte, um Atem zu schöpfen.

Der gleichen Beutetechnik bediente sich der arktische Eisbär: Auch er wartete stundenlang bewegungslos am Eisloch, bis eine Robbe nach Luft schnappte. Dann tötete er sie blitzschnell mit einem Prankenhieb. Entdeckte er auf dem Eis ruhende Robben, so pirschte er sich der Legende nach sehr geschickt heran. Um nicht bemerkt zu werden, verdeckte er seine verräterische schwarze Nase mit der Vorderpranke.

Im Sommer bevorzugten die Inuit die Jagd auf Karibus und Moschusochsen. Sie trieben die großen Rudel zu den Seen und verfolgten sie auf ihren Kajaks, bis sie sie mit ihren Speeren erlegen konnten. Manchmal scheuchten sie die Karibus auch in eigens dafür gefertigte Gehege und jagten sie dort mit Pfeil und Bogen.

Eine ähnliche Methode verwendeten die Inuit beim Fischfang: Zogen die Forellen im Sommer zum Laichen die Flüsse hinauf, versperrten die Inuit bei Ebbe die Flussmündungen mit Steinen. Auf der eingeschlossenen Fläche ließen sich Forellen leicht mit Speeren jagen.

Effektive Jagdwerkzeuge
Auch ihre Waffen, Harpunen, Speerschleudern und Speerspitzen entwickelten die Inuit stets weiter.

Im Winter, wenn sich das arktische Eis über die Seen zog, kamen Schlitten zum Einsatz. Das Gestell dieser Schlitten bauten die Inuit-Männer aus Karibugeweihen und Tiersehnen. Als Tragfläche spannten sie dazwischen robuste Häute, und als Kufen dienten Stoßzähne oder Fischbein. Erst als Händler das Eisen einführten, bauten die Inuit auch Metallkufen.

Hunde und Bären

Bei allen Eskimovölkern, mit Ausnahme der im Süden Grönlands, zogen Schlittenhunde die Gespanne. Von den Inuit einfach *qimmiq* – Hund – genannt, stammten sie von Polarwölfen ab und waren für das Leben im Eis wie geschaffen. Ihr Fell schützte sie hervorragend vor den eisigen Temperaturen. Da der Schneehund seine Kraft bewahren sollte, durfte er nicht mit anderen Hunden gemischt werden. Die Inuit schätzten sie außerdem als gute Jagdhelfer, besonders bei der Eisbärenjagd. Dann band der Jäger den Hund vom Gespann los und ließ ihn die Spur des Bären verfolgen. Darüber hinaus schützte er die Winterlager vor den gefährlichen Königen der Arktis. Von den Inuit respektvoll *nanooks* – große Wanderer und Jäger – genannt, stand ihr Fleisch nicht häufig auf ihrem Speiseplan. Mit fast 600 kg überstieg ein Bär den Bedarf einer Inuit-Familie, zumal dem Gesetz der Natur folgend nur so viel Fleisch gejagt werden durfte, wie man auch verwerten konnte. Deshalb ließen die Inuit Eisbären oft ziehen.

Von Regeln, Göttern und Schamanen

Die Verteilung der Beute folgte strengen Regeln: Kleine Tiere und junge Robben durften die Jäger selbst behalten, sofern sie Alten und Kranken davon abgaben. Große Robben, Walrösser und weiße Wale teilte die Jagdgemeinschaft auf. Ein festes Ritual forderte, den ersten Walfang in einem neuen Jagdgebiet oder einen Riesenwal unter allen aufzuteilen. Erlegte ein Jäger ein Karibu, so standen ihm Innereien, Kopf sowie das Fett des Vorder- und Hinterteils zu, das Fleisch hingegen gehörte allen.

All diese Regeln musste man strengstens befolgen, um die Tiergeister nicht zu erzürnen. Besonders die Seegöttin Sedna durfte man nicht verärgern, da sie den Inuit die Jagdtiere bereithielt. Die Inuit glaubten, dass sie gemeinsam mit ihren Gefährten, den Robben und Walen, am Meeresboden saß. Dort wachte sie über die Meeressäuger, mahnte die Jäger, nicht mehr zu fischen, als sie verzehren konnten, und verachtete das sinnlose Abschlachten ihrer Tiere. Sedna war in jedem Wassertropfen gegenwärtig, weshalb die Inuit jedem getöteten Meerestier zum Dank an sie und aus Achtung vor dem Tier einen Schluck klaren Wassers einflößten.

Den Kontakt zu den Geistern und Göttern der Inuit stellten Schamanen her. Als Mittler zwischen den Geistern und den Menschen vertrieben sie böse Geister, baten die Götter um Beute, um Heilung der Kranken und riefen sie bei Unfruchtbarkeit an. Ein Eskimoschamane musste keine spezielle Kleidung tragen. Nur sein Gesicht verbarg er oft hinter einer Maske, um später von den Geistern nicht wieder erkannt zu werden. So wollte er ihrer möglichen Rache entgehen.

Die Rahmentrommel, übrigens das einzige Musikinstrument der Eskimo, benutzte der Schamane, um sich in Trance zu versetzen und die Ebene der Geister zu erreichen. Er überlieferte die Schöpfungsmythen der Eskimowelt. Während die grönländischen Eismenschen glaubten, die ersten Menschen seien aus der Erde gekrochen, glaubten andere Stämme, sie seien vom Himmel gefallen. Bei den Alaska-Eskimo kursierte der Mythos, ein Rabe habe den Menschen erschaffen, ihm das Jagen beigebracht und ihn so das Überleben gelehrt. Auch deuteten sie die Nordlichter am Himmel als Tote, die mit einem Walrossschädel Ball spielten.

Klänge aus dem hohen Norden

In den eiskalten Winternächten versammelten sich die Inuit in großen Festiglus, tanzten, sangen und spielten Knochen- und Fadenspiele, bei denen sie ihre Fingerfertigkeiten unter Beweis stellten. Die Trommelmusik begleiteten oft sonore Gesänge. Dabei besangen die Männer ihre Jagdabenteuer, die Frauen aber fielen in die legendären Kehlkopfgesänge *katajjait* und modulierten wie die Mönche Tibets rhythmische Klangbilder. Später saßen die Eskimofamilien im Kreis um den Schamanen und lauschten den Legenden der Vorfahren. Diese Feste schufen kurze Momente ausgelassener Fröhlichkeit, bevor am nächsten Tag erneut die Suche nach Nahrung begann.

Lange blieben die Inuit von fremden Einflüssen unberührt. Den Menschen im arktischen Eis gelang es, ihre traditionellen Werte weitgehend zu bewahren. Sie pflegten ihr kulturelles Erbe und erhielten ihre überlieferten Jagdmethoden, Tänze und Lieder, bis sie der britische Polarforscher Martin Frobisher vor etwa 400 Jahren in der Arktis entdeckte und aus ihrer Abgeschiedenheit riss.

Eckiges Profil
Die schlichten Masken der Inuit-Schamanen wiesen ein sehr vielfältiges Dekor auf. Meist stellte man sie aus Treibholz her.

Fremde Nomadenvölker in Mittelamerika

Als ungehobelte Nomaden und Höhlenbewohner tauchten Tarasken und Chichimeken in Zentralmexiko auf und eroberten in zwei Jahrhunderten ihren Platz in der Region.

Ein sanfter Wind trieb das Wasser des Pátzcuarosees in verspielten Wellen gegen das flache Ufer. Dichter Qualm stieg von fünf riesigen Feuern auf. Er trübte die Sicht auf das 4–5 km entfernte andere Ufer, wo ähnliche Dankesfeuer loderten. Die drei Stämme der Purépecha feierten. Sie feierten ihre fast zeitgleiche Ankunft an diesem verheißungsvollen See. Nach Jahrzehnten des ruhelosen Umherziehens schienen sie hier endlich einen lohnenden Platz gefunden zu haben, um sesshaft zu werden.

Die Scheiterhaufen zu Ehren des Feuergottes Curicáveri brannten nicht nur an den denkwürdigen Tagen der Ankunft. Sie mussten der alten Sitte nach permanent brennen, und so begannen die Purépecha, die „arbeitenden Menschen", bald mit dem Bau der Tempelanlage von Tzintzuntzán. Fünf runde, miteinander verbundene Tempelpyramiden erhoben sich auf einer großen Plattform. Für Sockel und Gebäude fügten die Arbeiter Steine ohne Mörtel zusammen und belegten sie mit schlichten steinernen Platten.

Feuertempel
Im Vergleich zu ihren Nachbarn wirken die architektonischen Leistungen der Tarasken eher bescheiden. Die Plattform der Tempelanlage von Tzintzuntzán war 425 m lang und 250 m breit. Auf ihr platzierten die Indianer die Yácatas, die Tempelpyramiden.

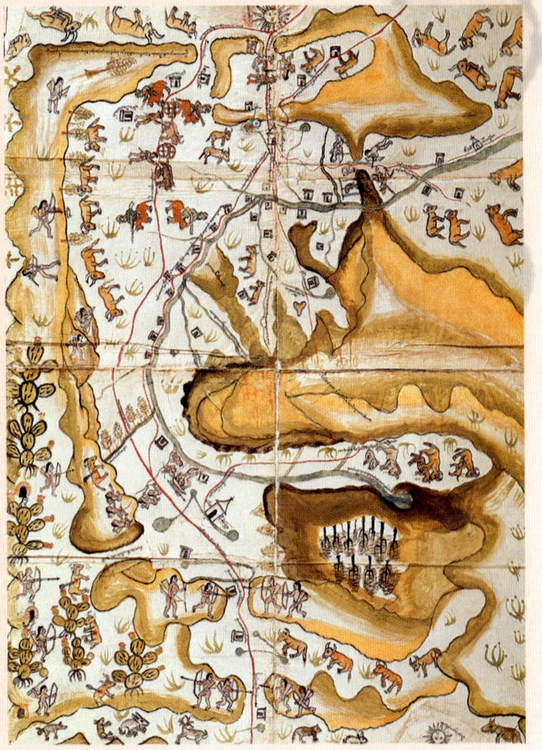

Mexikanische Seenplatte
Diese historische Landkarte zeigt die auffällige Seenlandschaft der Michoacán. Deutlich wird auch der Tierreichtum dieser Gegend.

Hintergrundbild: Die aztekischen Codices haben zahlreiche historische Ereignisse im Hochtal von Mexiko festgehalten. So dokumentierte dieser *Codex Vaticanus* Mexico die Religion der Chichimeken und erzählt vom chichimekischen Gott Mixcoatl und seinen Taten.

Um 1200 beschlossen die drei Nomadenstämme, die die Spanier später als Tarasken bezeichnen sollten, die Ufer des fischreichen und klaren Pátzcuarosees in diesem Hochtal Westmexikos auf 2200 m Höhe zu ihrer neuen Heimat zu machen und sie Michoacán, „Land der Fischer", zu taufen. Sie gründeten drei Siedlungen, Pátzcuaro, Tzintzuntzán und Ihuatzio, denn die Stämme des Wandervolks waren zu diesem Zeitpunkt untereinander heftig verfeindet.

Die Herkunft der Tarasken bleibt ein Rätsel. Ihre Sprache war mit keiner anderen Sprachfamilie Mesoamerikas verwandt, zeigte aber erstaunliche Parallelen zu alten, in Peru oder im Südwesten der USA gesprochenen Sprachen.

Ihre Blockhäuser errichteten die Tarasken aus Holz. Als vorzügliche Fischer stellten sie den Fischen mit großen Netzen nach, Gänse und Wildenten jagten sie mit der Speerschleuder. Aus alter Nomadentradition kam Fischfang und Jagd bei ihnen eine weit größere Bedeutung als dem Bodenbau zu.

Im Mittelpunkt der religiösen Vorstellungen der Tarasken stand die Verehrung des Feuers. So bedeutet der Name der Hauptgottheit Curicáveri wörtlich „Großer Träger des Feuers". Die Hauptpflicht der Priester, der *cúriti-echa* oder „Anzünder des Feuers", bestand darin, Scheiterhaufen zu errichten, anzuzünden und in Gang zu halten. Ein junger Ehemann durfte erst dann zu seiner Frau ziehen, wenn er vor ihrem Haus einen großen Scheiterhaufen errichtet hatte. Dem „heiligen Feuer" opferten die Tarasken schließlich auch Kriegsgefangene. Zuvor schmückte man sie mit den Symbolen Curicáveris, einer hohen Haube und goldenen Sonnenscheiben.

Die Tarasken verehren Feuer und Wasser

Zu Ehren der Göttin der Regenwolken fand alljährlich das größte Fest statt. Wenn Wolken und Nebel im Herbst dicht über dem waldreichen Michoacán lagen, zogen die Tarasken an den Gebirgssee Cuitzeo. Dort befanden sich die Thermalquellen von Zinapécuaro, und anlässlich des Festes warfen die Priester die Herzen ihrer Menschenopfer in die heißen Quellen. Die schon erkalteten Menschenherzen schlugen dabei den Dampf der Quellen nieder und erzeugten im Idealfall einen künstlichen „heiligen Regen" zu Ehren der Göttin der Regenwolken. Nur selten gelang dieses Zeremoniell, doch dann erwartete alle Teilnehmer des Kults ein glückliches Schicksal.

Tzintzuntzán entwickelte sich in wenigen Generationen zur größten und prächtigsten der drei Städte am Pátzcuarosee, und zu Beginn des 13. Jh. übernahm Hiretican als erster namentlich bekannter Herrscher hier die Macht. Zu diesem Zeitpunkt unterstanden alle drei Städte einer eigenen Herrscherkaste, und der jeweilige absolut regierende Machthaber erkor stets zu Lebzeiten einen Sohn oder Neffen zum Nachfolger.

In der zweiten Hälfte des 13. Jh. gelang dem Oberhaupt von Tzintzuntzán Tariácuris, was seinen Vorvätern versagt geblieben war. Er schloss die drei verfeindeten Städte zu einem Dreibund zusammen. Erst jetzt entstand das wirkliche Reich der Tarasken.

HINTERGRUND

Die sich den Kopf fegen

Die Azteken erlitten gegen ihre östlichen Nachbarn, die Tarasken, mehrere schmerzliche Niederlagen. Sie gaben ihnen damals einen vielsagenden Namen: *Chuaochpanne* bedeutet „Glatzköpfe" oder „Die Leute, die sich den Kopf fegen".

Tatsächlich pflegten sich bei den Tarasken Männer und Frauen den Kopf kahl zu rasieren und ihre Körper komplett zu enthaaren. Dies fiel besonders auf, weil sie, anders als ihre Nachbarn, völlig nackt blieben.

Zum Enthaaren verwendeten sie Metallzangen oder Pinzetten. Die Metallzangen der Priester bestanden sogar aus purem Gold.

Es zeichnete sich bald durch einen hohen Organisationsgrad aus. Der Herrscher übte nicht nur die absolute zivile und militärische Gewalt aus, er war zugleich oberster Richter und höchster religiöser Funktionär. Die Priesterkaste der *cúriti-echa* verfügte weder über eigene Hoheitsrechte, noch hatte sie Zugriff auf das Standbild des Curicáveri. Allein der taraskische Herrscher durfte es aufbewahren. Lediglich beratend stand dem Machthaber ein Gremium zur Seite, und jedes Mitglied kümmerte sich um genau definierte Zuständigkeiten: militärische Angelegenheiten, Rechtspflege, religiösen Kult und Bewachung des Stammesschatzes.

Die Schätze der anderen locken

Diesen Schatz aus Gold, Edel- und Halbedelsteinen und den Federn seltener Vögel bewahrten die Tarasken in einem besonderen Gebäude auf und vermehrten ihn durch Kriegszüge in benachbarte Länder. Diese dienten zunächst selten der Eroberung als vielmehr dem Raub. Bevor die Tarasken ein Land überfielen, entzündeten sie an dessen Grenze einen großen Holzstoß. Zum Schutz der eigenen Grenzen bauten sie Grenzkastelle aus starken Baumstämmen. Hier residierten die Provinzstatthalter und geboten über die dörflichen Ortsvorsteher.

Die Tarasken führten diese Feldzüge so erfolgreich, dass sie unter dem starken König Tziti Phandácure, einem Großneffen Tariácuris', damit begannen, ihren Herrschaftsbereich über den gesamten Westen Mexikos und weit nach Norden und Süden auszudehnen. Zu ihren Erfolgen trug wesentlich die weit fortgeschrittene Technik in der Metallbearbeitung bei. Taraskische Schmiede bearbeiteten Gold, Silber und Kupfer mit den raffiniertesten Techniken. Sie kannten das Wachsausschmelzverfahren, Filigran, Treiben und sogar Schweißen. Dabei fand das Metall nicht nur für Schmuck Verwendung, sondern auch für Gerätschaften wie Zangen, Schneidewerkzeuge oder Pinzetten.

In seltsamem Widerspruch zur hohen Kunstfertigkeit in der Metallbearbeitung und im Kunsthandwerk – die Tarasken beherrschten vorzüglich die Steinschneidekunst –, stand die eher bescheidene architektonische Leistung des Volkes. Die fünf Yácatas von Tzintzuntzán waren die prächtigsten Bauten im Reich der Tarasken.

Im Lauf des 14. Jh. erreichte die Machtentfaltung der Tarasken unter Tziti Phandácure eine Ausdehnung, die sie unweigerlich in Berührung mit den benachbarten Großkulturen bringen musste. Im zentralen Hochtal von Mexiko stießen sie auf die Chichimeken, ähnliche Emporkömmlinge wie sie.

Nomaden mit Wunderdroge

Die Chichimeken wanderten im Verlauf des 12. Jh. aus den großen Ebenen im Süden der heutigen USA zu. Das aus nomadisierenden Stämmen bestehende Volk blickte bereits auf eine erstaunliche, mehrere Jahrhunderte umfassende gemeinsame und von Generation zu Generation tradierte Stammesgeschichte zurück. Jahrhunderte später konnten spanische Missionare aufgrund dieser Überlieferungen 28 Herrschergenerationen rekonstruieren.

Im Gegensatz zu dieser sorgsam gepflegten Stammesgeschichte stand das sonstige kulturelle Niveau der „Hundeleute", wie ihre südlichen Nachbarkulturen sie nannten. Sie lebten in Höhlen, blieben nackt oder kleideten sich mit Tierfellen und ernährten sich von der Jagd und vom Sammeln. Sie hatten allerdings das Geheimnis des Peyotekaktus gelüftet. In ihrer Stammesgeschichte heißt es in einer Aufzählung über Pflanzen, die den Menschen verwirren oder toll machen: „Dieser Peyote ist weiß und wächst nur im

Balanceakt
Die kniende Männerskulptur, die einen Korb auf ihrem Kopf balanciert, gehört zu den herausragenden Zeugnissen der taraskischen Steinmetzkunst. Über ihren Zweck weiß man nichts.

nördlichen, Mictlan genannten Gebiet. Auf denjenigen, der ihn isst oder trinkt, übt er eine Wirkung wie Pilze aus. Auch sieht derjenige viele Dinge, die ihn ängstigen oder zum Lachen bringen. Er beeinflusst einen vielleicht einen Tag, vielleicht zwei Tage, aber genauso lässt er nach." Den Chichimeken diente der Peyote als Aufputschmittel bei Kämpfen, bei kultischen Tanzfesten setzte er sie in Trance.

Tempel für die Götter
Zwischen dem 12. und 15. Jh. entstand in Tenayuca die zentrale Tempelanlage der Chichimeken.

Bei ihrer Ankunft im mexikanischen Hochland füllten die Chichimeken das durch den Zerfall des einst mächtigen Toltekenreichs entstandene Vakuum und begruben endgültig die letzten Reste dieses Staates rund um die Ruinen der einstigen Hauptstadt Tula. Dabei vermischten sie sich durch Heirat mit den Überlebenden der Tolteken und übernahmen einige ihrer Sitten und Gebräuche. Unter dem legendären Häuptling Xolotl breiteten sie sich stetig nach Süden aus. Er gründete Mitte des 13. Jh. die Stadt Xoloc und wenig später, als ihm das Hochtal in Zentralmexiko wie eine reife Frucht in den Schoß fiel, die Stadt Tenayuca am Ufer des Texcocosees. Xolotls Eroberungszüge führten ihn im Osten bis ins heutige Veracruz und im Westen ins benachbarte Königreich der Tarasken; sie bezeugen seinen Expansionsdrang.

Die Wilden lernen das Schreiben

Seine Dynastie gründete unter dem Urenkel Quinatzin die Stadt Texcoco und verlegte in der ersten Hälfte des 14. Jh. die Hauptstadt des Reiches dorthin. Hier zentralisierte und organisierte er seine Macht. Er förderte die Entstehung einer Handwerkerschicht, sodass die Chichimeken an künstlerischem Geschick gewannen. Man benötigte immer prächtigere Tempel, die Götter verlangten immer aufwändigere Opfergaben. Die Adligen schmückten sich mit Gold, Edelsteinen

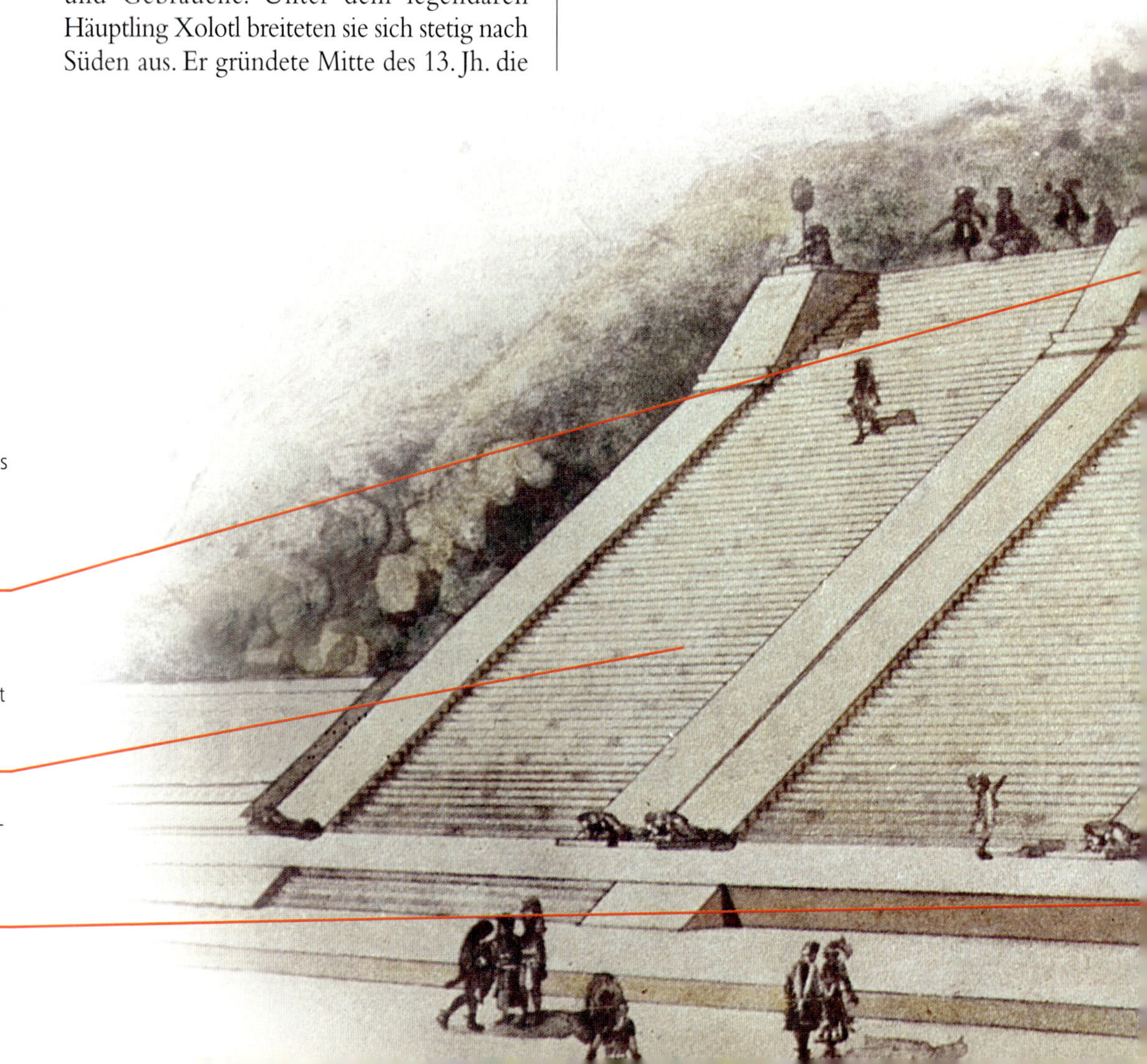

Heiligtum mit Vergangenheit
Die Chichimeken errichteten ihr Heiligtum auf den Überresten eines toltekischen Tempels. Insgesamt standen dort sieben Vorgängerbauten.

Auf der etwa 50 × 30 m großen Plattform des Pyramidenbauwerks von Tenayuca standen zwei Tempel, die möglicherweise der Astronomie und einem Sonnenkult geweiht waren.

Die doppelläufige Treppe zur Pyramidenplattform legten die Chichimeken an. Sie beweist, dass es dieses Architekturelement am Texcocosee bereits vor den Azteken gab.

Auf drei Seiten umgab den Tempel eine steinerne Schlangenmauer – *coatepantli*. Die Chichimeken brachten diese Mauerkonstruktion aus Tula mit.

Anbetungswürdig
Schlangen spielten in der chichimekischen Religion eine große Rolle. Den Tempelkomplex von Tenayuca zieren zahlreiche Schlangenköpfe und -skulpturen.

und mit farbenprächtigen Federkronen.

Die nachhaltigste Leistung Quinatzins bestand darin, schreibkundige Mixteken ins Reich zu holen, um die Chichimeken mit der Schrift und dem Kalender vertraut zu machen. Er selbst und sein Volk nahmen die Sprache der Tolteken an, die eigene Stammessprache ging verloren. Quinatzin betrieb eine gezielte Siedlungspolitik, indem er durch Boten die in den nördlichen Ebenen zurückgebliebenen Stämme aufforderte, ins Reich der Chichimeken überzusiedeln und so seine Macht zu stärken. Als eine der letzten mit den Chichimeken verwandten Splittergruppen erreichten die Azteken damals Mexiko. Als nach dem Tod Quinatzins die mühsam erlangte Einheit des Chichimekenreichs im Hochtal von Mexiko wieder zerfiel, bildeten sich rund um den See eine Reihe unabhängiger und konkurrierender Stadtstaaten, mit denen die Azteken dann leichtes Spiel haben sollten.

OZEANIEN

① Krieg ums Paradies – Invasion aus Tonga (um 1200–um 1300)
Seite 180

② Der Bund der Arioi auf Raiatea (um 1250–um 1300)
Seite 184

Krieg ums Paradies – Invasion aus Tonga

Als einziger Inselgruppe Polynesiens regierte auf Tonga ein mächtiger Gottkönig. Die Bewohner erbauten große Zeremonialmonumente und dehnten ihre Herrschaft zeitweise auch auf Samoa, Fidschi und andere Inseln aus.

Kunstvolle Flechtarbeit
Die Erzeugnisse der Korbmacher auf Tonga galten als Meisterwerke der Flechtkunst. Die aus Rindenbaststoff hergestellten Körbe fanden meist bei besonders festlichen Gelegenheiten wie Hochzeiten oder religiösen Zeremonien Verwendung.

Hintergrundbild: Die zahlreichen Götter und Halbgötter spielten in der Mythologie Tongas eine wichtige Rolle. Viele Sagen sind mit tatsächlichen historischen Ereignissen verknüpft und stellen daher wichtige Quellen zur Vergangenheit der polynesischen Inselwelt dar.

Tu'itatu'i, der elfte König aus der Herrscherdynastie der Tu'i Tonga, hatte allen Grund stolz zu sein: Er konnte seine neue Residenz Heketa in Besitz nehmen. In nur wenigen Jahren hatten seine Untertanen großartige Arbeit geleistet und nicht nur den repräsentativen Königspalast und prachtvolle Wohnhäuser für die adlige Oberschicht fertig gestellt, sondern auch mehrere monumentale Steinbauten errichtet. Mit unglaublicher Ausdauer hatten sich die Insulaner abgemüht, die riesigen Steinblöcke zusammenzutragen, und nun würde er sie mit einem rauschenden Fest für ihre Mühen belohnen.

Die um 1200 gegründete Hauptstadt Heketa lag im Nordosten der Insel Tongatapu. Von dieser größten und südlichsten Insel des Königreichs herrschte der elfte Tu'i Tonga über ein Gebiet, das die gesamte südpazifische Inselgruppe Tonga umfasste.

Eine Gesellschaft entsteht

Wahrscheinlich besiedelten um 1300 v. Chr. erstmals Menschen den Archipel Tonga. Man vermutet, dass ihn routinierte Seefahrer aus dem westlich gelegenen Fidschi entdeckten, als sie in der Südsee nach neuem Lebensraum suchten. Nachdem sie in einer seichten Lagune auf der Koralleninsel Tongatapu an Land gegangen waren, erkannten sie rasch, dass sie hier, am Rand der Tropen, äußerst günstige, wenn nicht geradezu paradiesische Lebensbedingungen erwarteten. Und so breiteten sie sich rasch über die ganze Inselgruppe aus. Ihrer Tradition entsprechend führten sie auch auf Tonga ein Leben als Fischer und Ackerbauern, bei Bedarf zog der König sie aber zu größeren Bauarbeiten oder Kriegsdiensten heran. Vermutlich entwickelte sich bereits kurz nach der Zeitenwende in diesem Teil Polynesiens eine streng hierarchisch strukturierte Gesellschaft. An ihrer Spitze stand der König, hochrangige Häuptlinge regierten einzelne Inselgruppen des Archipels, und kleinere Inseln verwaltete der jeweils ansässige Stammesführer.

Die weiteren Ereignisse auf Tonga im ersten nachchristlichen Jahrtausend liegen weitgehend im Dunkeln. Um 950 betrat schließlich die Dynastie der Tu'i Tonga die Bühne der Geschichte.

Väterliche Liebe

Diese Herrscherfamilie leitete einer Legende nach ihre Herkunft direkt von den Göttern ab: Als Gott Tangaloa einst auf die Erde hinabstieg, führte ihn sein Weg geradewegs nach Tonga. Dort verliebte er sich schon bald unsterblich in eine schöne junge Inselbewohnerin und zeugte mit ihr einen Sohn: 'Ahoe'itu. Danach kehrte er in seine himmlische Heimat zurück. Als der Knabe älter wurde, wollte er seinen göttlichen Vater unbedingt kennen lernen, und so stieg er über einen fein verästelten Kasuarinenbaum hinauf in den Himmel. Während sich der Vater über den unerwarteten Besuch freute, reagierten die Halbbrüder mit Zorn und Eifersucht. Sie lockten den armen 'Ahoe'itu in einen Hinterhalt, töteten ihn und begannen, den Leichnam zu verspeisen. Als Tangaloa sie dabei überraschte, geriet er seinerseits in Zorn und befahl ihnen, den Körper des Toten umgehend auszuspucken und wieder zusammenzusetzen. Anschließend hauchte Tangaloa dem Knaben erneut Leben ein und ließ ihn zur Erde zurückkehren. Seine Halbbrüder mussten ihn begleiten, und Tangaloa verpflichtete sie sowie ihre Nachfahren, dem neuen König 'Ahoe'itu und dessen Familie für alle Zeit zu dienen.

Kraftleistung für die Bevölkerung

Seitdem verehrte das Volk den Tu'i Tonga als Halbgott, zumal er neben seiner Funktion als König auch die Aufgaben des obersten Priesters im gesamten Inselreich übernahm. Um 1200 erreichte die Dynastie der Tu'i Tonga den Höhepunkt ihrer Macht, und die neue Hauptstadt Heketa sollte ein glanzvolles Zeichen setzen. Als architektonischen Höhepunkt ließ König Tu'itatu'i den so genannten Trilithon errichten. Das gewaltige Steinmonument setzte sich aus zwei aufrecht stehenden Pfeilern von etwa 5 m Höhe, 4,25 m Breite und 1,4 m Dicke zusammen. Auf den Pfeilern ruhte ein mächtiger, knapp 6 m langer Sturz. Allein die sichtbaren Teile der beiden tragenden Korallenblöcke hatten ein Gewicht zwischen 30 und 40 t. Man schätzt, dass 1000 –1200 kräftige Männer erforderlich waren, um die riesigen Gesteinsblöcke zu transportieren und aufzurichten, also rund ein Viertel der gesamten arbeitsfähigen männlichen Inselbevölkerung.

Sinn und Zweck des Monuments

Einer Legende nach hat der polynesische Halbgott Maui den rätselhaften Steinbau auf seinen Schultern von der Insel Wallis nach Tonga getragen, und deshalb nannten die Tongaer das Monument Ha'amonga'a Maui, was so viel bedeutet wie: „die Last des Maui". Eine andere Legende erzählt, dass König Tu'itatu'i mit der Errichtung des Trilithons einen pädago-

Grüne Inseln
Auf den trockenen, gut entwässerten Böden Tongas gedieh als Hauptfeldfrucht die Jamswurzel ausgezeichnet. Auf anderen polynesischen Inseln bauten die Insulaner auf bewässerten Terrassenfeldern vor allem Tarowurzeln an.

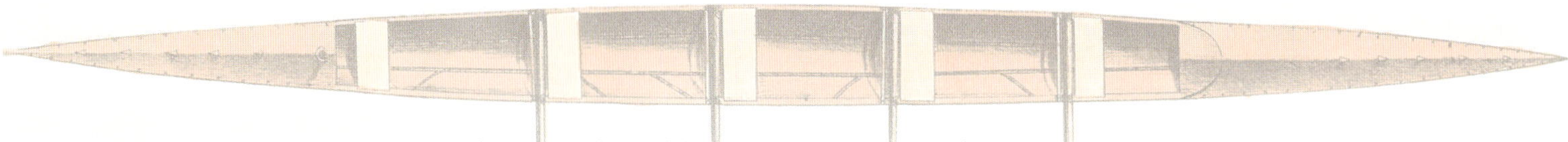

gischen Zweck verfolgte: Er wollte seinen beiden Söhnen auf symbolische Weise zeigen, wie gemeinsame Stärke unter Brüdern zu großen Dingen befähigt.

Erst vor wenigen Jahren hat der Trilithon das Geheimnis seiner wirklichen Funktion preisgegeben. Er diente weder als Eingangstor zur königlichen Residenz, wie man lange mutmaßte, noch als Umrahmung des Herrscherthrons. Vielmehr handelte es sich um einen riesigen Kalender. Als erfahrene Seeleute, die seit Jahrtausenden nach den Sternen segelten, verfügten die Polynesier über ganz hervorragende astronomische Kenntnisse. Und diese nutzten sie auch zu Land.

Neue Verwendung für altes Wissen

Eine Einkerbung im Gestein des Trilithon wies am 21. Juni, dem kürzesten Tag des Jahres auf der südlichen Halbkugel, exakt in Richtung aufgehender Sonne. Zugleich führten drei Pfade vom Trilithon zur Küste. Über einem dieser Wege ging die Sonne zur Zeit der Tagundnachtgleiche auf, über den beiden anderen jeweils am kürzesten bzw. längsten Tag des Jahres. Vermutlich bestimmte der Tu'i Tonga als oberster Priester anhand dieses steinernen Kalenders die Saat- und Erntezeiten.

Die Insulaner feierten im 12. und 13. Jh. zahlreiche religiöse Zeremonien, wobei das Erntefest *'inasi* zu den wichtigsten gehörte. Dann zogen die Untertanen in einer langen Prozession zu ihrem König und beschenkten ihn mit frisch geernteten Früchten, stärkehaltigen Jams- und Taroknollen, Bananen oder Süßkartoffeln. Vermutlich fand diese feierliche Zeremonie an einem weiteren geheimnisvollen Steinmonument statt, über dessen Bedeutung man lange rätselte. Auf einem künstlichen Hügel in der Hauptstadt Heketa erhob sich der Monolith Makafakinanga, und auch um ihn ranken sich verschiedene polynesische Legenden. So habe König Tu'itatu'i stets große Angst gehabt, einem Mordanschlag zum Opfer zu fallen, und soll sich daher auf einen kleinen Hügel zurückgezogen haben. Dort saß er, mit dem Rücken an den Monolithen gelehnt, und beobachtete voller Argwohn, was in seiner Umgebung geschah. Wagte es einer seiner Untertanen, dem Tu'i Tonga zu nahe zu kommen, griff dieser nach einem Stock und schlug den Betreffenden gegen das Knie. Mit dieser Geschichte erklärten die Tongaer den Namen des Königs. Tu'itatu'i heißt wörtlich übersetzt „Schlag gegen das Knie".

Tatsächlich saß der elfte Tu'i Tonga damals häufig auf dem künstlichen Hügel und lehnte mit dem Rücken am Makafakinanga-Monolithen, dem „Stein, um sich dagegen zu lehnen". Er tat dies freilich nicht aus Angst vor möglichen Attentaten, sondern vielmehr als oberster Priester und Leiter der religiösen Zeremonien. Der Stock diente ihm als Zeichen seiner königlich-priesterlichen Macht und Würde, nicht aber als Waffe.

Die Herrschaft des elften Tu'i Tonga scheint in jeder Hinsicht erfolgreich gewesen zu sein, die Blütezeit der mit so viel Aufwand gebauten Residenz Heketa währte dennoch nur kurz. Bereits sein Sohn Talatama verlegte die Hauptstadt ins einige Kilometer landeinwärts gelegene Mu'a. Angeblich fühlte sich Tu'itatu'is Tochter durch den Lärm der ans Riff schlagenden Wellen gestört und veranlasste den Umzug. Tatsächlich aber gab es andere Gründe.

Es genügte dem Tu'i Tonga nämlich nicht mehr, allein über sein Inselreich zu herrschen, er hatte größere Ambitionen. Schon Tu'itatu'i besaß eine große Kriegsflotte aus

ALLTAGSLEBEN

Hausbau in Ozeanien

Bis auf einige Grundelemente wiesen die Holzhäuser Ozeaniens eine bunte Vielfalt auf. Manche standen auf steinernen Plattformen, bei anderen handelte es sich um Pfahlbaukonstruktionen. Es gab Häuser mit rechteckigem, rundem oder ovalem Grundriss.

Zuckerrohr oder Bananenblätter dienten als Dachbedeckung. Als Seitenwände brachte man in tropischen Regionen in der Regel Matten aus geflochtenen Fasern der Kokospalme zwischen den Stützhölzern an.

In Tonga und Samoa standen die Häuser der Oberschicht auf kleineren künstlichen Hügeln, den Mounds. Zeremonielle Bedeutung hatten hingegen größere Mounds.

Maritimes Königreich
Mit seetüchtigen Auslegerbooten erreichten die Polynesier den Tonga-Archipel, der aus 160 größeren und kleineren Inseln besteht (Hintergrundbild).

zahlreichen über 20 m langen Doppelrumpfbooten, und die lagen keineswegs nur friedlich im Hafen. Denn zu Beginn des 13. Jh. herrschte Krieg im Paradies! Auf königlichen Befehl machten sich damals bewaffnete tongaische Seefahrer auf, um die rund 1000 km entfernten, nordöstlich gelegenen Inselgruppen Samoa, Fidschi und Uvéa zu unterwerfen.

Insbesondere mit dem vor langer Zeit von Tonga aus besiedelten Samoa pflegte das Königreich eine traditionell tiefe Feindschaft, die eine Legende ebenfalls auf einen göttlichen Ursprung zurückführte: Danach gab es in vergangenen Zeiten auf Tonga Kokosnüsse, aber keine Hühner, auf Samoa hingegen gedieh das Federvieh, nicht aber die Nüsse. Die Götter der beiden Inseln kamen überein, einen Tausch vorzunehmen, und wollten dabei den jeweils anderen übervorteilen. So versuchte der samoanische Gott, seinen Widersacher aus Tonga zu betrügen, indem er eine Eule als Huhn tarnte. Der Gott Tongas höhlte unterdessen heimlich eine Kokosnuss aus, um sie leer zu tauschen. Als das vermeintliche Huhn und die angebliche Kokosnuss die Besitzer wechselten, lachten sich beide Götter ins Fäustchen, allerdings nur bis sie merkten, dass sie selbst Opfer eines Betrugs geworden waren. Seither herrschte Unfrieden zwischen Tonga und Samoa.

DIE NEUE WEHRHAFTE RESIDENZ

Während die kriegerischen Tongaer nun die Inseln Westsamoas besetzten und deren Einwohner von der Küste ins Landesinnere verdrängten, ging auf Tongatapu der Umzug von Heketa in die neue Hauptstadt Mu'a vonstatten. Der hatte freilich nichts mit der Rücksichtnahme auf eine lärmempfindliche Königstochter zu tun, sondern ausschließlich mit den expansiven Interessen Tongas. Die Küste von Heketa bot keine vernünftigen Anlegeplätze für die vielen nun ständig im Einsatz stehenden Kriegskanus. Zudem bestand die Gefahr, dass die wertvollen Boote bei stürmischer See beschädigt wurden. Deshalb entstand nun an der Ostseite der Fanga'uta-Lagune – dort, wo die ersten Polynesier einstmals an Land gegangen waren – die neue Residenz Mu'a. Der Tu'i Tonga ließ sie stark befestigen und darüber hinaus mit einem gut bewachten Kriegshafen versehen.

Lange Zeit konnten sich die kriegerischen Tongaer rühmen, das bedeutendste Eroberervolk der Südsee zu sein. Doch während der Regierung des 24. Tu'i Tonga kam es aus ungeklärten Gründen zu erheblichen innenpolitischen Schwierigkeiten, während sich gleichzeitig die Samoaner gegen ihre Unterdrücker erhoben und sich von der langjährigen Zwangsherrschaft befreiten. Mit den Malietoa übernahm dort um 1300 ein einheimisches Herrschergeschlecht die Macht und stellte in Zukunft die Könige. Derweil mussten sich die Tongaer wieder mit ihrem eigenen Inselreich zufrieden geben.

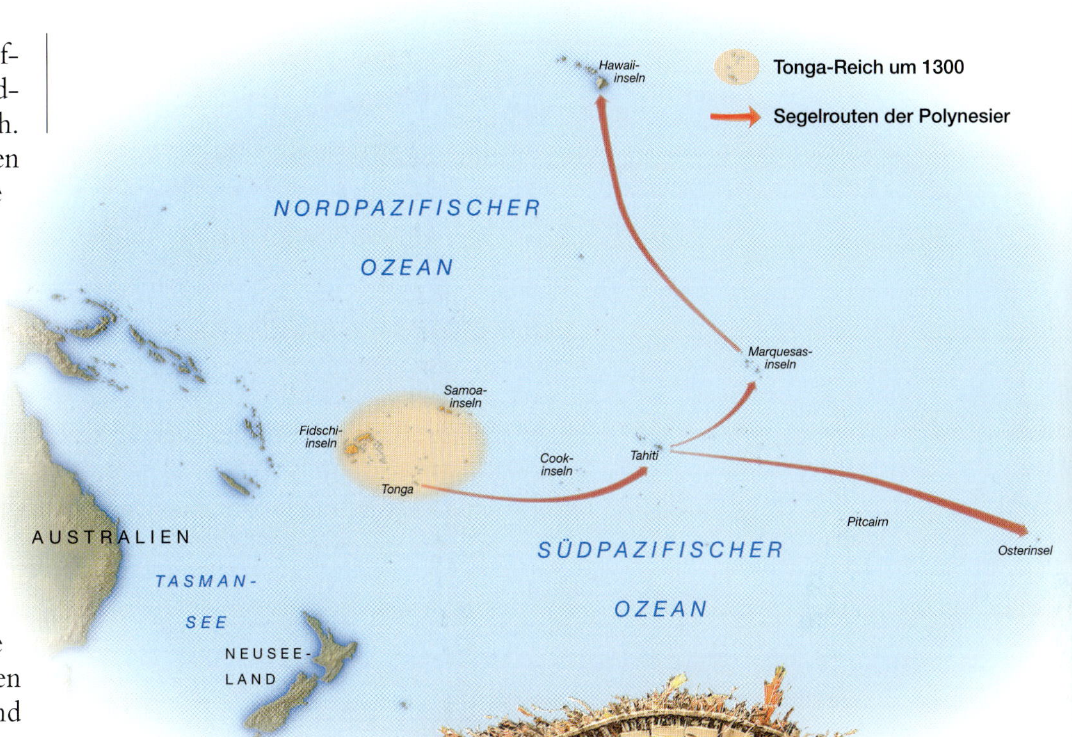

Königlicher Kopfschmuck
Der Tu'i Tonga regierte sein Königreich mit uneingeschränkter Macht. Ihm gehörte auch das ganze Land, das er an seine Untertanen als Lehen vergab. Bauern und Fischer leisteten ihm Abgaben in Form landwirtschaftlicher Erzeugnisse.

Der Bund der Arioi auf Raiatea

Das zu den Gesellschaftsinseln gehörende Raiatea war lange ein religiöses und kulturelles Zentrum, an dem die Polynesier den Schöpfergott Tangaroa verehrten.

Voller Ehrfurcht betraten die erschöpften Pilger die heilige Insel. Sie hatten die lange und beschwerliche Seereise nach Raiatea eigens auf sich genommen, um in der gewaltigen Tempelanlage Taputapuatea an einer feierlichen Zeremonie zu Ehren der höchsten Gottheit Polynesiens teilzunehmen: Tangaroa, dem großen Schöpfer des Himmels und der Erde.

Der gefiederte Gott Tangaroa hatte einen erstaunlichen Aufstieg hinter sich. Zunächst bevölkerte er mit zahllosen kleineren Göttern das polynesische Pantheon. Die Insulaner verehrten ihn als Gott der Fischer in der Gestalt eines Wales. Doch bereits seit 725, etwa 100 Jahre nach der ersten Besiedlung Raiateas, gewann er mehr und mehr an Popularität, und sein Kult breitete sich allmählich über das gesamte Gebiet der Gesellschaftsinseln rund um die größte Insel Tahiti aus. Tangaroa stieg in der Hierarchie der Götter höher und höher, bis er schließlich die drei bis dahin wichtigsten Gottheiten Polynesiens, Tane, Tu und Ronga, überragte.

Heilige Bäume und Opfertiere

Um 1250 erbauten ihm die Insulaner an der Ostküste von Raiatea das bedeutende Kultzentrum Taputapuatea. Die Tempelanlage bestand aus insgesamt sieben so genannten *marae*. Solche *Marae*-Bauten gehörten zu den charakteristischsten Merkmalen der polynesischen Kultur auf den Gesellschaftsinseln und dienten als Kult-, Opfer- und Versammlungsstätte. Die Insulaner umschlossen einen rechteckigen Hof mit stabilen Mauern und pflanzten darin häufig heilige Bäume. Am hinteren Ende befand sich eine steinerne Plattform, die ein mächtiger Altar beherrschte. Auf diesem so genannten *ahu* standen eine oder mehrere Götterfiguren.

Vor dem Altar ließen die Baumeister Megalithe in den Boden ein. Daran konnten sich die Priester anlehnen, wenn sie im *marae* Platz nahmen, um verschiedene Zeremonien zu leiten. Auf der gegenüberliegenden Seite des Hofes bot man auf einem Opfertisch den Göttern meist Schweine dar, die beliebten traditionellen Haustiere der Polynesier. In späteren Zeiten opferte man vermutlich – zumindest vor wichtigen Unternehmen wie Kriegszügen – auch Menschen.

Kultarchitektur
Zum *marae* Taputapuatea auf der Insel Raiatea strömten im Lauf der Jahrhunderte viele tausend Polynesier. Es war das größte und berühmteste Kultzentrum überhaupt.

Einzelheiten über die heiligen Zeremonien in Taputapuatea oder anderen *marae* der Gesellschaftsinseln sind leider längst in Vergessenheit geraten. Nach der Ankunft der ersten Europäer gingen die alten Traditionen und kurz darauf auch die mündlichen Überlieferungen verloren. Vermutlich hielt man vor wichtigen Entscheidungen oder dem Herrschaftsantritt eines neuen Häuptlings feierliche Riten ab, um die Götter gnädig zu stimmen. Zudem gab es Fruchtbarkeitskulte, bei denen die Insulaner eine gute Ernte oder einen reichen Fischfang erbaten.

Von Muscheln, Maden und göttlichen Körperteilen

Das Heiligtum Taputapuatea lag unmittelbar am Ufer des Pazifischen Ozeans, denn die Polynesier glaubten, dass auf diese Weise der Wind, der „Atem des Meeres", den heiligen Ort rein hielt, während gleichzeitig die Wellen einen natürlichen Schutz bildeten. Die seefahrenden Pilger hatten also keinen weiten Fußmarsch zurückzulegen, um das dem höchsten Gott Tangaroa gewidmete *marae* zu erreichen. Kurz vor der Ankunft erzählten sie sich vielleicht noch einmal die Geschichte von der Erschaffung der Welt:

Am Anfang aller Zeiten war das Nichts, eine unendliche Leere, in der nur Tangaroa in einer geschlossenen Muschel schwebte. Irgendwann brach er die Schale auf, hob die eine Hälfte in die Höhe und erschuf auf diese Weise den Himmel. Die untere Schale verwandelte er in die Erde und gab ihr dann ihre endgültige Gestalt: Tangaroas Rückgrat wurde zu einer Bergkette, einige seiner Eingeweide verwandelten sich in Wolken, andere wiederum in Hummer, Garnelen und Aale. Dann nahm er seine Federn und schuf daraus die Pflanzen, während er mit seinem Blut den Sonnenuntergang und den Regenbogen färbte.

Um die göttliche Schöpfung zu vollenden, schuf Tangaroa aus den Resten seines Körpers Menschen und Götter. Allerdings konnten sich keineswegs gewöhnliche Menschen dieser Ehre rühmen, sondern lediglich die Ariki. Diese aristokratische Oberschicht sollte später auf Raiatea eine geschlossene Gesellschaft bilden. Das gemeine Volk konnte sich hingegen nicht auf eine göttliche Herkunft berufen. Eine Legende erzählt zudem, dass ein von Tangaroa gesandter Vogel eine Made in zwei Teile zerbissen habe, aus der Mann und Frau schlüpften. Nachdem Tangaroa nahezu alles aus sich selbst geschaffen hatte, blieb zuletzt nur noch sein Kopf übrig. Ihn verehren seither alle Geschöpfe als heiliges Wesen.

Im Leben der einfachen Bauern und Fischer spielte der Weltenschöpfer keine besonders große Rolle. Sie kamen daher auch weniger zum großen Heiligtum Taputapuatea, sondern trafen sich anlässlich wichtiger Familienfeste wie Hochzeiten, Geburten oder Trauerfeiern in ihren eigenen kleinen *marae* und suchten dort den Kontakt zu ihren Ahnen. Die Ahnenreihe bildete nämlich den wichtigsten Bezugspunkt im Leben der Polynesier, und die detaillierte Kenntnis gab man von Generation zu Generation mündlich weiter.

Für die Ariki, jene aristokratischen Oberschicht Raiateas, war Tangaroa umso wichtiger, denn er legitimierte ihre herausragende Stellung. Infolgedessen bemühten sie sich nach Kräften, die Position Tangaroas im polynesischen Pantheon zu stärken, um so auch ihre eigene Machtposition zu festigen.

Symbolhafter Gott
Die holzgeschnitzte Figur stellt eine der zahllosen polynesischen Gottheiten dar. Während der heiligen Zeremonien sollten sich die Götter in den aufgestellten Figuren manifestieren.

Kanus für den Krieg
Oft schufen die polynesischen Bootsbauer für ihre Häuptlinge eine ganze Seeflotte. Manche Kriegskanus steuerten und bewegten die Polynesier mit langen Paddeln vorwärts, andere stattete man mit Mattensegeln aus.

Letztlich spiegelte die Gesellschaftsstruktur auf Raiatea die göttliche Hierarchie wider: An der Spitze standen Tangaroa und die Ariki, denen aufgrund ihrer göttlichen Herkunft eine ganz besondere Kraft innewohnte. Bei diesem so genannten *mana* handelte es sich um eine geheimnisvolle Verbindung von Macht und Stärke, Mut und Glück. So musste beispielsweise ein Häuptling über genügend *mana* verfügen, um seinen Aufgaben gewachsen zu sein, um mächtig und erfolgreich zu werden und für das Wohlergehen seiner Untertanen sorgen zu können. Das *mana* diente gewissermaßen als Ordnungsfaktor, indem es gewisse Menschen über den Kreis der Gewöhnlichen hinaushob und ihnen Rang, Autorität und Ansehen verlieh. Neben Häuptlingen und Priestern gehörten auch spezialisierte Künstler und Handwerker wie Holzschnitzer, Tätowierer oder Bootsbauer zu dieser besonderen Gruppe.

Eng mit dem *mana* verbunden war das *tapu*, von dem sich das Wort Tabu ableitet. Diese *tapus* umfassten vielfältige Vorschriften und Verhaltensregeln, um die gewöhnlichen Menschen im Umgang mit *Mana*-Trägern vor eventuellen Gefahren zu schützen.

NIEMALS EIN *TAPU* BRECHEN

So lag z. B. über allen für den Häuptling bestimmten Speisen ein strenges *tapu*. Aß ein gewöhnlicher Sterblicher davon, so musste er mit dem Schlimmsten rechnen. Freilich waren umgekehrt auch der Häuptling oder ein anderer Mana-Träger den Einschränkungen des *tapu* unterworfen. Sie mussten ihrerseits streng darauf achten, nichts anzufassen, womit später andere in Berührung kommen konnten. Noch nicht einmal der Schatten des Königs durfte auf Lebensmittel und andere Dinge fallen, wollte er sie nicht für die gewöhnlichen Menschen unbrauchbar machen. Selbst seine Körperausscheidungen und abgeschnittenen Fuß- und Fingernägel mussten sorgfältig entsorgt werden. Nach polynesischer Auffassung machten allein die *tapus* ein Zusammentreffen der beiden Gruppen möglich.

Fischergott
Die Schnitzkunst war in ganz Polynesien hoch entwickelt. Figuren, die den Gott des Fischfangs symbolisierten, platzierten die Insulaner im vorderen Bereich der Boote. Dort opferten sie ihnen mit der Bitte um Erfolg vor jedem Fischzug.

Wurde ein Tabu gebrochen, so hatte dies umgehend eine schwere Strafe zur Folge, meist eine Krankheit oder den Tod. Diese Überzeugung ankerte fest im spirituellen Denken der Polynesier.

Erstaunlicherweise wurde die strikte Trennung von Ober- und Unterschicht nicht infrage gestellt. Jedermann auf Raiatea akzeptierte seinen festen Platz in der Gesellschaft, denn den hatten ihm die Ahnen zugewiesen. Klaglos verrichteten die Untertanen ihre Arbeit auf den Feldern und kultivierten das Land, das ausschließlich den Ariki gehörte.

Allwissende Priester

Die technische Entwicklung auf den Gesellschaftsinseln erreichte damals lediglich jungsteinzeitliches Niveau – die Polynesier besaßen nur Werkzeuge aus Naturmaterialen und kannten weder Metalle noch das Rad. Hingegen beeindruckte die geistige Entfaltung auf Raiatea. Die Priester der Tempelanlage Taputapuatea auf der „heiligen Insel" arbeiteten daran, die vielfältigen religiösen Vorstellungen Polynesiens zu systematisieren und ihnen eine einheitliche und allgemein verbindliche Form zu geben. Doch sie vermittelten keineswegs nur religiöse Lehren, sondern unterwiesen die adligen Insulaner auch in anderen Bereichen, angefangen von der Dichtung über medizinische Kenntnisse, die Kunst der Tätowierung und des Holzschnitzens bis hin zum Kanubau.

Die Vorrangstellung Tangaroas und seiner Priester währte jedoch nicht ewig. Vermutlich um 1300 kam es auf Raiatea aus unbekannten Gründen zu heftigen Machtkämpfen zwischen den Häuptlingen der Insel, in deren Folge der Schöpfergott seinen ersten Platz im Pantheon räumen und dem Kriegsgott Oro überlassen musste. Der Sohn des Tangaroa wurde gleichzeitig zum Patron eines mysteriösen Männerbunds, der sich nun regelmäßig auf Raiatea zusammenfand: den Arioi.

Grausamer Gott in kriegerischer Zeit

Der Legende nach stieg Oro einst über den Regenbogen vom Himmel zur Erde hinab, um dort zu heiraten. Aus diesem Anlass verwandelten sich zwei seiner Brüder in Schweine, damit sie am Tag der Hochzeit als Opfer dargebracht werden konnten. Zum Dank dafür machte Oro sie zu den ersten Arioi, und allmählich scharten sich weitere Mitglieder um sie.

Diese Gemeinschaft junger Männer widmete zukünftig ihr ganzes Leben dem Kriegsgott. Sie wurden freilich nicht nur zu Soldaten ausgebildet, sondern mussten sich auch verpflichten, niemals zu heiraten und keine Kinder zu zeugen. Bei nachgewiesener Vaterschaft tötete man die Nachkommen eines Arioi unmittelbar nach der Geburt im Namen Oros. Der grausame Gott des Krieges verlangte ohnehin vermehrt Menschenopfer.

Insgesamt erschütterte damals eine kriegerische Phase die Gesellschaftsinseln und brachte das alte Gesellschaftssystem ganz erheblich ins Wanken. Der exklusive Bund der Arioi stand nämlich keineswegs nur den adligen Ariki offen, sondern grundsätzlich allen kämpferischen jungen Männern.

Oro errang allerdings nie die gleiche Popularität wie sein Vater in Polynesien. Auch wenn er jetzt im wichtigen Heiligtum Taputapuatea verehrt wurde, so blieb der Kult des blutrünstigen Kriegsgottes lediglich auf die Gesellschaftsinseln beschränkt.

ALLTAGSLEBEN

Die Geheimrituale der Polynesier

Mittels geheimer Rituale versuchten die Polynesier, Verbindung zu den Ahnen aufzunehmen. Sie glaubten nämlich, dass die Seelen der Verstorbenen über den physischen Tod hinaus lebendig und mit den Nachkommen verbunden blieben.

Nur auserwählte Männer führten die Rituale aus. Sie durften das Geheimnis keinesfalls preisgeben, wollten sie nicht die Ordnung der Natur stören und damit die Existenz der Menschen selbst gefährden.

Oft spielten sie dann heilige Instrumente wie Trommeln, Schwirrhölzer oder Flöten. Die Töne deuteten die Polynesier als Stimmen der Geister oder Götter.

Umwickelter Zeremonienstab
Rindenbaststoffe wirken wie Gewebe. Tatsächlich bestehen sie aus Baumbast und zählen zu den charakteristischen Erzeugnissen der Südseebewohner.

Die *kursiv* gedruckten Seitenzahlen verweisen auf eine Abbildung.

A

Aachen 12
Aargau, Kanton 67
Abbasiden 154
Abenaki-Indianer 169
Abu Ali 80
Achaia, Fürstentum von 36
Acre, Priorat von *19*
Adolf von Nassau 64, 66, 68
Adrianopel 27, 29, 37
Adriatisches Meer 27/28
Afghanistan, Afghanen 100–102, 108
Agaw, kuschitische 134
Ägypten 34, 94/95, 98/99, 134, 139, 146, 149, 151–155
Äthiopien 134–139
Agnes von Böhmen, Heilige 30
'Ahoe'itu 180/181
Aibek, Sultan 152/153
Ain Dschalut, Schlacht bei 98, 154
Ajjub/Ajjubiden/-reich 94, 98/99
Akkon 57, 92/93, 96/97, 99, 155
Aksum 134–136
Ala-ud-din Khalji, Sultan 101, 103
Al Hasan, Sultan 132
Al Kamil 95
Al Mansura 98
Al Mustansir, Sultan 147
Al Omari, arabischer Schriftsteller und Diplomat 145/146
Ala Ad Din Kai Kobad I., Sultan 78, 80–82
Ala-Ad-Din-Moschee 82
Al-Aqsa-Moschee 95
Alaska 167, 169
Albanien 27–29, 36
Albi/Albigenser 38, 40, 42
Albrecht von Sachsen 62
Albrecht von Österreich, Herzog 66
Albrecht I. von Habsburg 66
Alexander Newski 59
Alexandria 21, 96, 98, 138
Alexios III. Angelos 23
Alexios IV. Angelos 24, 34
Alexios V. 34
Alfons X. von Kastilien 62/63
Ali, Perser 131
Amda Seyon I., Kaiser 139
Amharen, Herrschergeschlecht 136
Anatolien 78–84
Andechs, Kloster 33
Andronikus II. 28
Angelino Dulcert, Kartenzeichner 146
Angevinisches Reich 15–19
Angkor Thom 76/77
Angkor Vat 72–76, *72/73, 75*
Anjou, Grafschaft 16/17, 19, 50
Antiochia 99, 154
Apulien 10, 12, 14
Aquileia, Bistum 21
Aquitanien 17, 19, 46
Arabien/Araber 27, 53, 118, 124, 127, 130/131, 133, 141, 143, 148
Ariki 184, 187
Arioi 184, 187
Arithmetik 44, 65
Arktis 167/168, 170
Arnaud Arnaury von Cîteaux, Abt 40
Arnold III. von Trier 62
Artussage 18
Ascelinus, Dominikaner 115
Ashikaga 91
Assassinen 155
Astronomie 44, 65
Athos, Berg 28
Atlantischer Ozean/Atlantik 144/145, 168
Avignon 41/42, 48
Awaren 28
Azay-le-Rideau, Abkommen von 19
Azteken 174, 177

B

Baba Ishak 83
Babylonische Gefangenschaft 48
Bagdad 81, 115, 123, 154
Baibars I. 99, 152, 154/155
Baillis 44
Bakufu 87/88
Balchaschsee 108
Balduin, Graf von Flandern und Hennegau siehe Balduin I.
Balduin I. 27, 34, 36/37
Balduin II. 37
Balkan 26–29
Bambuk 143
Bannockburn, Schlacht bei 56, *56*
Bantu 156
Barcelona 46
Batu Khan 31, 110, 112/113, *113,* 115
Bayern 7
Bayon 76
Beatrix von Burgund 8
Beaufort 99
Bélas IV. 111
Beringstraße 167
Bethlehem 95
Beysehirsee 81
Béziers 40
Birma 116
Bischofsburg 59
Bithynien 84
Blanca von Kastilien 43, 45–47
Bodhisattva *88,* 89
Böhmen 10, 28–33, 62
Bogomilen 28
Bojaren 26–33
Bonifatius VIII. *44,* 48
Bonifaz von Montferat 34, 36
Bordeaux 48
Bordschigid 105
Bornu 148, 150
Bosporus 22, 24, 95
Bouré-Mali 143
Bouvines, Schlacht bei 12, 43/44, 50
Brie, Grafschaft von 46
Buchara 108/109, *108*
Buchmalerei 43
Buddha 76, *76,* 89
Buddha Amida 89, *89*
Buddhismus 76, 88, 107, 124
Bürglen 67
Bulala 150
Bulgaren 26–33
Bundeslade 136, 158
Bundesbrief 67
Burgund 8, 10
Burkan Kaldun 109
Bursa 84
Byzantinisches Reich 26, 34, 36, 39, 78, 84
Byzanz 22, 26–29, 34–37, 95

C

Caernarvon Castle *50*
Cambridge 53
Carcassone 41/42
Cham 73–75
Champagne, Graf der 40
Chancay 162–166
Chauhan 101
Chichimeken 173, 175–177
Chillón-Tal 162, 164
Chimú 162, 165/166
China/Chinesen 75/76, 88, 107, 112, 114–117, 120/121, 123/124, 126/127, 130, 132/133
Chinesisches Meer 74
Chitor 101
Choniates, Chronist 27
Christen/Christentum 38–42, 83, 92–99, 107, 124, 134–139
Chwarismschah 108/109
Codex Vaticanus 174
Cölestin V. 44
Cosmas von Prag, Chronist 30
Cuismanco 162
Curicáveri, Feuergott 173–175
Cuzco 166

D

Daimyo 88
Damiette 98
Dan no ura, Seeschlacht bei 85
Dankwarderode 8
Dante Alighieri 22, *22*
Danzig 57, 60–61
Daulatabad 104
De arte Vehandi cum avibus 13
De Monarchia 22
Dekkan 101
Delhi 101–104
Deutsch-Römisches Reich 30, 63
Deutscher Orden 32, 57–61, 97, 111
Deutschland/Deutsche 6–14, 58/59, 62–65, 114
Djenné *140/141,* 143, 145
Djidda 102
Dialektik 44, 65
Göttliche Komödie 22
Doge von Venedig 22
Domesday Book 53
Dominikaner 41, *41*
Dorset-Inuit 168/169
Dornenkronenreliquie 37
Dritter Kreuzzug 10, 19, 92–95, 97
Dschelal Al Din Rumi siehe Rumi
Dschingis Khan 105–110, 113, 154
Dschutschi 108
Dunhuang 124
Dunama Dibbalemi 148–150

E

Ecuador 166
Edmund von Cornwall 54
Eduard I. 50, *51,* 55
Eduard II. 52, 56
Eduard III. 56
Einsiedeln, Kloster 69
Elefantenterrasse 76/77, 77
Eleonore von Aquitanien 15–19, *15,* 44
Elfenbein 120, 132, 156/157, 159
Elisabeth von Thüringen, Heilige 57
England 8, 10, 43/44, 49–56, 65, 127
Enrico Dandolo 23, 37, *37*
Epirus, Reich von 36/37
Ermland 59, 61
Erster Kreuzzug 57
Ertogrul, Oghusenführer 84
Erzurum 81, 83
Eskimo 167–172
Euböa 24, 36
Evesham am Avon, Schlacht bei 55
Exkommunikation 48, 65

F

Falkenjagd 13, 18
Falkirk, Sieg bei 56
Fana'uta-Lagune 183
Fatimiden 94
Faxian, chinesischer Pilger 127
Felsendom 95
Felsenkirchen *135*
Fessan 147, 150
Fetha Negast 138
Fidschi 180, 183
Flandern 43, 46
Foix, Graf von 41
Fontevrault, Kloster 18
Fouta Djalon 143
Frankfurt 58, 62
Frankreich/Franzosen 12, 15, 19, 36, 38–48, 53, 65, 114, 127
Frauenburg 59
Freie Künste 44, 65

Frieden von Konstanz 25
Friedrich I. Barbarossa 6–14, *6, 9,* 21, 24, 93/94
Friedrich II. 7, 57, 66, 95, 98
Friedrich III. der Schöne 63/64, 69
Friedrich von Schwaben 94
Frobisher, Martin, Polarforscher 172
Fünfter Kreuzzug 13, 95
Fujiwara 86, 88

G

Galam 143
Gallipoli 27, 29
Gambia 143
Gana/Ganaer 141–143
Gansu 107
Gao 142, 146
Gaochang 119
Gascogne 46, 50
Geez 138/139
Geheime Geschichte der Mongolen 105/106, 115
Genua 22–25, 27
Geometrie 44, 65
Gessler, Landvogt 67
Ghana 145
Ghiyath Ad Din Kayhusrav I. siehe Kayhusrav I.
Ghulam 100/101
Ghuriden 100/101
Gibraltar, Straße von 141
Gloucester Abbey siehe St. Peter Kathedrale
Gnesen 33
Gnostizismus 38
Göjük Khan 113
Gog 58
Go-Daigo, Kaiser 91
Go-Shirakawa 87
Göllheim in der Pfalz, Schlacht bei 68
Gold 77, 80, 119/120, 130, 132, 140, 142, 145/146, 156/157, 159, 166, 175/176
Goldene Bulle von Rimini *57,* 58
Goldene Bulle von Sizilien 30
Goldene Horde 113, 115
Grabeskirche 93, 95
Gracanica, Kloster *29*
Graf von Leicester siehe Simon de Montfort
Grammatik 44, 65
Gran 111
Gregor IX. 14, 41/42, 95, 98
Griechen/Griechenland 34–37, 80
Grönland 167–169, 171
Groß-Simbabwe *158,* 156–159
Großer Rat von Venedig 24
Großkomtur 60
Großžupan 28
Guillaume Arnault, Inquisitor 41
Guillaume Boucher 114
Guinea 143
Gwynedd 50

H

Ha'amonga'a Maui 181
Habsburger 32, 63/64, 67, 69
Haçi Bakta 83
Häretiker 41, 45
Hagia Sophia 36
Haifa 97, 99
Hafsiden 147, 150
Hanjen 117
Hans Schriber von Obwalden 68
Haussa 149/150
Hedwig, Heilige *33*
Heike Monogatari 86
Heilige Drei Könige 11
Heilige Hütte von Kangaba 145
Heiliger Bund 137
Heiliger Krieg 94, 98
Heiliges Land 22, 34, 45, 57, 92–99, 155
Heiliges Kreuz *45*
Heiliges Römisches Reich 66
Heilsberg 59
Heinrich II., König von England 62
Heinrich II. Plantagenet 15–19, *15*
Heinrich II. von Schlesien 111
Heinrich III., König von England 46, 53–55
Heinrich VI., deutscher Kaiser 10, 19
Heinrich VII., Graf von Luxemburg 13, 62, 64, 69
Heinrich der Löwe 6–14
Heinrich Jasomirgott 7
Heketa 180–183
Hennegau 46
Hermann von Salza, Hochmeister 58
Hindu-Könige 101–103
Hinduismus 74, 77
Hitachi 89
Hochmeister 57–60
Hochveld 156/157
Hojo 88–91
Honen Shonin 88/89
Honorius III. 57
Hori Tokiyori 89
Hormus 102, 119
Huari-Kultur 165/166
Hudsonbay 168
Hülägü 115
Hugo von Payens 44

I

Ibn Battuta 78, 102, 116, 127, 142
Ica Vieja 165
Ica-Chincha 162, 165/166
Idrisi 126
Ihuatzio 174
Ilkhane 83/84, 115
Iltutmis 101
Ilyas 83
Inal Khan 109
Indien/Inder 100–104, 117, 119, 124, 127, 130, 133, 157
Indischer Ozean 122, 130, 133
Inka-Reich 166
Innozenz III. 12, 23, 26, 34, 40, 45, 50, 97
Innozenz IV. 114/115
Inquisition 41/42
Interdikt 95
Inuit 167–172
Iqta-System 102/103
Iran 83, 108, 115
Irland 16, 49–56
Isaak II. Angelos 26
Isabella von Warenne 19
Isabella II. von Jerusalem 95
Islam 13, 94/95, 98, 100–104, 113, 124, 134, 140/141, 146, 150
Isnik, Sultan 84
Istrien 22
Italien/Italiener 6–10, 20–25, 36–39, 42, 65, 80
Ivailo 27
Iwan Alexander, Zar 27, *27*
Iwan Asen I. 26–29
Iwan Asen II. 27–29, 37
Iwan Schisman 27
Izmit 84
Izz Ad Din Kaius I. 78

J

Jaffa 94, 99
Jahwe 39
Jakob I. 46
Jakov Svetoslav 27
Jalal Ad Din 109
Jantra 26
Japan 85–91, 116
Jassa 107
Jayavarman VII. *74,* 74–77
Jayavarman VIII. 77
Jemen 150
Jerusalem 13, 22, 24, 93–95, 98, 136
Jesus Christus 39, 44, 60
Jin 107/108
Jiu-Jitsu 86
Johann Parracida 69
Johann I. Ohneland 16–19, *49,* 49–51, 53
Johanna von Navarra 46
Johannes, Priesterkönig 113
Johannes Kalojan 26, 37
Johannes III. Vatatzes 37
Johannes XXII. 65
Johanniter 57, 97
John de Balliols 56
Juda 136
Juden 80

K

Kairo 94, 134, 139, 146, 152–154
Kajak *167,* 169, 171
Kalifen von Bagdad 94, 101
Kalka 109
Kalojan siehe Johannes Kalojan
Kamakura 85, 87–89, 91
Kambodscha 72, 75
Kamikaze 88
Kanada 168
Kanem 147–150
Kangaba 143, 145
Kankan Musa, König 140/141, 144–146
Kapetinger 47/48
Kara-Kitai 108
Karakorum 106, 112–114, 116
Karawanen/-straßen 80, 120, 122/123, 127, 131, 143, *147,* 148, 155/156
Karawansereien 80, 118, 122/123, 155
Karl von Anjou 14, 44
Karl IV., König von Frankreich 48
Karl IV., der Luxemburger 65
Kasimir III. 61
Katharer 38–42, 45
Kaukasus 109, 152
Kayhusrav I., Sultan 78
Kayhusrav II., Sultan 83
Kayseri 80, 83
Keita 142, 144–146
Keräit 106
Kerulen 106
Ketzer/Ketzerei 40, 42, 48
Khagan/Khan/Großkhan 108–115, 127
Khalil, Sultan 155
Khanbalik 116, *116*
Khmer/-reich 72–77
Kibtschaken 110
Kiliç Arslan II. 78, 81
Kiliç Arslan VI. 83
Kilwa Kisiwani 127, 130–133
Kinderkreuzzug 95
Kisuaheli 133,
Kleinasien 36, 78, 80, 83/84, 94, 155
Kleinpolen, Königreich von 32
Klemens III. 93
Klemens V. 48
Königsberg 59
Koloman, Herzog von Slawonien 111
Komoren 133
Konrad III. 7
Konrad IV. 14
Konrad von Masowien, Herzog 58
Konrad von Thierberg der Ältere 60
Konstantinopel 21–24, 28/29, 34–37, 84
Konstanze von Sizilien 10
Konstitutionen von Clarendon 17
Konstitutionen von Melfi 13
Konya 78, *79,* 80–84
Koptisches Christentum 138
Korea 110
Koselsk 111
Krak des Chevaliers 97, 99
Krakau 31–33
Kreuzfahrer/-ritter/-zug 10, 22–24, 27, 34–42, *35,* 44–46, 48, 53, 57, 61, 65, 92–99, 151/152, 155
Kreuzzugsablass 57

Kruschwitzer Vertrag 58
Küssnacht am Rigi 67
Kublai Khan 90, *110,* 115–117
Kulmer Stadtrecht 59
Kunigunde von Machow 32
Kunigunde von Schwaben 30
Kurfürsten/ -tag 62–65
Kuriltai 105, 109
Kurland 59
Kutuz, Sultan 153/154
Kyoto 85, 87, 90/91
Kyushu 85, 88

La Centinela 165
Lalibela, König 134–136
Las Huacas 165
Lasta 134, 136
Lateinisches Kaiserreich 24, 27, 34–37
Lavaur 41
Legnano, Schlacht von 25
Llewelyn II., Prince of Wales 54–55
Libussa 33
Limoges 45
Lincolnshire, Kathedrale von 54
Logik 44
London 16, 51
Leo XIII. 22
Leopold I. von Habsburg 69
Leopold V. von Österreich 10, 93
Liegnitz, Schlacht bei 111, 113
Limpopo 156
Lombardischer Städtebund 8, 9, 21, 24
Lotos-Sutra 90
Ludwig IV. von Bayern 63–64, *64,* 69
Ludwig VII. 16–19
Ludwig VIII. 42–45, 47
Ludwig IX., der Heilige 42, 44–47, 98/99, 114, 151
Ludwig X. 48
Lübeck 8, 59
Lumbra 162
Lurin Chincha 165
Lutrell Psalter 53

Mähren 10, 30–33, 53, 111
Mafia, Insel 132/133
Magna Charta Libertatum *49,* 49–53
Mahdali 132/133
Mahmud von Ghazni, Sultan 100
Mailand 8, 21, 24/25
Maine, Grafschaft 16, 19
Makafakinanga 182
Mali 140–147
Mamelucken 98/99, 139, 151–155
Mandingo 141/142
Manfred, Statthalter von Sizilien 14
Manichäismus 39, 124
Marchfeld, Schlacht auf dem 33, 64
Marco Polo 116/117, 126/127
Margareta von der Provence 46
Margarete von Österreich 31
Marie de France 18, *18*
Marienburg 57, 60/61
Marienwerder 59, *61*
Markus, Evangelist 21
Markuskirche/-basilika 21/22, 24
Marqab *97*
Masako 88
Masvingo 158
Mauch, Karl Gottlieb 158
Maui, Insel/Halbgott 181
Meaux, Vertrag von 42, 45
Medizin 44, 82, 98, 125
Meißen, Markgraf von 63
Mekka 127, 140, 144–146, 150
Melchthal, Arnold von 68
Menelik I. 136
Merkit 106
Metropolit 138/139
Mexiko 174/175, 177
Michael I. Angelos 36
Michael III. Palaiologes 24
Michael VIII. Palaiologes 37
Michoacán 174
Mictlan 176
Milutin, König der Serben 28
Minamoto Yoritomo 85/86, 88
Minamoto Yoshitsune 85/86
Minerve 40
Minne 9, 18
Mittelmeer 20–24, 95, 131, 147/148
Mixcoatl 174
Mixteken 177
Möngke Khan 114/115, 154
Mohammed, der Prophet 141
Mohammed Ala Ad Din siehe Chwarismschah
Mohammed Ibn Tughluq, Sultan 103/104
Mohammed von Ghur, Sultan 100
Mohi 111
Mombasa 131
Mongolen 31, 33, 78, 83/84, 88, 90/91, 98, 101, *105,* 105–117, 124, 154/155, 168
Montfort 97, 99
Montpellier 46, 63
Montségur 38, 42
Morinaga 91
Mosambik 131, 157
Moskau 110
Mühldorf am Inn, Schlacht bei 63/64
Mu'a 182/183
Muselmanen/Muslime 21, 23, 46, 92–99, 103, 114, 117, 139, 146, 150
Musik 44, 65
Mwari, Schöpfergott 159
Myriokephalon, Schlacht bei 78

Naiman 106
Nazareth 95, 154
Negus Negesti 136
Nemajaden 28
Nestorianisches Christentum 124
Nevers, Graf von 40
Nichiren 90
Nidwalden 66
Niederlande 59
Niger, Fluss 141, 143, 145
Nikolaus V., Gegenpapst 65
Nil 134, 146, 150/151, 153–155
Nizäa 36/37, 84
Nommo, Mythos des 144
Normandie 16, 50
Notre-Dame de Paris 44
Nowgorod 27, 59
Nur Ad Din, Sultan 94, 98

Oberschlesien 33
Obwalden 66
Ögödei Khan 108/109, 112/113
Öldschäitü, Ilkhan 115
Österreich 7, 31/32, 64, 112
Onon 105/106
Ophir 158
Ordensbibel *60*
Orhan Beg, Sultan 84
Oro, Kriegsgott 187
Osman I. 84, *84*
Osmanen/Osmanisches Reich 29, 78, 84, 153
Ostpreußen 59
Otrar 109
Otto IV. 33, 43, 50
Otto VI., Graf von Poitou 12
Otto von Cappenberg, Graf 6
Otto von Freising, Bischof 7
Ottokar I., König von Böhmen 30–33
Ottokar II. 30–33, 62, 64
Oxford 53/54

Pachacamac 162
Palästina 57/58
Palermo, Dom zu 10/11
Paris 44, 48, 75
Parlament 49–56
Pátzcuaro 174
Pátzcuarosee 173/174
Pazifischer Ozean/Pazifik 167, 185
Peking 107/108, 116
Peloponnes 24, 36
Persien/Perser 27, 101/102, 114, 117, 125, 130, 133
Persischer Golf 118
Pervane 83
Peter Asen I. 26–29
Peter von Dusburg, Priester 60
Pest 25, 46, 99
Philipp II. August 16, 19, 40, 43/44, 50, 93
Philipp III. 47
Philipp IV. 44, *46,* 47/48
Philipp V. 48
Philipp von Schwaben 11–14, 30
Piano Carpini 110, 114, 127
Pierre de Castelnau 38
Pisa 22, 96
Pisco 165
Pisquillo Chico 162
Plantagenet 15–19
Polen 30, 33, 61, 111
Polynesien/Polynesier 180–187
Pomerellen 60/61
Prag 31–33
Preußen 32, 58–60
Prithviraj III. 101
Provence/Provenzalen 80, 98
Provisionen von Oxford 54
Prudhommie 46
Pruzzen 58/59, 61
Przemysl/Przemysliden 30–33
Purépecha 173

Quadriga 24, 34
Quadrivum 44
Quartier Latin 44
Quinatzin 176/177
Qutb-ud-din Aibak, Sultan 100/101
Quwwat-ul-Islam-Moschee 101, *101, 103*

Rahewin, Chronist 6
Raiatea 184–187
Raimund VI., Graf von Toulouse 40/41
Raimund VII., Graf von Toulouse 42, 45
Rainer von Viterbo, Kardinal 14
Raschid Ad Din, persischer Historiker 109, 115
Rastko Nemanja siehe Sava
Raziyya 101
Reichsacht 32
Reims, Kathedrale von 44, *47*
Reliquienschrein der Heiligen Drei Könige *11*
Rense bei Koblenz 65
Reuß 69
Rex Melli 146
Rhanthambhor 101
Rheinland 39
Rhetorik 44, 65
Richard I. Löwenherz 10, *15,* 15–19, 50, *92,* 92/93
Richard von Cornwall, Graf 53, 62–64, 98
Richeza, Prinzessin 33
Rila, Kloster *29*
Rjasan 110
Robert de Lisle 55
Robert I. Bruce 56
Robin Hood 19
Roha 135/136
Rom 6/7, 37, 45
Romanik 10

Ronga, Gott 184
Rosamund Clifford 17
Rotes Meer 122, 127, 134, 139
Roussillon, Grafschaft 46
Rudolf I. von Habsburg 32, 63/64, 66, 68
Rütlischwur/-wiese/-sage 68
Rumi *78,* 80, 83
Runnymede 49
Russland/Russen 109–111, 113–115

S

Saba, Königin von 136, 158
Sabr Ad Din, Sultan 139
Sachsenspiegel 11
Sachsen 7, 10,
Sahara 118, 120, 122, 144, 147/148, 150
Saifawa-Dynastie/Saifawiden 148–150
Sajó 111
Sakura 144
Saladin, Sultan 19, 92–98, *93*
Salih, Sultan 152,
Salomo, König 136, 158
Salomonische Dynastie 134, 137
Salz 119, 147, 149, 157
Samarkand 108/109, 115
Sambesi 156
Samoa 180, 183
Samurai *86,* 86–89
San Zeno Maggiore 24
Sankarani 143
Sankt-Gotthard-Pass 25
Sansibar 131, 133
Sao 150
Saraj 115/116
Sava, der Heilige 28
Savoyen, Grafschaft 17
Schadscharad Ad Durr, Sultanin 152/153
Schiller, Friedrich 67/68
Schirazie-Dynastie 132
Schlesien 33
Schoa, Bergland von 136
Schottland 16, 49–56
Schwaben 53, 63
Schwarzes Meer 24, 27, 80
Schweiz/Schweizer 66–69
Schweizer Eidgenossenschaft 66–69
Schwyz 66, 68/69
Sedna, Seegöttin 172
Seidenraupenzucht 120
Seidenstraße 107/108, 118/119, 120, 122, 124, 127
Seldschuken/Rum-Seldschuken 78–84, 94, 155
Seppuku (auch Harakiri) 88
Serbien/Serbisches Großreich 26–29
Serenissima 22–25
Shinran 89
Shogun 85–91
Shona 156–159
Siamesen 77
Sibirien 167, 169
Siebenbürgen 58
Siebenköpfige Schlangengöttin 75, *75*
Siegfried von Feuchtwangen, Hochmeister 57
Simbabwe 156–159
Simon VI., Graf von Monfort 40–42, 54
Sinop 80
Siwa 80, 82/83
Sizilien 10–14, 44
Sklaven 80, 100, 108, 120, 130, 132, 139, 144, 147, 149, 152/153
Sofala 131/132, 157
Song 107, 115
Sorbonne 44
Soso 142/143
Spanien/Spanier 125, 174
Spittler 60
St. Peter, Kathedrale *52*
Stauffacher, Werner 68
Steiermark 32, 64
Stephan Langton, Bischof von Canterbury 50
Stephan I. Nemanja 26
Stephan IV. Dušan *28,* 28/29
Stephansdom zu Wien 66
Sudan 134, 141
Sübedei 110
Suleyman Hasan, Sultan 132
Sultan von Ifat 139
Sultanat von Delhi 100–104
Sultaniye 115
Sumanguru 143
Sundjata, König 142–144
Suryavarman II., König 73–75
Sussex 54
Syrien 94, 97–99, 118, 154

T

Ta Prohm 76
Taira 86
Tadschigut 109
Tahiti 184
Takatoki 91
Takezaki Suenaga *91*
Tambo de Mora 165
Tane, Gott 184
Tangaloa 180/181
Tangaroa 184–187
Tanguten 107–109
Tanka *101,* 102
Tankred von Lecce, Graf 10
Tansania 130, 133
Tanzende Derwische 80, 83
Taputapuatea *184,* 184–187
Tarascon 41
Tarasken 173–176
Tariácuris 174/175
Tatar/Tataren 27, 106, 113/114
Teghaza 146
Tekla Haimanot 13
Tempelritter/Templer 44, 48, 57, 97
Tenayuca *176/177*
Tengri, mongolischer Gott 107, 111
Termudschin siehe Dschingis Khan
Texcoco-See 176
Thai/Thailand 74, 76
Theobald, Graf von der Champagne 34, 98
Theodor von Euchaita 21
Theodora *27*
Theodoros I. Laskaris 28, 36
Theodoros Angelos Komnenos 27, 37
Theologie 44, 47, 82
Thessaloniki 36/37
Thomas Becket 16, *16*
Thorn 58
Thrakien 26–29, 36/37
Thule-Volk 168/169
Tibet/Tibeter 114/115
Timbuktu 119, 142, 144, 146
Tirnowo, auch Weliko Tirnowo 26–29
Tokimune 90
Tonga/Tongaer *181,* 180–183
Tongatapu 180
Tonle Sap 75/76
Tolui 108
Tolteken 176/177
Toron 59, 95
Toulouse 41/42, 46
Tourraine, Grafschaft 16, 19, 50
Traghen 150
Trapezunt, Kaiserreich von 37
Trappier 60
Tressler 60
Trilithon 181/182
Tripolis 10, 148
Trivium 44
Tschadsee 146–148, 150
Tschagatai 108, 115
Tu, Gott 184
Tu'itatu'i 180–182
Tu'i Tonga 180–183
Tuareg 146
Tuat 146
Tubu 148, 150
Türkei/Türken 26, 101/102
Tula 176
Tumbéz 162
Tunis 10, 46, 99, 147/148, 150
Turan-Schah, Sultan 151/152, 154
Turkestan 124
Tyros 94
Tzintzuntzán 173–175
Tziti Phandácure, König 175

U

Ungarn 28–33, 63, 110–114
Universität 65
Urban II., Papst 57
Uri 66, 68
Urkantone 67
Uroš I. 28
Uroš V. 29
USA 174/175

V

Venedig 20–29, *20/21,* 34, 37, 94, 96, *124/125*
Vierter Kreuzzug 94
Viertes Laterankonzil 41
Vierwaldstätter See 66, 68
Vietnam 116
Vischnu 74
Visconti 24

W

Wadai 150
Walata 143
Waldstätte 66/67, *69*
Wales 49–56
Wallis 181
Walter, Fürst 68
Walther von der Vogelweide 9
Warenne, Grafen von 19
Welfen 6–8, 10, 12, 43
Weißer Lotos, Sekte 117
Weißes Buch zu Sarnen 68
Wenzel I. 31–33
Wenzel II. *31,* 31–33
Wenzel III. 33
Westminster, Abtei von 15, 19
Wien 32
Wilhelm von Holland 62
Wilhelm von Rubruk 114, 126/127
Wilhelm Tell 67
Wilhelm I. 17
Wilhelm II. von Sizilien 10
William Marshal, Earl of Pembroke und Reichsverweser 53
William Wallace, Sir 56
Winrich von Kniprode 61
Wittenstein 63
Wittelsbach 63
Wladimir 27, 110
Wolfram von Eschenbach 9, *97*
Wolgabulgaren 110

XY

Xoloc 176
Xolotl 176
Yácata *173*
Yamuna, Fluss 104
Yekuno Amlak, Kaiser 136, *137*
Yelü Chucai 113
Yuan 116/117

Z

Zagwe 134, 136/137
Zapallán 162
Zara 23, 34
Zen-Buddhismus 89
Zhou Daguan 77
Zisterzienser 44
Zweites Bulgarisches Reich 26
Zypern 10, 80, 98

Abkürzungen: o. = oben, M. = Mitte, u. = unten, l. = links, r. = rechts, Lep. = Leporello

AAA = Ancient Art & Architecture Collection
akg = akg-images
BAL = Bridgeman Art Library
RMN = Réunion des Musées nationaux
TAA = The Art Archive

Einbandvorderseite: James L. Stanfield/National Geographic
Einbandrückseite: von o. n.u.: TAA/Dagli Orti; Ashmolean Museum, University of Oxford, UK, BAL; akg/Gilles Mermet; TAA/Gabaldoni Collection Lima/Dagli Orti; The Trustees of the British Museum.

Haupttitel: 1 TAA/Genius of China, Ausstellung; 4 TAA/Dagli Orti ; 6 und Lep.: Kirche St. Johannes, Cappenberg, BAL; 7 akg; 8 Interfoto/Bildarchiv Hansmann; 9 Interfoto/Aisa; 10 Hintergr. Interfoto/Artcolor; 10 picture-alliance; 11 Interfoto/Artcolor; 12 u. und o.: akg; 13 und Lep.: Interfoto/Alinari; 14 Interfoto/Aisa; 15 TAA/Dagli Orti; 16 akg/British Library; 16, 17 Hintergr.: Interfoto/Photos12; 18 o.: akg; 18 u.: Interfoto/v & a images; 19 Interfoto/AAA; 20 Schmidt/F1 online; 22 Interfoto/Alinari; 23 Photo Scala, Florenz mit frdl. Gen. Ministero Beni e Atività Culturali; 24 Interfoto/Toni Schneiders; 25 Interfoto/Aisa; 26 Hintergr. Mattes/mauritius images; 26 Interfoto/Aisa; 27 akg/British Library; 28 und Lep.: akg/Erich Lessing; 29 u.: Interfoto/Weltbild; 29 o.: Decani Kloster, Kosovo, BAL; 30 akg/Erich Lessing; 30 Hintergr. und Lep.: Altro - die Fotoagentur; 31 ullstein - Archiv Gerstenberg; 32 Interfoto/Aisa; 33 Muzeum Narodowe, Warschau, BAL; 34 und Lep.: Basilica di San Marco, Venedig, Cameraphoto Arte Venezia, BAL; 35 und Lep.: Interfoto/Aisa; 36 Hintergr.: Interfoto/Klammet; 37 akg/Erich Lessing; 38 Interfoto/Photos12; 39 akg; 40, 41 o.: Interfoto/Photos12; 41 u.: Interfoto/Aisa; 42 und Lep., 43, 44 Hintergr. akg/British Library; 44 Interfoto/Alinari; 45 Interfoto/Photos12; 46 akg/British Library; 47 und Lep.: Interfoto/Zill; 48 Interfoto/Photos12; 49 Centre Historique des Archives Nationales, Paris, France, Lauros/Giraudon/BAL; 49 Hintergr. Interfoto/Alinari; 50 Interfoto/Aisa; 51 Interfoto/IFPA; 52 Interfoto/Aisa; 52 Hintergr. Interfoto/Photos12; 53 Interfoto/Aisa; 54 Nägele/mauritius images; 55 akg/British Library; 56 und Lep.: akg/British Library; 57 und Lep.: Hintergr. Interfoto/Aisa; 57 bpk/Geheimes Staatsarchiv/Al/Alfred Schwarz; 58 o.: Tiroler Landesmuseum, Innsbruck; 58 u., 60 akg; 61 Interfoto/Silvia; 62 Camposanto e Museo dell' Opera, Piazza Duomo, Pisa, BAL; 63 akg; 64 Interfoto/Baptiste; 65 akg; 66 akg/Erich Lessing; 67 prisma/F1 Online; 68 o.: bpk/Georg E. Hansen; 68 u. und Lep., 69 akg; 70 Ashmolean Museum, University of Oxford, UK, BAL; 72 mauritius-images/age; 74 und Lep.: RMN/Musée National de Phnom-Penh/John Goldings/Bpk; 75 Interfoto/Bildarchiv Hansmann; 75 Hintergr. Interfoto/Photos12; 76 Bildagentur Huber/Picture Finders; 77 o.: Jamie Marshall/Alamy; 77 u.: RMN/Paris, Musée National des Arts Asiatiques Guimet/Thierry Ollivier/Bpk; 77 Hintergr. Interfoto/v & a images; 78 und Lep.: Ali Kabas/Alamy; 79 Interfoto/Aisa; 80 Interfoto/R. Brahm; 81 TAA/Topkapi Museum Istanbul/Dagli Orti ; 82 Institute of Oriental Studies, St. Petersburg, Russia, Giraudon, BAL; 83 Hintergr. Ashmolean Museum, University of Oxford, UK, BAL; 83 Louvre, Paris, France, BAL; 84 und Lep.: Stapleton Collection, UK, BAL; 85 TAA/Private Collection Paris/Dagli Orti; 86 und Lep.: Interfoto/AAA; 86 Hintergr. Ei Katsumata/Alamy; 87 Interfoto/v & a images; 88 The Trustees of the British Museum; 89 Interfoto/Aisa; 90 o.: TAA/Tokyo National Museum/Laurie Platt Winfrey; 90 u.: Bpk/Paris, Musée National des Arts Asiatiques Guimet/Daniel Arnaudet/Bpk; 91 TAA/Imperial Household Collection Kyoto/Laurie Platt Winfrey; 92 Interfoto/Photos12; 93 akg; 94 akg; 95 Interfoto/AAA; 96 Interfoto/Aisa; 96 Charles & Josette Lenars/Corbis; 97 Bayerische Staatsbibliothek, München; 98 o.: London British Museum, Photo Scala Florenz/HIP; 98 u.: BAL; 99 und Lep.: Interfoto/Aisa; 100 und Lep.: Interfoto/Aisa; 101 u.: Interfoto/Weltbild; 101 o.: The Trustees of the British Museum; 103 Interfoto/Aisa; 104 Interfoto/Aisa; 105 Bibliotheque Nationale, Paris, France, BAL; 105 Hintergr. und Lep.: National Palace Museum, Taipei, Taiwan, BAL; 106 o.: Interfoto/Aisa; 106 u.: akg; 107 o.: Interfoto/Alinari; 107 u.: Interfoto/Fritz Pölking; 108, 109, 110 und Lep.: Interfoto/AAA; 111 Novosti/BAL; 112 Völkerkunde Museum München; 113 u.: Interfoto/Bildarchiv Hansmann; 113 o.: TAA/Natural Science Academy Kiev/Dagli Orti; 114 TAA/Musée National de Céramiques Sèvres/Dagli Orti; 114 Hintergr. mauritius-images/age; 115 Roger Wood/Corbis; 116 und Lep.: British Museum, London, UK, BAL; 117 TAA/Genius of China, Ausstellung; 118 K.M. Westermann/Corbis; 119 o. l.: Interfoto/Photos12; 119 u.: akg; 119 o. r.: Interfoto/AAA; 119 M. ullstein/The Granger Collection; 120 u.: Archivo Iconografico, S.A/Corbis; 120 u.: TAA/Dagli Orti; 120 o.: Interfoto/Aisa; 121 o. r.: Maher Attar/MGA Production/Corbis; 121 M. akg; 121 o. l.: London, British Museum, Photo Scala Florenz/HIP; 122 akg/Gérard Degeorge; 122 o.: akg; 122 u.: Royal Ontario Museum/Corbis; 123 u.: akg/Werner Forman; 123 o.: Interfoto/AAA; 124 u.: akg/Werner Forman; 124 o.: Interfoto/IFPA; 125 o. l.: ullstein/The Granger Collection; 125 o. r.: Interfoto/Science & Society; 125 M. Bildagentur Huber/S. Scattolin/Schapowalow; 126 u.: Bpk/Museum für islamische Kunst/Georg Niedermeiser; 126 BAL; 127 o.: akg/Werner Forman; 127 u. r.: TAA/Nationalbibliothek Kairo/Dagli Orti; 128 akg/Gilles Mermet; 130 London, British Museum, Photo Scala Florenz/HIP; 131 o.: Photo Werner Forman Archive/Scala, Florenz; 131 u. und Lep.: Werner Forman/Corbis: 133 o.: The Trustees of the British Museum; 133 u.: Paul Almasy/Corbis; 134 Hintergr. Interfoto/Aisa; 134 Interfoto/AAA; 135 o.und Lep.: Interfoto/Alinari; 135 u.: Interfoto/AAA; 136 und Lep.: Photo Scala Florenz/HIP; 137 Fotoarchiv, Museum für Völkerkunde, München; 138 o.: ullstein bild/The Granger Collection; 138 u.: Fotoarchiv, Museum für Völkerkunde, München; 139 TAA/Koptisches Museum Kairo/Dagli Orti; 140 Interfoto/Aisa; 141 Yann Arthus-Bertrand/Corbis; 142 und Lep.: Interfoto/Aisa; 143 akg/Werner Forman; 144 Hintergr. Photononstop/mauritius images; 144 Photo Werner Forman Archive/Scala, Florenz; 145 Photo Werner Forman Archive/Scala, Florenz; 146 und Lep.: TAA/Antenna Gallery Dakar Senegal/Dagli Orti; 147 Rapho/laif; 148 Photo Werner Forman Archive/Scala, Florenz; 148 Hintergr. D C Poole/Robert Harding; 149 u.: David Klammer/VISUM; 149 o. und Lep.: Aura, Schweiz; 150 Musee de l'Homme, Paris, France, Heini Schneebeli; Bridgeman Giraudon; 151 und Lep.: ullstein bild/The Granger Collection; 152 u.: Photo Scala, Florenz/HIP; 152 o.: RMN/Musée du Louvre/Franck Raux/Bpk; 153 Katja Krusebecker/F1 Online; 154 ullstein - KPA; 155 Interfoto/Photos12; 156 o.: Interfoto/Aisa; 156 u. und Lep.: Chris Howes/Wild Places Photography/Alamy; 157 Interfoto/Aisa; 158 u.: akg/Werner Forman; 158 o.: Rapho/laif; 159 und Lep.: Privatsammlung, Heini Schneebeli, BAL; 160 TAA/Gabaldoni Collection Lima/Dagli Orti; 162 TAA/Archäologisches Museum Lima/Mireille Vautier; 163 Hintergr. TAA/Amano Museum Lima/Album J. Enrique Molina; 163 und Lep.: TAA/Museo del Oro Lima/Dagli Orti; 164 Birmingham Museum and Art Gallery/BAL; 165 Hintergr. Keitel; 165 r., 165 l.: RMN/Musée du Quai Branly, Paris/J. G. Berizzi/Bpk; 166 o.: Bildarchiv Steffens/H. Stierlin; 166 u. und Lep.: akg/Werner Forman; 167 Hintergr. Keitel; 167 u.: akg/Werner Forman; 167 r.: Bonhams, London/Bridgeman Giraudon; 168 u.: ullstein-KPA/HIP; 168 o.: Christies Images/Corbis; 169 M. l.: akg/Werner Forman; 169 M. r.: akg/Werner Forman; 170 University of British Columbia/Bridgeman Giraudon; 170 Hintergr. milse/mauritius images; 171 Peter Harholdt/Corbis; 172 akg/Werner Forman; 173 TAA/Dagli Orti; 174 Interfoto/Photos12; 174 Hintergr. TAA/Mexican National Libary/Mireille Vautier; 175 und Lep.: TAA/Museo de Michoacan Morelia Mexico/Dagli Orti; 176, 177 o.: TAA/Nicolas Sapieha; 177 und Lep: TAA/Dagli Orti; 178, 180 Hintergr., 180 The Trustees of the British Museum; 181 Interfoto/Fritz Prenzel; 182 Interfoto/Science & Society; 183 und Lep.: Kunsthistorisches Museum Wien; 184 Hintergr. Douglas Peeples Photography/Alamy; 184 und Lep.: Patrick Ward/CORBIS; 185 mauritius-images/Bibikow; 186 o.: ullstein bild/The Granger Collection; 186 u., 187 und Lep.: The Trustees of the British Museum.

Autoren: Karin Feuerstein-Praßer, Andrea Groß-Schulte, Dr. Cornelia Lawrenz, Otto Schertler, Karin Schneider-Ferber, Harry D. Schurdel, Dr. Holger Sonnabend, Dr. Manfred Vasold, Dr. Roland Weis

Organisation, Bildresearch, Layout, Redaktion: Media Compact Service unter Mitarbeit von Interfoto (Bildresearch), planit (Layout) und Karin Prager (Redaktion)
Kartographie: Ingenieurbüro für Kartographie Müller & Richert GbR, Gotha

Reader's Digest:
Redaktion: Jens Firsching, Falko Spiller
Grafik: Gabriele Stammer-Nowack
Bildredaktion: Christina Horut
Prepress: Andreas Engländer
Produktion: Andreas Schabert

Ressort Buch:
Redaktionsdirektorin:
Suzanne Koranyi-Esser
Redaktionsleiterin:
Dr. Renate Mangold
Art Director:
Rudi K.F. Schmidt

Operations:
Leitung Produktion Buch:
Norbert Baier

Satz und Reproduktion:
Meyle + Müller GmbH + Co., Pforzheim
Druck und Bindung: Printer Barcelona

GR 0081/G/S

Printed in Spain

ISBN 3-89915-300-6

Besuchen Sie uns im Internet:
www.readersdigest.de

Abbildung Cover:
Dschingis Khan, Bronzerelief, Mongolei

Abbildung Haupttitel:
Räuchergefäß, Keramik, Yuan-Dynastie, China